Necrópole

Boris Pahor

Necrópole

Introdução
Claudio Magris

Tradução do italiano
Mario Fondelli

Rio de Janeiro | 2013

Copyright © 2005 Edizioni del Consorzio Culturale del Monfalconese
© 2008 Fazi Editore srl

Título original: *Necropoli*

Capa: Sérgio Campante

Editoração: FA Studio

Texto revisado segundo o novo
Acordo Ortográfico da Língua Portuguesa

2013
Impresso no Brasil
Printed in Brazil

Cip-Brasil. Catalogação na fonte
Sindicato Nacional dos Editores de Livros-RJ.

P161n	Pahor, Boris.
	Necrópole / Boris Pahor; introdução Claudio Magris; tradução Mario Fondelli – Rio de Janeiro: Bertrand Brasil, 2013.
	294 p.: 23 cm
	Tradução de: Necropoli
	ISBN 978-85-286-1582-1
	1. Pahor, Boris. 2. Judeus – Alemanha – História – 1933-1939. 3. Holocausto judeu (1933-1939) – Alemanha. 4. Campos de concentração. 5. Guerra Mundial, 1939-1945. 6. Holocausto judeu (1939-1945). I. Título.
	CDD: 940.5318
13-1715	CDU: 94(100)"1939/1945"

Todos os direitos reservados pela:
EDITORA BERTRAND BRASIL LTDA.
Rua Argentina, 171 — 2º andar — São Cristóvão
20921-380 — Rio de Janeiro — RJ
Tel.: (0xx21) 2585-2070 — Fax: (0xx21) 2585-2087

Não é permitida a reprodução total ou parcial desta obra, por
quaisquer meios, sem a prévia autorização por escrito da Editora.

Atendimento e venda direta ao leitor:
mdireto@record.com.br ou (0xx21) 2585-2002

Sumário

Um homem vivo na cidade dos mortos
por Claudio Magris 7

Necrópole 19

Nota do autor 279

Nota biobibliográfica
aos cuidados de Enrico Bistazzoni 281

Um homem vivo na cidade dos mortos
Claudio Magris

Durante uma visita ao *Lager** de Natzweiler-Struthof, onde muitos anos antes tivera de encarar o horror e a torpeza mais horríveis da nossa história, Boris Pahor observa um marceneiro que troca — no campo de extermínio que é agora um museu e lugar de romarias para ex-prisioneiros como ele e para turistas da alma mais ou menos conscientes do que estão vendo — algumas tábuas apodrecidas de um barracão onde, no passado, viveram (apesar de, neste caso, não ser lá muito apropriado usar esse verbo) os presos. "A minha alma" escreve, "revoltava-se diante daqueles remendos brancos misturados com as tábuas enegrecidas, descoradas e gastas; nem tanto pela cor, pois sabia que o homem iria pintar as novas tábuas tornando-as iguais às antigas; acontece que eu simplesmente não podia tolerar aqueles pedaços de madeira tosca recém-aplainada. Era o mesmo que alguém tentasse inocular células novas e vivas numa podridão morta, como se alguém enxertasse uma perna branca num montão de múmias enegrecidas e ressecadas. Eu era a favor da intangibilidade da danação. Pois é, agora já não consigo distinguir os pedaços acrescentados; o mal

---

* Campo de concentração. (N. T.)

engoliu e destruiu as novas células, infectando-as com a podridão dos seus humores".

Nessa meticulosa descrição de um pormenor, por si só marginal, há todo o contundente poder deste livro. O olhar micrológico do autor discerne o essencial — o horror quase sempre indizível — no detalhe aparentemente insignificante e coloca cada coisa, por menor que ela seja, num panorama global, na totalidade da vida e dos processos naturais e históricos. A pacatez da descrição é a força de não sucumbir ao mal inaudito, de não se deixar transtornar por ele; é uma pacatez que, mais que qualquer grito, nos leva à beira do "abismo de torpeza em que foi jogada a nossa confiança na dignidade humana e na liberdade pessoal".

Voltando, muitos anos mais tarde, à sua necrópole e percebendo que os visitantes — mesmo os mais conscientes do que acontecera naquele campo de prisioneiros, os mais contrários aos que o criaram ou permitiram — nunca poderão realmente penetrar aquele abismo de abjeção, Boris Pahor receia que o tempo, o esquecimento e as mudanças da vida apaguem a cor da danação, embotem o seu horror absoluto, consentindo que ela simplesmente volte a integrar-se no devir da natureza. Ele gostaria, portanto, que a danação e as suas marcas permanecessem como indeléveis, eternas e jamais saradas cicatrizes no corpo da humanidade e da história: curá-las, encobri-las e integrá-las na continuidade da vida seria mais uma afronta às vítimas e uma — embora involuntária — anistia concedida a uma realidade que deve continuar sendo inconcebível. O mal é tenaz, é um suco podre que continua envenenando a história. Até mesmo o crescimento da grama naquela clareira, o murmúrio

NECRÓPOLE

do bosque ali perto e o cair da chuva e da neve que irá encobrir as trilhas a duras penas percorridas pelos antigos condenados parecem impiedosos, desprovidos de sentido, absurdos em seu "obtuso perdurar".

"Sou injusto, eu sei", diz Pahor com a objetividade típica do grande escritor. *Necrópole*, incluído há décadas entre as obras-primas da literatura do extermínio, é um livro excepcional, que consegue mesclar o absoluto do horror — sempre aqui e agora, presente e excruciante, eterno diante de Deus — com a complexidade da história, a relatividade das situações e os limites da inteligência e da compreensão humana. Os turistas que visitam o *Lager*, o guia que ganha seu pão de cada dia comentando-o (mostrando, por exemplo, uma mesa de dissecção na qual um professor universitário de Estrasburgo executava vivissecções e experiências bacteriológicas nos detentos, principalmente, mas não só, ciganos) ou dois namorados que se beijam diante da cerca de arame farpado deixam o sobrevivente profundamente perturbado. Mas — com peculiar capacidade de ver as coisas em sua totalidade — Pahor logo diz a si mesmo "que é tolice querer transferir os dois namorados para o mundo de antigamente. Como não faria sentido perguntar a quem poderia passar pela cabeça, naquele tempo, que algum dia casais apaixonados passeariam por aqui. Nós estávamos mergulhados numa totalidade apocalíptica, na dimensão do nada; aqueles dois, por sua vez, navegavam na imensidão do amor, que também é infinito, e que, de forma igualmente incompreensível, reina sobre as coisas, as rejeita ou as exalta".

Com este grande livro, Pahor enfrenta o tortuoso pesadelo da culpa (pelo menos sentida como tal) do sobrevivente, de quem voltou; pesadelo que tão profundamente parece ter perseguido Primo Levi, quando dizia que quem voltou não chegou a olhar realmente nos olhos da Górgone, e quem o fez não voltou.

Consciente dessa ferida, Boris Pahor escolhe carregar nos ombros esse ônus sem, no entanto, sucumbir a ele. Quando visita o galpão dos mortos e vê as tenazes com que, na época, eles eram levados embora, pensa em Ivo, um seu companheiro de cativeiro que não voltou, e na distância que há entre a sua sobrevivência e a morte do outro. "Entre Ivo e mim há as minhas sandálias leves, minha calça esportiva, a esferográfica com que tomo rapidamente nota do nome de um objeto que acabo de ver. Entre Ivo e mim há o Fiat 600 que me aguarda na saída, com o qual passo amiúde por Roiano, diante do galpão onde ele vendia carvão. Isso me faz entender que, se quisesse voltar a merecer a sua amizade, teria de livrar-me de todo conforto e calçar mais uma vez os tamancos da miséria. Então, quem sabe, ele deixaria de ser invisível e não se queixaria do fato de eu frequentar as praias de Trieste; talvez não pretendesse que a minha lealdade para com ele chegasse ao ponto de desistir da alegria que sinto ao admirar a pele bronzeada das banhistas, ao ouvir o vascolejar da água no sopé dos penhascos de Barcola."

Será então uma traição ter sobrevivido e viver — apesar de ter enfrentado aquele inferno — de forma plena e até aprazível, com prazer sensual? A essa grande pergunta, Pahor dá uma grande, complexa e completa resposta humana. Não esconde, não nega

NECRÓPOLE

a culpa metafísica de ter deixado naquele inferno muitos companheiros. Interroga a si mesmo acerca daquele "pecado" — como, no sonho final, ele confessa à multidão de vultos que passa ao seu lado sem olhar para ele, sem vê-lo, como se o fato de estar vivo já não lhe permitisse pertencer àquele grupo ao qual, mesmo assim, pertence mais do que a qualquer outro —, o pecado de ter trocado alguns cigarros por um pedaço de pão, de ter comido o pão de quem tinha morrido. De ter até contado com aquele pão e ter vestido as cuecas dos que haviam morrido à sua volta. Cada sobrevivente do *Lager* também é, paradoxalmente, um privilegiado, ele sabe muito bem; privilegiado por ter sido sortudo de ter, no campo, um trabalho um pouco menos brutal, como, no seu caso, o de enfermeiro; privilegiado até mesmo pela vitalidade que lhe foi concedida pela imperscrutável vontade dos deuses, comparada com uma compleição física e psiquicamente mais fraca conferida aos outros — vitalidade que até hoje, com 99 anos de idade, Boris Pahor possui com incrível e viçosa naturalidade.

Ele não afasta a culpa, assume-a, assim como assume a onipresença da existência vivida na necrópole, que não é somente a necrópole daquele lugar e dos campos de concentração, mas a da existência em geral, até a de cinquenta anos depois, irreparavelmente imbuída daquela certeza de morrer vivenciada no *Lager* e entranhada para sempre em toda a pessoa.

Criticando o filme de Resnais, Pahor escreve: "Deveria ter aprofundado esta vida. Isto é, esta morte. Deveria tê-la vivido. Ter vivido a morte." Ao contrário de outros — nem por isso menos ilustres —, Pahor traz em si essa realidade, sempre presente, com admirável *understatement* de estilo cotidiano; nunca "bancou" o prisioneiro desterrado, coisa que teria sido bastante compreensível, deixando tranquilamente que os outros o ignorassem e comportando-se "como se". Mas não permitiu que aquela realidade confrangesse a vitalidade, o gosto sensual, o prazer intelectual, a alegria de viver e a liberdade de julgamento.

Pahor não quer ser "injusto" com aqueles que não viveram o horror. Ele sabe muito bem que essa "injustiça", isto é, a reivindicação universal da persistente e sombria presença do extermínio, é necessária e precisa continuar viva no coração e nos sentimentos — para que, uma vez arquivada, não nos leve a amansar o horror e a nos acostumar com ele —, mas deve, ao mesmo tempo, ser relativizada, dominada, tornada autoconsciente. De forma que, quando André, um amigo particularmente querido e companheiro de *Lager* que morreu poucos anos depois do fim da guerra, escreve que o melhor a fazer seria aniquilar todos os alemães, a linhagem que produziu os campos de extermínio, ele (embora partilhando equivocadamente a desviante aproximação de Nietzsche com o nazismo) rebate: "Você está enganado porque, sem dar-se conta, está sofrendo a influência do mal que o contagiou [...]. Posso entender, mas, ao mesmo tempo, sei que está no caminho errado." Mais concretamente, ele enfoca em particular a ambiguidade, no pós-guerra, da sociedade e das potências ocidentais a respeito dos nazistas.

Uma cruel ironia política do destino, para Pahor, é o fato de ele e outros eslovenos de Trieste, do Carso e do litoral adjacente terem sido fichados no *Lager* como italianos, devido à residência,

NECRÓPOLE

quando a origem daquele inferno é justamente a infeliz aliança da Itália fascista com a Alemanha nazista, inferno, aliás, no qual também acabaram muitos italianos: "Nós, eslovenos do litoral, afirmávamos insistentemente que éramos iugoslavos. O coração e a mente rebelavam-se ao pensar que éramos eliminados como cidadãos de uma nação que desde o fim da Primeira Guerra Mundial sempre tentara assimilar os eslovenos e os croatas."

O ponto de partida da criminosa violência é, para Pahor, o incêndio do *Narodni Dom*, a Casa da Cultura eslovena em Trieste, em 1920, por parte dos fascistas. Esse episódio permaneceu como símbolo da desnacionalização dos eslovenos levada adiante pelos italianos não só durante o fascismo, mas desde o fim da Grande Guerra, embora de forma menos explicitamente brutal. O incêndio do *Narodni Dom* é bastante presente na obra de Pahor, por exemplo no *Kres v pristanu* (1959). Da mesma forma, a assimilação forçada, a supressão das escolas eslovenas e, mais tarde, a sua captura em Trieste por parte da Gestapo, entremeiam grande parte dos seus escritos, desde *Moj Tržnašlov* (1948) até *Mesto v zalivu* (1955), desde *Na sipini* (1960) até *Zatemnitev* (1975). Obras nas quais nos confrontamos não somente com a violência fascista e o horror nazista, como também com a falta de reconhecimento aos eslovenos de elementares direitos de plena identidade triestina e com o consequente muro de ignorância que por tão longo tempo separou os italianos da minoria eslovena, privando ambas as comunidades de um essencial enriquecimento recíproco. Eu mesmo, por exemplo, demorei bastante para descobrir Pahor, este crítico e apaixonado cantor da minha e da sua Trieste.

A prova dessa separação também nos é mostrada, em *Necrópole*, pela sutil desconfiança que experimenta, no *Lager*, em relação aos infelizes companheiros de desventura italianos, até por aquele Gabriele que somente mais tarde ele descobriria ser — dizendo isso explicitamente numa nota generosa no fim do livro — Gabriele Foschiatti, republicano, destemido antifascista que iria morrer em Dachau, do qual o próprio Pahor salienta "o profundo espírito democrático e a clarividência que marcavam suas ideias [...] a respeito das garantias necessárias para a sobrevivência de uma comunidade minoritária".

Nesse sentido, a frase de *Necrópole* anteriormente mencionada contém uma expressão imprecisa, pois não foi a "nação" italiana a oprimir os eslovenos, assim como não foi a "nação" eslovena (ou croata ou sérvia) a responsável pelas violentas e indiscriminadas represálias levadas a cabo no fim da guerra contra os italianos. E tampouco, por exemplo, pelas matanças de *domobranci*, os colaboracionistas eslovenos, e de *ustaše** e *četnici*** perpetradas pelos partidários de Tito em 1945 e denunciadas não só pelo grande escritor esloveno Drago Jančar, como também, num livro-entrevista com Edvard Kocbek, pelo próprio Pahor (punido por

---

* *Ustaše* — tinham como objetivo estabelecer uma Croácia pura do ponto de vista étnico. (N. T.)
** *Četnici* — membros de uma organização de guerrilha nacionalista e monarquista sérvia. (N. T.)

NECRÓPOLE

isso com a proibição de entrar na Iugoslávia por um ano), apesar de ele mesmo ter sido entregue à Gestapo justamente pelos *domobranci.*

O fascismo e o nazismo têm, sem dúvida alguma, origem nos vários nacionalismos. No entanto, não só neles, mas também numa particular reação (étnica, social, econômica, política, cultural e, às vezes, até religiosa) contra o radical transtorno que, com a Primeira Guerra Mundial e suas sequelas, destruiu a velha ordem europeia. Para desarmar o mortal mecanismo deles é preciso desmitificar todo excesso identificador, toda idolatria de identidade nacional — autêntica quando vivida com simplicidade, mas falsa e destrutiva quando, ao ser transformada em ídolo e em valor absoluto, se torna um ditame superior a qualquer outro. A particularidade, como escreveu Predrag Matvejević, ainda **não** é um valor, mas apenas a premissa de um possível valor que a transcende; quando oprimida, precisa ser defendida até duramente, mas sem jamais permitir — como, num momento dramático para a nação polonesa, dizia o seu tio Oscar a Milosz — que ela se torne o valor supremo. A nacionalidade é um valor em si na medida em que não nos é dado pela natureza: é algo que nós mesmos sentimos e, às vezes, escolhemos ser: Martin Pollack lembra, por exemplo, que em Tüffer, pequena cidade da Estíria inferior, durante os tensos atritos entre alemães e eslovenos no fim do século XIX e começo do XX, um chefe alemão-nacionalista se chamava *Drolz* e um nacionalista esloveno, *Drolc.*

Necrópole é um retrato de ampla abrangência e, ao mesmo tempo, sucinto — nunca patético — da vida (da não vida, da morte) no *Lager*. A poderosa presença do sentimento humano coexiste com uma precisão nítida e fria, numa perfeita estrutura narrativa que entremeia o conto do passado — do cativeiro revivido na constante presença do horror — e o relato do presente, da visita, muitos anos mais tarde, àqueles infernos saneados e transformados em museu e memória de si mesmos, sem omitir as ambiguidades desta sempre incerta superação oficial do passado.

Necrópole também é uma obra magistral (se nos for permitido usar julgamentos estéticos para o testemunho do mal absoluto) devido à sua límpida sabedoria estrutural, ao entrançamento dos tempos — verbais e existenciais — que permeiam o relato. Num livro sem qualquer excesso, há momentos inesquecíveis: as sequências cinematográficas da coletiva ("multicéfala") multidão de prisioneiros sob o jato de água dos chuveiros, o corte dos pelos pubianos que assimila os detentos a cães que se cheiram reciprocamente, as tenazes que arrastam esqueletos e os amontoam sobre cúmulos de outros esqueletos, os detalhes das curas e do trabalho prestado pelos detentos-enfermeiros — como o próprio autor —, os patíbulos para os enforcamentos, os estratagemas para se salvar prendendo um cartão com outro nome no dedão de um cadáver, os delírios dos moribundos; a boca escancarada dos alemães, sempre aos berros, transformada em característica antropológica, a roupa de baixo e os fedorentos trapos dos mortos ainda assim preciosos para os vivos, o silêncio da fumaça que sobe das chaminés; a exigência de ordem paradoxalmente mantida até na execução do infame trabalho forçado, o secreto egoísmo da ajuda oferecida a um condenado com o alívio de não estar no lugar

NECRÓPOLE

dele, as miseráveis e mesmo assim bem-vindas trocas de guimbas e crostas de pão entre os prisioneiros; a abjeção histórica que se torna horror cósmico, vazio absoluto.

Momentos esculpidos na eternidade com poderosa poesia, como aquelas duas moças que cruzam casualmente na rua a coluna dos danados e nem mesmo reparam neles, eliminam-nos do seu campo de visão, como se naquele caminho só houvesse neve e um lindo dia de sol. Ou então o sorriso de uma criança que se debruça à janela e sorri enquanto na rua passa aquele cortejo de vítimas: um sorriso inocente, mas tão "anacrônico" quanto o sol que resplandece no céu. Ou, ainda, aquele condenado que, antes de ser enforcado, cospe na cara dos algozes — às vezes uma cusparada na cara de alguém basta para limpar o rosto do mundo.

Boris Pahor sobreviveu. Não posso penetrar seu coração, mas parece ter saído daquela necrópole realmente vivo, em toda a plenitude do termo; irremediavelmente marcado, mas não humanamente mutilado nem apagado; íntegro, ao contrário de muitos outros — até mesmo de outros grandes escritores — que passaram por aquele inferno. Talvez, em parte, deva essa integridade à sua vitalidade, à sua familiaridade — que ele faz remontar às suas origens populares — com a elementar concretude física da vida que lhe permite não se enojar demais "no contato com a podridão, com as fezes e o sangue".

Essa força, essa harmonia com o escorrer até lamacento da existência e com a matéria — frágil, talvez repulsiva, mas também, às vezes, cristãmente gloriosa — de que somos feitos tornam-se fraternal assistência àqueles pobres corpos imundos ao lado dele, a serem limpos, lavados e sepultados. É o que Boris Pahor faz, oferecendo-nos um relato de enxuta precisão factual, sem qualquer páthos humanitário. Até numa necrópole, uma resistência humana como aquela é uma esperança. Para si e para os outros. Sabe-se lá se, como dizem as Escrituras, as ossadas humilhadas — todas as ossadas humilhadas — algum dia irão exultar.

Necrópole

Uma fria cinza encobriu as sombras.

SREČKO KOSOVEL

*O dia em que os povos se derem conta de quem
vós éreis irão morder a terra de desgosto e
arrependimento. Irão molhá-la com suas
lágrimas e levantar-vos-ão templos.*

VERCORS

Aos Manes de todos aqueles que não voltaram

Domingo, à tarde. A tira de asfalto liso e sinuoso que sobe para as alturas densas dos bosques não está tão deserta quanto eu gostaria. Alguns carros me ultrapassam, outros já estão voltando para o vale, rumo a Schirmek, de forma que o vaivém turístico transforma esse momento em algo banal e não me permite manter o recolhimento que eu estava buscando. Sei perfeitamente que eu também, com o meu automóvel, participo dessa procissão motorizada, mas acredito que, levando-se em conta a minha familiaridade com esses lugares, se estivesse sozinho na estrada, o fato de viajar de carro em nada prejudicaria a imagem onírica que desde o fim da guerra descansa intacta na sombra da minha consciência. Admito: não consigo aceitar plenamente a ideia de que esse lugar nas montanhas, eixo e fulcro da minha vida interior, possa ser visitado por qualquer um; e também sinto algum ciúme: não só porque olhos estranhos percorrem atualmente um cenário que foi testemunha do nosso anônimo cativeiro, mas também porque esses olhares curiosos (tenho absoluta certeza disso) jamais poderão penetrar o abismo de degradação no qual foi jogada a nossa confiança na dignidade humana e na liberdade pessoal. Mas aí, chegando inesperada e improvisa, lá vem se insinuando na minha alma uma pequena satisfação pelo fato de este monte nos Vosges não ser mais o território de uma longínqua danação acontecida no segredo de si mesma, mas sim o lugar para onde se dirigem os passos de inúmeras pessoas. E essas pessoas, apesar da sua imaginação ser insuficiente para a visita que as aguarda, conseguirão mesmo assim intuir, pelos caminhos do coração, a inconcebível realidade do destino daqueles seus filhos perdidos.

Homens e mulheres de todos os países da Europa juntam-se aqui, nestes amplos platôs de montanha, onde o mal dominava e sujeitava a dor, e parecia capaz de imprimir na consumpção a marca da eternidade. Reúnem-se aqui para apoiar os pés num solo sagrado onde as cinzas dos seus semelhantes, com muda presença, fixam na consciência dos povos uma etapa indelével da história humana.

Enfrento as curvas fechadas e voltam à minha lembrança, mas somente por um instante, os solavancos do caminhão que, vindo da então chamada Markirch,[1] transportava o caixão do nosso primeiro morto. Eu não sabia que estava sentado numa caixa tão triste, e, afinal de contas, o vento gelado que descia dos cumes nevados dispunha de todo o tempo necessário para entorpecer qualquer pensamento que passasse pela minha cabeça. Não, agora não consigo distinguir nenhuma das imagens que guardo dentro de mim, uma maranha enroscada e murcha como um cacho de uvas ressecado, de grãos encarquilhados e bolorentos.

Preferiria que embaixo de mim, no lugar da tira de asfalto bem liso, corresse a antiga estrada, cortada por sulcos e buracos,

---

[1] Aldeia mineradora chamada, em francês, Sainte Marie-aux-Mines, (Santa Maria das Minas).

NECRÓPOLE

que evocaria uma atmosfera do passado mais próxima da verdade... Mas já estamos acostumados demais, nós, motoristas modernos, à confortável e suave velocidade. Pergunto-me se, em território esloveno, poderia haver uma estrada de montanha comparável a esta, tortuosa, que leva de Schirmek ao Struthof. Voltam à minha memória as curvas fechadas próximas da passagem do Vršič, onde, no entanto, a vista abrange um excepcional anfiteatro de cumes rochosos que aqui não existem. O caminho de Caporetto a Drežnica? Poderia parecer-se com este, com a diferença de aqui não haver o Krn com seu bico afiado. Talvez essa estrada dos Vosges se assemelhe àquela que sobe, cheia de curvas, de Caporetto a Vrsno. Lá também, como aqui, o bosque é vez por outra empurrado para trás por uma clareira, e o vale, cavado de um lado, não fica muito longe; há, principalmente, falta de penhascos: a paisagem alterna corcovas cobertas de mata fechada e ondeantes prados que se detêm às margens escuras da floresta. A única coisa de que não me lembro é se nos declives de Vrsno também há abetos, como aqui; provavelmente, não.

A estrada continua a desenrolar-se para cima, mas em alguns pontos está agora marcada pela alvura de pedras nuas, como acontece em todos os lugares onde a ferramenta do homem feriu o corpo verde da terra, penetrando sua densa massa secreta.

À esquerda descortina-se agora uma ampla extensão de terreno que leva à entrada. Mais cedo ou mais tarde, aqui haverá uma alameda; por enquanto, há um descampado cheio de ônibus e de

Boris Pahor

carros estacionados de qualquer forma, e isso me lembra o largo em frente às grutas de Postúmia. Com todas as minhas forças, procuro manter longe de mim a imagem dos idosos turistas suíços ou austríacos, das turistas de cabelos brancos que apertam diligentemente entre as mãos a alça de bolsas fora de moda e acompanham com acenos da cabeça as palavras do guia, parecidas com galinhas que, ao primeiro sinal de perigo, interrompem o seu ínfimo e contínuo esgaravatar, levantando de chofre o seu periscópio vermelho. Estou sendo injusto, eu sei. Eu seria mais sincero e honesto se fosse embora e só voltasse amanhã de manhã, quando a atmosfera do dia de trabalho protegerá piedosamente o isolamento desses patamares esculpidos na encosta. Mas amanhã outras redondezas me aguardam; de forma que, em lugar de consagrar-me a este lugar sozinho ou, então, de desistir da visita e ir embora, prossigo o meu caminho até a entrada, percebendo que sou escravo, de maneira automática, e portanto estéril, do itinerário planejado antes de partir. Como sempre me acontece no apressado afã dessas repentinas viagens, experimento uma espécie de terna saudade pelo tranquilo, autêntico relacionamento com a terra e com o mar, com as ruas da minha cidade, as fachadas dos prédios, os rostos e as pessoas dos quais a vida nos aproxima; mas a ansiedade, a inquietação, empurra-nos febrilmente adiante, e os nossos olhos só guardam impressões superficiais que se desmancham como espuma, sulcadas pela proa de uma lancha à toda velocidade. Afinal de contas, o homem se consola pensando que já é rico só pelo fato de sentir saudade de uma contínua, silenciosa intimidade com a natureza, como se a consciência da própria mutilação

NECRÓPOLE

já fosse, por si, um bem. E talvez seja. Talvez sempre tenha sido, mas somente para um número limitado de pessoas. Agora, no entanto, somos ainda mais desgraçados, mergulhados numa cadeia de imagens e de impressões que esmigalharam o nosso amor, levando-o a perder a sua essência. Portamo-nos de forma exatamente oposta ao comportamento das abelhas: desperdiçamos o nosso pólen em cima de um milhão de objetos e, fingindo ignorar a voz secreta que cicia em nosso ouvido, dizendo que isso é impossível, esperamos ter, algum dia, bastante tempo ao nosso dispor para poder preencher o vazio da nossa colmeia.

Talvez eu esteja apenas imaginando, mas tenho a impressão de que os visitantes, na hora em que voltam aos seus carros, me observam como se de repente tivesse reaparecido nos meus ombros o uniforme listrado e eu estivesse andando de tamancos na brita. Trata-se, certamente, de uma ideia um tanto doida: mas, na verdade, às vezes, em momentos especiais, somos realmente capazes de emitir um fluido invisível mas poderoso que os outros percebem como a proximidade de uma atmosfera incomum, excepcional, e são por ela arrebatados como uma embarcação à mercê de uma onda anômala. E, quem sabe, talvez na minha pessoa tenha, de fato, ficado algo daquilo que eu era naquela época. Procuro, portanto, andar todo recolhido em mim mesmo, e quase fico incomodado com as sandálias leves que estou usando, que me permitem passadas muito mais elásticas do que aquelas que poderia dar se os meus calçados ainda fossem de pano com a sola de madeira espessa.

Boris Pahor

A porta de madeira estava cercada de arame farpado, e fechada, como então. Tudo permanece igual; só faltam as sentinelas nas torres de vigia.

Mesmo agora, como naquele tempo, é preciso esperar diante da entrada; com uma única diferença: da guarita de madeira sai um guarda que abre a porta e deixa entrar no pátio mudo grupos de visitantes rigorosamente contados. Graças a essa determinação, nos vários níveis do campo reina o recolhimento. O sol de julho vigia incessante no silêncio; somente lá embaixo, em algum lugar, apaga-se, de vez em quando, o eco das palavras de um guia, como se a voz de um pregador renascido do mundo dos mortos fosse vez ou outra, e de repente, interrompida.

Pois é, o guarda reconheceu-me, e isso me deixou bastante surpreso. Não pensei que fosse lembrar a minha visita de dois anos atrás. "*Ça va?*", perguntou. E isso foi suficiente para criar uma familiaridade que varreu para longe qualquer vínculo que eu pudesse ter com o vaivém dos turistas. O vigia, de cabelos escuros, não é um homem bonito. É baixo, atarracado, ativo; se usasse um capacete com uma lanterna, seria o minerador perfeito. Fala de forma decidida, e tudo sugere que se trata de um sujeito rude. Diante de um antigo prisioneiro desse campo de extermínio, como eu, dá a impressão de sentir um constrangimento raivoso pelo fato de ser forçado a ganhar o pão de cada dia mostrando o lugar da minha, da nossa danação. De forma que, no apressado sinal de assentimento com que me deixa entrar sozinho no terreno protegido pelo arame farpado, junto com uma amigável condescendência, também reparo num leve desejo

NECRÓPOLE

de livrar-se de mim o quanto antes. Deve ser isso mesmo. E não fico chateado com ele; eu tampouco conseguiria falar com um grupo de visitantes se ali estivesse, ouvindo, algum antigo companheiro do forno crematório. A cada palavra teria receio de deixar escapar uma nota desafinada, porque da morte e do amor só podemos falar conosco mesmos ou com a pessoa amada, com a qual formamos uma coisa só. Nem a morte nem o amor tolera a presença de estranhos.

E quando, no seu papel de guia, o guarda fala com uma comitiva que escuta em silêncio, na verdade está falando em voz alta com suas próprias lembranças; seu monólogo é apenas um repasse de imagens interiores, e isso não significa que as repetidas confissões o deixem mais calmo ou satisfeito. Quase poderia arriscar-me a dizer que, depois de fornecer toda uma série de testemunhos pessoais, acabará ficando cada vez mais em conflito consigo mesmo, mais inquieto; no mínimo mais pobre, de qualquer maneira. Por isso sou-lhe grato por ter-me deixado entrar sozinho nesse mundo mudo.

A satisfação que experimento deriva da percepção de poder gozar de uma preferência, de um privilégio que tem a ver com o fato de eu pertencer à casta dos rejeitados. Essa distinção, no entanto, também é, ao mesmo tempo, o prolongamento da segregação e do silêncio de então: apesar de aquela nossa multidão viver como um rebanho humano, cada um de nós só entrava em contato com a sua própria solidão íntima, com um atônico langor. De forma que agora não consigo medir exatamente a distância que me separa daqueles degraus que, à luz do sol, me parecem até familiares e comuns demais; não consigo perceber o imanente suspiro do nada que os cerca. São apenas meros degraus, assim como eram meras mãos descarnadas as que transportavam e assentavam as pedras de que são feitos. Mas pareciam-me mais íngremes, então, e não posso deixar de pensar num adulto que, voltando aos lugares da sua infância, fica maravilhado ao constatar quão pequeno seja, na verdade, o edifício de que tanto gostam as suas fantasias: ainda menino, media a altura daquele muro com a sua estatura de anão. Não é que nós tivéssemos percorrido aqueles degraus em nossos anos juvenis, mas mesmo assim éramos muito mais vulneráveis do que um rapaz ou um menino, pois não tínhamos a possibilidade de encontrar socorro em um pensamento ainda imaturo. Acabávamos reduzidos, cada um com a sua nudez, a uma pele murcha de animal famélico que se consome, impotente, no seu próprio cativeiro sem saída, um ser que a cada dia calculava instintivamente a distância entre o forno e a sua ressecada caixa torácica, e os seus membros lenhosos. Alguém provido de desenfreada imaginação poderia, a essa altura, lembrar-se do boneco de madeira de Collodi, ele também atacado pelas chamas, mas do qual o bondoso artífice substitui a parte consumida; no nosso processo de cremação, no entanto, ninguém pensava em peças sobressalentes. Sim, claro, a imagem de Pinóquio é a de uma marionete que aqui não tem qualquer direito de cidadania; mais cedo ou mais tarde, entretanto, precisaremos, afinal, encontrar um novo Collodi que conte às crianças a história do nosso passado. Mas quem será capaz de aproximar-se de um coração infantil sem feri-lo com o espetáculo do mal,

NECRÓPOLE

e deixando-o, ao mesmo tempo, ao abrigo dos perigos, das tentações do futuro? Em resumo, nessas encostas, que a cada degrau se dobram como joelhos de pedra, a nossa mente tornara-se opaca porque, devido à desidratação, a matéria cerebral ressecava dentro do crânio como uma gelatinosa água-viva nos seixos da praia. Os degraus erguiam-se diante de nós como a íngreme escada de uma torre de sinos, os patamares superiores pareciam não ter fim, e a nossa subida pelo imaginário edifício durava uma eternidade. Também porque os pés, no fim das pernas ressequidas, estavam reduzidos pelos edemas a amorfos amontoados de carne esbranquiçada.

Percebo que agora o tempo é meu cúmplice, detenho-me a contemplar a grama alta do outro lado da cerca de arame farpado. Procuro dirigir o meu pensamento à imagem amarelada da terra que só deixei há poucos dias, mas essa pobre e longa juba de feno, comparada com a do Carso, parece insulsa no seu obtuso permanecer. Não é culpa dela, eu sei, mas a perseverança desse mudo crescimento é desprovida de sentido. Estava aqui antes da construção do campo, continuou aqui enquanto ele existiu e ainda permanece aqui, como então. A gracilidade cinzento-amarelada dessa relva torna inútil a existência de qualquer outra relva, de toda a relva do mundo: a vegetação não proporciona ao homem qualquer companhia real; só fica calada ao seu lado, fechada em seu próprio crescimento viçoso, e, quando as corolas se incendeiam sobre seus finos caules com a variedade de suas cores vistosas, limitam-se apenas a disfarçar melhor a sua cegueira. Esses pensamentos são sutilmente permeados por um sentimento de alívio devido ao fato de eu estar só; o grupo com o guia está longe, do outro lado dos terraços cavados na encosta, e a entrada está lá em cima, já totalmente invisível. Sei muito bem que com essa zelosa exigência de solidão estou somente tentando evitar que a lembrança se despedace em mil fragmentos entre as minhas mãos; ainda assim, ao mesmo tempo, não posso deixar de reconhecer amargamente que a multidão, com o seu movimento lento e uniforme, acaba muitas vezes, e, infelizmente, perpetuando numa outra dimensão a amorfa apatia daqueles incontáveis fios de grama amarela.

Pois é, acabo de ver Tola descendo as escadas à minha frente, resmungando porque o cadáver ossudo escorrega na cavidade de pano da maca e bate em seus quadris com a cabeça raspada. Eu estava feliz por aquele corpo não se chocar comigo e avançava lentamente, um passo depois do outro, levantando os dois cabos para não bater neles os joelhos. De qualquer maneira, toda vez que tínhamos de transferir um cadáver do amontoado de palha ao pano áspero e manchado da maca, ele fazia isso com simplicidade e naturalidade; evitava, no entanto, que o corpo tocasse em mim quando o levávamos descida abaixo. Resumindo: as células vivas não repudiam de forma alguma o contato com as células mortas, desde que esse contato seja consciente, que nasça da atividade delas, de um centrífugo impulso vital. Mas não suportam

NECRÓPOLE

uma ingerência externa, uma inerte intrusão do tecido morto em sua elástica matéria viva. Não quero dizer com isso que essa experiência seja específica de um campo de extermínio. Talvez aconteça o mesmo na vida cotidiana. Mas, enquanto isso, pergunto-me que tipo de imagem pode surgir na mente dos visitantes que se apinham em volta do guia; somente uma série de primeiros planos fotográficos pendurados no interior dos barracões, com uma multidão de cabeças raspadas, de malares salientes e mandíbulas parecidas com ferrolhos enferrujados, talvez fosse capaz de evocar na tela da imaginação do visitante a imagem da realidade de então. Seja como for, nenhum painel fotográfico jamais conseguirá representar a sensação íntima de um ser humano ao qual parece que o vizinho recebeu meio dedo de líquido amarelo a mais do que ele na tigela de metal. Claro, alguém poderia retratar seus olhos, incutindo-lhes aquela particular expressão perdida provocada pela fome, mas não poderia infundir neles a ansiedade do interior da boca, tampouco os desejos obstinados do esôfago; e como poderia uma imagem representar, afinal, as nuanças exteriores daquela invisível luta que acontece nos bastidores quando os princípios éticos que inculcaram em nós desde pequenos estão capitulando diante da desmedida tirania do estômago? Na verdade, não sei qual é a mucosa predominante; talvez o tecido do esôfago; mas sei muito bem que o meu cachorrinho Žužko, do qual gosto bastante, se torna para mim antipático quando engole com impaciência a água que começa a formar-se em sua boca, enquanto com a mesma impaciência levanta ora uma, ora outra pata dianteira. Aí, fitando-o nos olhos, digo a mim mesmo que em alguma coisa se parece comigo, embora ele fique sentado nas patas traseiras e eu numa poltrona que acaba de ser montada numa fábrica do Carso. De qualquer maneira, somente a película de uma câmera poderia dar uma ideia do tropel que se formava de manhã numa daquelas apertadas colmeias, um tropel de uniformes listrados que se jogavam de cima das tricamas e se apinhavam no *Waschraum*[2] para se apossar de um par de tamancos com tira ainda inteira, de forma a não perdê-los na neve, na lama ou no meio das poças. Somente um filme poderia colher o gesto violento de uma mão que, conforme as regras estabelecidas para o "robustecimento", força sob o jato de água aquelas bolas lisas que são as cabeças em cima dos corpos definhados; e, quando então aquela mão musculosa dobrar de forma ainda mais decidida as colunas vertebrais das costas nuas, ouvir-se-ão os arcos das costelas estalar como os vimes ressecados de uma cesta. Lá fora, enquanto isso, o amanhecer ainda está mergulhado no escuro e no frio, de forma que a porta de saída parece o buraco de acesso de um abismo negro no qual muito em breve será preciso entrar. Somente um filme poderia retratar a massa multicéfala que, com instinto centuplicado, ao meio-dia fervilha e ondeia espalhando no ar, entre as paredes de madeira, um forte tremor devido à espera por uma colherada de aguada, mas quente, fonte de energia. Ou salientar o momento em que as cabeças raspadas estão, todas elas, curvas sobre as colheres de madeira; ou então o formigueiro zebrado que à noite vai dormir,

---

[2] Lavatório

NECRÓPOLE

depois de envolver num embrulho seus rudes panos para então entrar naquela geladeira de catres e colchões de palha; antes disso, no entanto, cada um terá de subir num banquinho para permitir que um sujeito, que segura na mão esquerda uma lâmpada protegida por uma tela metálica, examine o seu púbis. Os pelos já não estão lá, a navalha do barbeiro encarregou-se de retirá-los, mas na ponta de um novo pelo nascente poderia ter-se escondido a lêndea de um piolho. De forma que o pênis iluminado fica como que exposto a uma estranha veneração no meio do formiguejar de corpos nus do umbigo para baixo, enquanto as cabeças peladas levam a pensar, sabe-se lá por quê, a um bando de idiotas. Não: nesta esquálida iluminação do púbis não há vestígio daquele respeito que, em Pompeia, levava a esculpir nas portas das casas o símbolo da fertilidade; aqui, trata-se apenas de um cerimonial com que os patrões tentam conter seu terror por piolhos e pelo tifo. Por isso a luz surpreendeu em seu ninho o pássaro morto de fome antes mesmo de ele cobrir-se de plumas; agora ele se mexe inerte, movido pela mão que, devotada, cumpre a ordem de inspeção. Não há dúvida, somente uma câmera poderia retratar fielmente essas sequências, deter-se no longo fio elétrico, descer devagar até a lâmpada e o árido suporte, e enquanto isso colher as cabeças lisas dos corpos ossudos que se amontoam para poder finalmente descansar em sua fria cripta. Mas talvez tenha sido melhor que então não houvesse um olho cinematográfico desse tipo, pois sabe-se lá o que os homens de hoje pensariam daquela multidão de seres seminus que sobem um depois do outro num banquinho, enquanto os outros os fitam, tônitos e atemorizados,

37

porque não conseguem acreditar que aquele pássaro implume e murcho, subitamente iluminado pela lâmpada, seja de fato o órgão que contribui a gerar os homens. Talvez seja de fato melhor que não haja um filme como esse: hoje em dia, aqueles seres descarnados, de virilha à mostra, poderiam ser confundidos com um bando de cães amestrados que, em pé sobre as patas traseiras, em cima do banquinho, ficam se cheirando reciprocamente o traseiro. A densa mistura humana tornou-se ainda mais emaranhada e compacta quando, nos postos de controle, houve a quarentena imposta pelo tifo, a essa altura transformado, de longínquo espantalho que era, em realidade cotidiana. Já não havia a reunião para a chamada, nem de manhã, nem ao meio-dia, nem à noite; já não era preciso ficar um tempão em pé, de madrugada, à espera de que as fileiras alinhadas nos demais patamares se dirigissem à pedreira; a inatividade perdeu aquelas flutuações que, no estado de esgotamento no qual nos encontrávamos, davam a impressão de uma espécie de ondeamento, de alternância. É verdade que aquele ir e vir predeterminado não passava do movimento preguiçoso de um mar morto, mas, de qualquer forma, aquele ritmo conseguia, ainda assim, nos passar a flébil impressão de agirmos num mundo que fazia sentido. Na época da quarentena, ao contrário, o cativeiro perdeu até aquele mínimo de aparência de estar ligado a algum plano. Foi como se até o arame farpado eletrificado da cerca se afastasse, e o barracão tornou-se a morada de leprosos esquecidos numa ilha da qual zarpara, em silêncio e para sempre, o último navio. Isso mesmo; e ainda assim, por mais que a coisa possa parecer grotesca, se agora posso reviver

NECRÓPOLE

aquele passado, é justamente à quarentena que devo isso, e ao meu mindinho esquerdo. Quando, pouco antes de a quarentena ser instaurada, o bisturi do cirurgião belga Bogaerts incidiu com um triplo corte a palma da minha mão a fim de extirpar um foco de infecção, o sangue aguado que esguichou para fora deu uma prova bastante melancólica a respeito da sobrevivente resistência do corpo no qual circulava; e se esse era o motivo pelo qual o meu ferimento não sarava (o que era certamente um mau sinal), foi justamente aquela atadura branca a salvar-me dos olhos inquiridores que procuravam indivíduos aptos ao trabalho. Foi por isso que não joguei fora as ataduras de papel nem mesmo quando já não precisava delas; comecei, aliás, a dedicar-lhes as maiores atenções, tesouro ainda mais precioso na medida da sua fragilidade. Eu mantinha o braço no colo como se fosse um recém-nascido; e este recém-nascido, no começo, tinha uma cabeça branca e bastante redonda, que pouco a pouco, no entanto, diminuiu de tamanho e ficou cinzenta, até assumir a forma de um pequeno punho sujo e cheio de crostas. Mesmo assim, entretanto, repelia certos olhares mal-intencionados. Não consigo imaginar mais alguém que tenha conseguido proteger da destruição, com tamanho cuidado e por tanto tempo, uma atadura de papel crepom, não consigo imaginar mais alguém capaz de dedicar tanta atenção àquele material delicado como espuma e cada dia mais gasto. Nem mesmo a quarentena, que por algum tempo nos livrara do medo de sermos chamados a fazer parte dos comboios, isentara-me dos cuidados reservados àquela cabecinha vendada, que enquanto isso se aglomerara numa cinzenta e pegajosa camada de sujeira protetora. E o tifo? Claro, tínhamos um inimigo que nos acossava, mas não creio que alguém visse nele um perigo capaz de ameaçar a nossa vida. Enquanto não nos contaminava, a doença continuava sendo invisível; todos nós, no entanto, tínhamos visto o que eram os comboios daqueles que voltavam dos turnos de trabalho. As pernas dos pobres infelizes estavam envolvidas em papel de sacos de cimento, preso com arames: quando os enfermeiros as desenfaixavam, ali embaixo apareciam chagas purulentas, escancaradas, alongadas, delgadas nas pontas, mais largas no meio, parecidas com amareladas folhas de palmeira. Quase ninguém conseguia descer dos caminhões sem ajuda; depois que eram colocados no chão, aqueles esqueletos ficavam ali, encolhidos ou deitados, até alguém aparecer para levá-los ao chuveiro. Para os que já não respiravam, havia umas tenazes com um metro de comprimento que se fechavam em volta da pele murcha do pescoço. (Não seria uma má ideia, francamente, que alguém se dedicasse ao estudo psicológico daquele que inventou as tenazes para arrastar um esqueleto para um amontoado de outros esqueletos, para puxá-los então até o elevador de ferro logo abaixo do forno). Uma vez que nós todos tínhamos visto aqueles coitados, a quarentena representava um cinturão de proteção temporária contra a possibilidade de acabarmos do mesmo jeito. E lá vem, certo dia, o doutor Jean para trocar as ataduras de todos que, no nosso pavilhão, precisassem desse cuidado. Quando vê a palma da minha mão, sorri; decide mesmo assim envolvê-la numa nova tira de papel, deixando-me então seguir adiante no meu jogo de esconde-esconde com a sorte. O nosso encontro teria ficado nisso se Jean fosse apenas um médico escrupuloso, mas ele também era um companheiro de cativeiro carinhoso e cordial. Talvez, para conhecê-lo melhor, eu tenha sido ajudado por aquela capacidade toda eslovena de ensimesmar-se no espírito da língua estrangeira. Não sei se essa nossa aptidão é um sinal da riqueza psicológica, da vivacidade interior e da calidoscópica versatilidade da nossa alma ou somente a prova daquela maravilhosa elasticidade que permitiu o nosso enriquecimento ao longo dos séculos, traduzindo-se numa maleabilidade e numa necessidade de adaptação ininterruptas. Seja como for, nisso somos parecidos com os judeus e os ciganos; nós também, como eles, através de toda a nossa história, tivemos de lidar com o problema da assimilação. Jean estava bem-humorado, apesar de a multidão tornar o ambiente aflitivo e de o estado em que era mantido o barracão torná-lo de fato parecido com um carro de ciganos. Não entendia por que eu não era italiano, uma vez que o meu triângulo vermelho tinha a letra I escrita no meio. Enquanto me enfaixava no meio daquele empurra-empurra, contei-lhe da Primeira Guerra Mundial, do Tratado de Londres, do litoral adriático. "Quer dizer, na sua casa, vocês falam a sua língua" disse. "Isso mesmo, o esloveno", respondi. "E, portanto, você pode entender um tcheco, um polonês e um russo?" Embora o empurrassem por trás, continuava a atar a minha mão com toda a calma. Foi a minha vez de sorrir, percebendo que Jean descobrira alguma coisa da qual até aquele momento eu não me conscientizara. Como estava longe a época em que, na Líbia, eu aprendera com os jovens croatas da Ístria a sua língua harmoniosa! A areia africana que estalava sob os nossos dentes já desaparecera há muito tempo, assim como se haviam dissolvido os dois anos que passara perto do lago de Garda com a função de intérprete dos oficiais iugoslavos prisioneiros. Nunca passara pela minha cabeça que tudo isso poderia ajudar-me ao longo do meu duelo com a morte. Jean (naquela época ainda não sabia seu sobrenome) estava alegre, parecia até feliz com o fato de eu falar francês, e enfaixava vagarosamente a minha mão para deixar-me contar como, em Pádua, eu passara em dois exames de literatura francesa, sobre Baudelaire, primeiro sobre as *Flores do mal*, e aí, no ano seguinte, sobre os *Pequenos Poemas em prosa*. Diante da multidão de vultos zebrados na qual estávamos mergulhados, a nossa conversa parecia uma apressada confissão ou o urgente ditado de um testamento, quando é preciso aproveitar cada instante antes que a boca do moribundo se cale para sempre. Finalmente, Jean também mostrou interesse pelo meu alemão. Leif, o médico norueguês chefe de *Revier*, isto é, dos barracões com os doentes, só dominava o alemão, além do inglês. Em alemão, obviamente, devia ser redigido tudo que fosse assunto oficial, tudo que tinha a ver com os doentes, com as doenças e com a morte. Jean perguntou se, além de falar, eu sabia escrever em alemão. Só então ficou claro para mim que Jean, do amistoso interesse demonstrado por um companheiro desconhecido que sabia expressar-se em francês, passara para o lado prático. Pode ser que naquele momento tenha despertado em mim a palpitação intensa que, às vezes, desabrocha no peito, tão maravilhosa quanto um broto na primavera. Não saberia dizer, já não consigo recriá-la. Talvez nem tenha passado pela minha cabeça o professor Kitter, nem os insuficientes com que marcava os meus deveres em alemão, tornando ainda mais sombria a minha permanência na escola de Capodistria. Agora sei que poderia ter aprendido direito também o alemão, se não fosse pelo instintivo repúdio que ele já despertava em mim desde criança; todas as minhas células, todos os meus tecidos, sem esquecer nenhum deles, haviam se insurgido contra aquela língua. "Sim, sei escrever em alemão, Jean", falei, "ainda mais se for o caso de colaborar com alguém que tenta nos manter longe do forno!"

Mas no dia seguinte já me esquecera dele, de Jean, pois a visão sumira tão depressa quanto aparecera: uma bolha de ar surgida do fundo lamacento de um pântano, que estoura na pútrida superfície parada. E, além do mais, não acreditava que aquele jovem francês fosse realmente um médico; poderia apostar que não passava de um estudante que, com uma compreensível mentira, tentava safar-se na atmosfera de danação que nos agrilhoava. Danação tão estreitamente arraigada em nossas existências que nos movíamos dentro dela como sonâmbulos; e, assim como é desaconselhável acordar um sonâmbulo quando está a ponto de precipitar-se no vazio, da mesma forma, nos raros momentos em que reencontrávamos em nós a vibração de uma imagem do mundo dos vivos, recuávamos logo daquela tentação antes de nos arriscarmos a perder o equilíbrio. Assim sendo, uma semana depois da visita de Jean, enquanto estava no meio da multidão que ondeava amorfa naquela caixa fechada que era o nosso barracão, não prestei atenção no chefe de pavilhão que soletrava um longo número em alemão. Ainda jovens, toda e qualquer ilusão havia sido varrida da nossa consciência a golpes de cassetete e nos havíamos gradativamente acostumado com a espera de um mal cada vez mais radical, mais apocalíptico. O menino ao qual o acaso reservara o destino de participar da angústia da própria comunidade que estava sendo renegada, e que assistia passivamente às chamas que, em 1920, destruíam o seu teatro no centro de Trieste, aquela criança só podia ver comprometida para sempre qualquer imagem do futuro. O céu cor de sangue acima do porto, os fascistas que, após encharcarem de gasolina aqueles muros fidalgos, dançavam como selvagens em volta da grande fogueira: tudo isso imprimira-se na sua alma infantil, traumatizando-a. E aquele fora somente o começo, pois mais tarde o rapaz acabou se vendo na condição de culpado, sem saber contra quem ou contra o que tivesse pecado. Não conseguia entender que o conde-navam devido ao uso da língua através da qual aprendera a amar os seus pais e começado a conhecer o mundo. Tudo se tornou ainda mais monstruoso quando se decidiu mudar o nome e o sobrenome de dezenas de milhares de pessoas, e não só dos vivos, como dos moradores dos cemitérios. E aquela supressão, que já durava um quarto de século, lá estava agora no *Lager*, alcançando o limite extremo, reduzindo o indivíduo a um número. E mesmo assim, embora as inúmeras fileiras de corpos listrados de branco e de azul, flexíveis e ondeantes, me carregassem como um mar tempestuoso, aquela corrente de fonemas alemães gritados pelo chefe de pavilhão, que criara perturbação na atmosfera surda do barracão, indicava justamente a mim. Alguém, através daqueles números, estava jogando uma corda na profundidade do meu

NECRÓPOLE

abismo; percebi com repentina alegria que poderia tornar-me útil à coletividade condenada à qual pertencia e ao mesmo tempo livrar-me daquela anônima consumpção. E sentia-me lúcido, modesto e calmo na espera de aquela corda de salvação tornar-se comprida o bastante, para alcançar o fundo do poço onde me encontrava. Isso mesmo, sentia-me modesto, mas não era uma virtude; tratava-se de uma disposição da alma nascida instintivamente de uma certeza igualmente instintiva: de que as forças do mal prevaleciam de forma absoluta sobre o microscópico germe que dentro de mim permanecia agarrado à fé na sobrevivência. Mesmo agora, dia após dia, guardo em mim a lembrança daquela manhã de quarentena: pouco a pouco, o meu mindinho dobrou-se no invólucro de papel, como se quisesse abraçar a atadura salvadora, e continuou dobrado num ângulo de noventa graus, para chamar a todo instante, com aquela semi-horizontalidade, a minha atenção sobre si. Obviamente, no começo, só me enfastiava; enquanto eu me lavava, entrava nas minhas narinas ou nos ouvidos, mas, em vez de ficar zangado, naqueles momentos cumprimentava-o com camaradagem, como se ele tivesse uma existência independente, separada da minha. Mais tarde, quando voltei ao mundo dos vivos, aquele dedo dobrado me atrapalhava: quando, por exemplo, uma pessoa querida segurava a minha mão; ou então quando, na sala de aula, esticava o braço e via os alunos de olhos fixos naquele pequeno dedo saliente. Em certa altura, cheguei até a sentir vergonha. Sabe-se lá por quê, aquele ganchinho despertava toda vez em mim a imagem de uns filmes anteriores à guerra nos quais havia um bandido que, em vez de uma das mãos, tinha um pontudo gancho de ferro. Estranhamente, a vítima se identificava com a imagem daquele algoz da minha infância, cuja ferramenta de ferro curvo enxertada no coto apresentava certa semelhança com as tenazes usadas pelo foguista para arrastar os nossos mortos pelo pescoço. Cheguei várias vezes a ponto de pedir que um amigo cirurgião fizesse alguma coisa com aquele meu dedo, mas toda vez fui detido por um pensamento: apesar de ele trazer à minha mente uma imagem que nada tinha de bonito, aquele mindinho também podia representar muito bem o único e último gancho que, num precipício, salva um montanhista do vazio infinito do nada.

Mais um terraço cavado na encosta da montanha. Por aqui devia haver o barracão número 6, onde nos primeiros tempos ficava o *Weberei*,[3] antes de todos os prédios deste lado passarem a ser parte do *Revier.** E que estranhos tecelões éramos! É claro que, de um grupo debilitado como o nosso, não se podia certamente esperar um grande desempenho; um nome como aquele, para um trabalho tão desalentador, só pode ser inventado num ambiente onde todos os valores têm de se ver com a bocarra do forno sempre aceso. Diante de nós se acumulava uma porção de sobras de borracha e pano, como embrulhos de refugos coloridos

---

[3] Tecelagem.

* Abreviatura do alemão *Krankenrevier*, que, na linguagem dos campos de concentração, era um barracão destinado aos prisioneiros doentes. (N. T.)

NECRÓPOLE

amontoados na banca de um vendedor de roupas usadas, no bairro mais velho da cidade. Nós, com a lâmina de uma navalha correndo sobre uma tábua de madeira, cortávamos aqueles retalhos em tiras finas com as quais formávamos então espessas tranças multicoloridas que, ao que parece, serviam para fabricar aquelas grosseiras roscas usadas como para-choques nas amuradas dos navios. Os olhos, diante dos quais a fome esticava um véu cinzento, não chegavam a enxergar longe o suficiente para vislumbrar a sombra daqueles hipotéticos navios, mas se fixavam naquelas réstias de pano, ninhos de cobras entrelaçadas que se desenrolavam e mudavam de forma dentro de uma turva caligem. A cabeça, devido à fraqueza e à longa imobilidade daquela posição sentada, bem que teria gostado de balouçar sonolenta (e, de vez em quando, isso até que acontecia), mas, do interior daquele flácido saco que o nosso corpo se tornara, as mordidas da fome cuidavam de nos manter acordados e de levantar as pestanas cada vez mais pesadas. Isso acontecia principalmente quando a fria escuridão da alvorada recuava e, do outro lado dos vidros das janelas, a luz matinal nos prometia um ataque um pouco menos violento dos ventos atlânticos através do tosco pano listrado. Aquela era a hora em que o jovem e presumido *kapò** começava a cortar em fatias muito finas a forma quadrada do pão e a olhar para a multidão que, sentada, parecia formada de pedaços de pau bicolores

---

* Prisioneiro do campo de concentração encarregado de supervisionar os demais prisioneiros. Era um comandante, um chefe de alojamento. (N. T.)

quebrados. Talvez fosse tão lento de propósito, sabendo até que ponto os nossos estômagos estavam de tocaia do outro lado da cerca de uniformes listrados; ou então se entregasse apenas, de forma fútil e infantil, à pomposa satisfação de poder escolher os premiados para roubar-lhes uma migalha de apressada, instintiva gratidão. Enquanto isso, as cabeças peladas não sabiam se era melhor esticar o pescoço para serem notadas ou continuar cortando, esperando em silêncio, mas com igual força, que fosse premiada justamente a diligência de não ter interrompido o trabalho nem mesmo numa hora como aquela. Havia olhos que percebiam ter-se deixado vencer pelo sono exatamente no instante em que o *kapò* se virara para eles; olhos empoleirados em cima de um nariz afiado que observavam o formar-se daquelas finas fatias de pão com a plúmbea avidez de uma ave de rapina; olhos dentro dos quais, sob uma testa virada para o chão num ato de humildade, brilhavam os reflexos de uma imploração febril. Outros olhos só conseguiam reprimir bem em cima da hora a expressão de súplica que estavam a ponto de emanar e voltavam a concentrar-se na automática rotina dos dedos na dura madeira. Certa manhã, quando, enrijecidos de frio depois da longa chamada, voltamos correndo para o barracão, acabei ficando ao lado de Gabriele. Tinha uma cabeça grande e redonda; também o seu corpo, ainda, continuava normal, totalmente diferente dos corpos convalescentes ou doentios de todos nós, reunidos naquele *Weberei* justamente por termos sido considerados impróprios para trabalhos mais pesados. Essa diferença não nos deixava surpresos; era óbvio que os recém-chegados ainda tivessem corpos bastante saudáveis. Não foi tanto a sua cabeça redonda a chamar a minha atenção,

NECRÓPOLE

mas o jeito como a mexia; parecia-me familiar a maneira com que se virava para mim com um ar entre interrogativo e preocupado. Antes mesmo de ele abrir a boca, eu tinha certeza de já ter visto aquele rosto de olhos vivos atrás dos espessos óculos, talvez num bonde, ou ao meio-dia na calçada na esquina do Corso com via Roma. Nos traços dos triestinos, com efeito, existem algumas particularidades, dificilmente definíveis, que conseguem trazer à memória, quando estamos longe da nossa cidade, o perfil do canto de uma rua, uma praça ou um velho letreiro em cima de uma leiteria. É como se o ambiente no qual nascemos tivesse gravado a sua imagem num rosto, e aquela imagem, parecida com ar trêmulo no calor do asfalto, ondeasse levemente em volta da pele das bochechas, nas rugas embaixo do nariz, nos cantos da boca. A palavra que depois surge daqueles traços já não chega a ser tão surpreendente, pois a essa altura a gente já esperava por ela; e mesmo assim é maravilhosa devido à proximidade que é capaz de evocar, como num toque de mágica. Refiro-me à proximidade da cidade natal; proximidade que num lugar como esse é evanescente, uma espécie de pálido sopro que se pode sentir quando se suspira, quase imperceptível, ao seu lado, e diante do qual se recua, pouco a pouco mas sem pensar duas vezes. Porque a primeira condição, aqui, para se ter uma mínima possibilidade de sobrevivência, é a de rejeitar implacavelmente qualquer imagem que não pertença ao reino do mal; tanto é que, no fim, mesmo os que se salvaram da morte ficam tão profundamente entranhados nela que, ainda depois de muitos anos, e já aproveitando mais amplos horizontes, continuam envolvidos em seu negro véu. Por isso, até a conversa com Gabriele não se afastava do assunto do forno e de quanto

Boris Pahor

tempo poderíamos continuar sentados naquela posição, preciosa porque ali, pelo menos, o corpo podia ter alguma paz, sem dispersar calorias. Com o seu olhar perplexo, Gabriele parecia esperar de mim palavras esclarecedoras, pois eu já havia trabalhado fora do campo e parecia, portanto, aos seus olhos um iniciado, um perito; mas, ao mesmo tempo, havia nele o olhar perdido de quem não consegue identificar-se com um grupo, enquanto percebia a sensação de segurança, leve mas real, que me era proporcionada pelo fato de pertencer ao grupo de deportados eslovenos. Pois é, porque aqui, onde tínhamos superado os limites da vida, os confins já não separavam os eslovenos, a essa altura unidos não só pela língua comum como pelo castigo (cominado por termos ousado nos rebelar contra os destruidores do nosso povo) e pela esperança de nos salvar. Tentando adaptar-se a essa nova realidade, Gabriele fazia planos democráticos e falava de futuros relacionamentos de boa vizinhança nos nossos territórios litorâneos: enquanto isso, seu olhar se afastava de mim para concentrar-se nas tiras de pano na mesa e então voltar a mim, como se duvidasse da minha confiança naquelas suas palavras. Reconheço que, enquanto o ouvia, a sua abertura me soava estranha, e pensava de fato que aquelas expressões de fraternidade só fossem filhas do ambiente em que eram proferidas; porque na igualdade final, diante da fome e das cinzas, não era obviamente possível continuar preso a prerrogativas e privilégios até então defendidos com a maior obstinação. Por isso parecia-me descabido, depois de tantos anos de vida em comum nas mesmas ruas e nas mesmas costas, que o meu concidadão representante da elite italiana falasse pela primeira vez com um toque de humanidade logo aqui, onde tudo que é humano estava sendo negado; era a igualdade dos nossos corpos condenados que tirava do caminho os empecilhos, e eu ficava com nojo só de pensar que o promotor do lançamento dessa nova irmandade fosse apenas o medo do forno. O medo, de fato, tomara conta da nossa comunidade a partir do fim da Primeira Guerra Mundial, desde os dias em que os livros das nossas bibliotecas ficaram amontoados diante da estátua de Verdi, com as pessoas achando graça enquanto queimavam. E então o medo tornara-se o nosso pão de cada dia quando as nossas casas de cultura foram transformadas em braseiros, quando um fascista atirou num pregador no templo do Canal, quando um professor com uma tosse suspeita castigou com a sua saliva nos lábios uma aluna que se atrevera a conversar na língua proibida. Não era um tanto tardio, diante desse passado, o esforço para buscar uma palavra amiga logo após chegar ali, ao mundo crematório? Com ele, no entanto, não mencionei as minhas perplexidades; ficara de qualquer maneira contente em ouvir as suas palavras, mas guardei-as num canto, como que a conservá-las à espera de um tempo melhor, o tempo da vida, que flutuava a anos-luz de distância dessas encostas. E, todas as vezes em que voltamos a sentar juntos, nunca mais falamos de Trieste, mas, induzidos justamente pelo fato de pertencermos ao mesmo lugar existente no mundo dos vivos, começamos a falar de um jeito todo nosso do campo, virando-nos vez por outra, ao mesmo tempo, para as finas fatias de pão que ora se aproximavam, ora de afastavam. Até naqueles momentos, talvez, o instinto de sobrevivência levasse a melhor sobre a sensação de familiaridade que decorria do fato de pertencermos à mesma cidade no mundo dos vivos, e as células famélicas vencessem qualquer resistência, com cada um de nós esperando que aquele filete quadrado de pão se aproximasse só dele, porque era quase impossível que o *kapò* premiasse ambos ao mesmo tempo. Sem talvez, aliás: quem levava a melhor eram certamente as células; e o animal que existe em nós escancarava a boca e mostrava as garras. Posso ainda vê-lo com clareza, Gabriele, de pé ao lado do barracão fincado no patamar acima daquele do crematório, onde acredito que dormisse. Àquela altura, graças a Jean, eu já trabalhava como intérprete. Gabriele, naquele tempo, ainda acreditava poder entrar em contato com a família em Trieste, como deixava esperar a instituição da *Operationszone Adriatisches Küstenland,*[4] mas eu não estava convencido de que conseguisse, e, portanto, lhe dei o endereço de Elza Kleč, que, de Maribor, certamente enviaria as suas cartas aos seus em Trieste, como já fazia com as minhas. Não sei se, afinal, escreveu, talvez tenha achado que a volta era longa demais; de qualquer maneira, falei dele com Elza, e Elza repassou a notícia aos meus familiares, que informaram os dele. Elza também enviou-lhe alguma coisa, algo sem dúvida bastante modesto, uma vez que não era rica então, assim como não é agora. Ou talvez (já não sei) ele também lhe tivesse escrito. A vida no campo acabou nos separando, a grande multidão de prisioneiros intrometeu-se entre nós; de forma que só o encontrei mais uma vez, em Dachau. Lá, seus olhos já não eram irrequietos e fugidios, eram os olhos de um homem esgotado. Estava sentado — agachado — no chão diante

---

[4] Zona de Operação do Litoral Adriático.

NECRÓPOLE

de um barracão do lado direito da quadra. Estava muito fraco, mas ainda consciente, de camisa aberta porque estávamos no outono e não fazia frio; seu olhar mostrava-se mais calmo de quando o conhecera, mas também mais ausente. Já não sei por quem estivesse esperando, admitindo que de fato estivesse esperando por alguém, nem qual fosse o seu destino, admitindo que ainda tivesse um destino. Tínhamos sido levados embora daqueles degraus na colina, dormíamos em sacos de papel que frufrulhavam a noite inteira; depois, fomos trancados na quadra da quarentena, de onde alguns só saíram pela primeira vez quando foram levados para remover os escombros de Munique, que havia sofrido um ataque aéreo. De forma que Gabriele erra na minha memória como uma sombra perdida naqueles dias de deslocamentos febris, e a sua imagem é de um viajante solitário que, saindo de uma fileira interminável de casacos zebrados, sentou por um instante a fim de descansar ao longo do caminho rumo ao infinito.

Aqui estou, cheguei ao fim.

Há dois barracões intactos, dois, como lá em cima, perto da entrada. Este aqui, de porta aberta, era o barracão da prisão, e agora há o mesmo silêncio que o envolvia quando nós, movendo-nos nos patamares mais acima, sentíamos a sua presença mesmo sem olhar. Nos nossos pensamentos, aceitávamos e ao mesmo tempo excluíamos a sua existência, assim como aceitávamos e excluíamos o forno que ardia sem interrupção no barracão ao lado. E agora, parado diante das celas escancaradas, diante do cavalete de madeira destinado a um infeliz nu até a cintura, cujas costas eram brutalmente riscadas pelo chicote, não é que me sinta partícipe com ele daquelas vergastadas; volto, antes, a mergulhar mais uma vez no silêncio imóvel que naqueles momentos tomava conta dos homens enfileirados nos vários patamares. Podia ser que alguém tivesse se encolhido para descansar, acabando deitado, sem perceber que as suas pálpebras cansadas estavam se fechando; e lá vêm então uns indivíduos furiosos que começam a procurar entre as pilhas de madeira e nas latrinas, e o ladrado de um cão pastor irritado com aquele alvoroço repentino que rasga o silêncio pesado. Naquelas horas, nenhum de nós, que esgotados no entardecer formávamos fileiras cerradas escalonadas ao longo da encosta, se lembrava do cavalete de madeira no qual estava preso um pequeno cartaz com a escrita *"Chevalet à bastonade."*[5] Mais que no castigo que ameaçava o infeliz da vez, pensávamos no momento em que o pobre coitado, longe da nossa vista, iria ficar de pé, acordado pelo estrondo repentino das pesadas botas, para ficar, completamente só numa atmosfera vazia, diante da nossa formação silenciosa que subia para o céu como uma pirâmide listrada. Amedrontava-nos a sua separação das nossas fileiras compactas, que se acotovelavam mais ainda no silêncio e no desespero. Naquela sensação de angústia já havia um instintivo afastamento dele; com efeito, experimentávamos uma espécie de alívio logo que percebíamos confusamente que já havia sido levado a uma cela; que, portanto, as botas das SS parariam de quebrar o silêncio, subindo e descendo pelas escadarias à esquerda

---

[5] "Cavalete de pauladas."

NECRÓPOLE

e à direita. Claro, com o pensamento também o acompanhávamos até dentro da cela, mas, uma vez mais, o que prevalecia não era a ideia da fome, ou das chicotadas, mas sim a da solidão, aqui, bem ao lado do forno com o qual a prisão partilha o espaço desse andar mais baixo.

Pois é, o mais baixo: e logo do outro lado do arame farpado ergue-se a muralha de pinheiros. Mesmo agora, assim como então, não tenho a impressão de estar diante de um bosque. Sou injusto, sei disso, mas não posso deixar de considerar aquelas árvores objetos mumificados, como ruínas reencontradas numa escavação que foram arrumadas e cercadas. Percebo que, durante todo o tempo da minha permanência aqui, nunca identifiquei o bosque como uma parte da natureza livre. Lembro claramente que o aniquilei, que o destrocei na minha mente, na tarde em que foram trazidos ao campo e amontoados nas celas desse barracão mais ou menos uns cem alsacianos. Aí, na fria noite da montanha, vermelhas línguas de fogo ergueram-se sem interrupção da chaminé que encimava o telhado metálico. Naquele grupo havia alguns homens e até um padre, mas, em sua maioria, eram jovens mulheres. Tinham certamente uma ideia bastante clara do que as aguardava: provavelmente não existia um único alsaciano que ignorasse a presença de um ossuário, aqui, entre os seus montes, a quase mil metros de altura. Poucos o tinham visto, é verdade, mas todos sabiam que existia, que era formado por terraços cavados na encosta, que, no patamar mais baixo, uma chaminé soltava fumaça sem parar. Todos acabam ficando a par desse tipo de coisa, assim como do fato de que, na vertente da morte, havia cães pastores que latiam sem nunca se cansar. De maneira que aquelas moças também devem ter pressagiado o que estava a ponto de lhes acontecer, quando os caminhões começaram a subir pelas curvas fechadas. Talvez tivessem chegado a ter esperança, uma vez que os aliados já estavam em Belfort, e também contassem, de alguma forma, com a ajuda da resistência alsaciana; mas bem no fundo da alma, onde o homem raramente se engana, aquelas jovens tinham entendido: exatamente como nós que, dos barracões silenciosos, acompanhávamos a chegada dos caminhões que desciam lentamente pelo íngreme caminho que margeia os patamares, e percebíamos no ar uma nova vibração. Dar-se conta de que os nossos patrões estavam se retirando e que não sabiam o que fazer com aqueles seus prisioneiros foi como uma lâmina de luz que ofusca olhos acostumados com as trevas; e ficamos irrequietos, ainda que aquela inquietação ficasse um tanto apagada pelo barracão que, como uma cinzenta locomotiva sem rodas, continuou vomitando fumaça e fogo no céu montanhês durante a noite toda, com uma coroa ardente a ficar suspensa acima da chaminé como a chama de uma refinaria clandestina. Longos meses nos haviam acostumado à chaminé e àquele cheiro que pairava no ar; estávamos imbuídos dele; portanto, olhávamos como de um cantinho seguro as hóspedes que chegavam do mundo dos vivos. A mísera sensação de segurança que a familiaridade com o fim nos proporcionava contribuiu para o repentino reaparecimento de uma obtusa revolta contra a destruição daqueles corpos vivos, firmes e macios. Era uma tensão surda e imóvel, que nascia

NECRÓPOLE

da impotência e nela se perdia, uma virilidade subitamente ressurgida que, diante da revelação da destruição de corpos de mulheres, tinha a ver diretamente com o nada. Eros e Tânatos reunidos com terrível crueza; éramos machos acorrentados aos nossos corpos ressecados e aos barracões de madeira, e ao mesmo tempo éramos amantes acordados após longo sono aos quais, justamente na hora em que reabrem os olhos, é revelada a condenação a uma solidão eterna. Era a insana consciência de um fogo que tinha matado a nossa mãe antes de nascermos, o absurdo de uma existência humana que seguia adiante de braços dados com uma virilidade nascida morta diante daquela chaminé encimada por sua tulipa vermelha de sangue. Ao mesmo tempo, a consciência rebelava-se contra uma experiência do absurdo tão profunda, uma experiência que ameaçava esmigalhar o frágil escudo interno levantado contra o avassalador avanço do nada; mas essa tentativa de rebelião contra o absurdo era uma tentativa estéril, e o apego à sobrevivência acabava aumentando as suas dimensões, enquanto o destino daqueles corpos femininos exasperava a dolorosa, impotente revolta dos nossos esgotados corpos de machos. Agora sei que deveríamos ter saído de nosso abrigo, corrido para o patamar mais baixo, assaltado todos juntos o barracão do qual uma SS levava, uma de cada vez, as moças ao forno a uns vinte passos de distância. As metralhadoras, atirando das torres de vigia à esquerda e à direita, ceifariam a nossa massa zebrada, os grandes holofotes iriam ofuscá-la, mas esse fim nos livraria da angústia e da humilhação que se haviam apossado de nós. Naquela multidão faminta, no entanto, o pensamento havia se ressecado, sumira junto com a linfa vital que se esvaía dos corpos com a diarreia. Porque, quando a pele se torna pergaminho e as coxas reduzem-se à espessura dos tornozelos, até as pulsações do pensamento tornam-se fracos lampejos de um archote gasto, imperceptíveis frêmitos que, de vez em quando, agitam a prolongada inércia de células atemorizadas: pequenas bolhas que vagueiam longamente no fundo do mar e logo explodem quando chegam à tona. Pois é, e ainda que de tudo isso o bosque fosse inocente, daquela vez culpei-o porque, denso daquele jeito, oferecia um esconderijo perfeito à danação. Junto com a floresta, eu condenava a natureza inteira, capaz de lançar-se rumo ao sol por linhas verticais, mas incapaz de mover-se na hora em que a luz do sol perdia qualquer sentido. Sentia hostilidade por aquelas árvores, porque das suas sombras deveriam ter surgido de repente as fileiras dos tão esperados combatentes que iriam impedir o sacrifício daquelas jovens alsacianas, que, ao contrário, se consumava em silêncio. De forma que, então, eu projetava no bosque toda a minha impotência; e aqui estava ele, agora, mudo e imóvel diante de mim, como se aquela maldição tivesse crescido em suas entranhas até se tornar, afinal, parte da sua mais íntima realidade.

A comitiva com o guia está chegando perto, e, portanto, mudo-me para outro lugar. O sol de julho continua soltando os seus raios, a brita chia sob as minhas sandálias e cria na minha mente a imagem de um ameno caminho num parque, num domingo. Obviamente, afasto logo de mim essa imagem, mas

NECRÓPOLE

continuo a perceber como uma injustiça o fato de os visitantes formarem uma ideia desse lugar numa atmosfera tão agradavelmente alentadora e pacífica, quase onírica. Deveriam andar por essa clareira acossada pela alta muralha de árvores sombrias nos dias em que os patamares estão mergulhados na escuridão, varridos pelo dilúvio e por ventos desenfreados. E os dias de chuva nem mesmo são comparáveis aos de inverno, quando a neve endurece as pernas até torná-las instáveis sobre as escorregadias solas de madeira. Os degraus cinzentos tornam-se, então, ainda mais impiedosos. E o chefe de pavilhão, por sua vez, berra freneticamente, sem parar: "Rápido, rápido!", e com um cassetete manda sair dos barracões os palitos zebrados que, rolando porta afora, vão sujar os tornozelos nus na água das poças nas quais, no escuro, chapinham tanto os tamancos quanto os pés que os perderam. Na chamada, o pano estriado dos casacos fica pendurado nas costas como um jornal molhado. Mas a morte úmida, de qualquer maneira, é menos violenta, menos arrogante que a morte gelada, ainda mais quando é preciso correr aos chuveiros na calada da noite durante a campanha contra os piolhos e o tifo. Mas não pensem que correr encosta abaixo consegue esquentar os corpos, pois, aliás, expõe-nos mais ainda ao abraço do vento que desce da montanha, enquanto os baques surdos dos tamancos nos degraus parecem vir do rachar-se da crosta de gelo. Aí, diante do galpão sombrio, o confuso rebanho tira apressadamente a roupa, enquanto do outro lado da encosta, além da cerca de arame farpado, o latido dos cães rasga secamente a noite, e negros retalhos de escuridão se perdem na infinita voragem do nada. "Rápido,

rápido!", insiste a voz cheia de raiva, e os ladrados ficam cada vez mais furibundos, como se as narinas de um bicho de muitas cabeças acabassem de cheirar o odor da pele nua levado pelo vento nas asas da noite. Entretanto, apesar dos berros do chefe de pavilhão, a porta dos chuveiros permanece fechada; a lâmpada acima da entrada ilumina fracamente uma multidão de crânios e fileiras de costelas, enquanto as mãos se apressam a enrolar os panos que, em seguida, são atados em embrulhos. Os corpos definhados estremecem de frio, esperneiam, saltitam para fugir do gelo, e, quando os embrulhos já estão atados com o mesmo barbante que segura as calças na cintura, aqueles corpos esfregam os antebraços e as coxas, cobrem os ombros cruzando os braços e comprimem o queixo nos braços cruzados, mas logo os deixam descobertos para colocar a palma das mãos no ventre, no peito, novamente no ventre. Alguém se agachou segurando os joelhos, mas o vento cortante bate em suas costas; ele não pode virar-se para protegê-las, e então pula de pé e apoia o dorso das mãos nos quadris, o seu corpo fica torcido como roupa nas mãos de uma invisível lavadeira, enquanto a cabeça pelada tenta safar-se do vento virando-se de repente de um lado para outro. A porta continua fechada; no bosque, um mocho começa a chirriar, como que acordado de súbito pela conturbada fantasia de um menino totalmente entregue a um conto da carochinha. O chão fica pontilhado de embrulhos e, em cima deles, estão os brancos corpos nus. Aqui e acolá um daqueles corpos se dobra, agarra um amontoado de trapos e o aperta contra a pele; aí, com cuidado, devagar, apoia-o no ventre e no peito para colher o último resquício

NECRÓPOLE

de calor que a pele transmitira ao tecido de juta. Então, as mãos apertam o embrulho com força, empurram-no espasmodicamente contra o corpo, que se dobra sobre as coxas e os joelhos, como o goleiro de um time de futebol quando se encolhe em volta da bola como uma lombriga. São muito poucos, no entanto, os que conseguem ficar de pé, pois a maioria, junto com os trapos, também despiu as últimas forças e acabou sentada em cima dos embrulhos; os que continuam em pé, cabisbaixos, de braços caídos, constituem algo assim como espécimes ósseos, figuras pré-históricas estilizadas com as quais todos, mais cedo ou mais tarde, acabarão se parecendo. Sobre a côdea que envolve suas costelas, a luz da lâmpada em cima da entrada desenha reflexos inquietos, enquanto os dedos do vento gelado tocam na harpa dos peitos um réquiem silencioso que as presas dos cães gostariam de poder estraçalhar. Mas lá vem de novo um ladrado humano a rasgar subitamente a noite: "Rápido, rápido!" Porque a porta se escancarou derramando ao ar livre uma nuvem de vapor quente e um enxame de outros corpos nus. "Rápido, rápido!" Mas, nessa altura, o berro é supérfluo, porque a nuvem branca e quente atrai irresistivelmente os vultos que, correndo, perseguidos pela noite, enchem num piscar de olhos o aposento quadrado em cujo teto estão instalados os chuveiros. Nada atormenta aqueles vultos agora. Para eles, aliás, soa quase como uma mensagem de boas-vindas a rumorosa gritaria com que os barbeiros chamam a turma a sentar nos banquinhos e brandem a navalha em cuja lâmina lampejam os reflexos da lâmpada, como se as gotas do chuveiro se inflamassem cintilando no aço reluzente. De forma que os recém-chegados movem com volúpia seus corpos no ar quente, sentam-se nos banquinhos e baixam a cabeça sob a máquina de cortar cabelos, que, aliás, nem chega ao comprimento de uma meia unha; ou, então, quando, empertigados e rígidos sobre o banquinho, cabe ao barbeiro dobrar-se à altura dos seus joelhos e manejar habilmente a navalha na árida enseada do púbis. Esbravejando, ora brincalhão, ora raivoso, ele depena um depois do outro aqueles pássaros sem viço destinados a murchar cada vez mais, à espera da hora em que serão destruídos por completo. A lâmina insinua-se em seguida na estéril cavidade das axilas, enquanto outro bom sujeito molha num recipiente um pincel que mais parece uma brocha de pintor de paredes e nos lambuza o púbis recém-escanhoado; as mãos faíscam a cobrir a parte que arde, e pressionam, pressionam, pressionam para sufocar aquele fogo, enquanto as pernas saltitam a fim de irradiar ao resto do corpo, mexendo-se, uma parte daquele calor. Enquanto isso, o barbeiro agarra um velho esqueleto e o força a ficar plantado, em pé, no banquinho. "Vamos lá, velho!", diz para encorajá-lo, mas a estátua de madeira balouça de um lado para o outro e está a ponto de desmoronar ao chão com o oco rufar de uma braçada de galhos secos jogados numa lareira. "*Verfluchter!*",[6] pragueja irritado o barbeiro, que impede que perca o equilíbrio segurando-o pelo membro, de forma que aquela velha tripa se estica um pouco; finalmente o deitam no chão, onde os demais já se deixaram cair. Do teto começam, então,

---

[6] "Maldito!"

NECRÓPOLE

a jorrar jatos de água, e o amontoado de corpos tem um sobressalto sob a chuva escaldante, e esfrega os braços com o sabão duro que paulatinamente derrete, formando no cimento umas poças amareladas como a água barrenta de uma repentina chuvarada. Sob a carícia de todas aquelas línguas quentes, o corpo esquece por um momento o gelo da montanha, enquanto o espírito não se dá conta de que logo ali, embaixo do piso, há o forno que o foguista alimenta noite e dia com toros humanos. Mas, mesmo se a alguém passasse pela cabeça que algum dia poderia ser ele a esquentar aquela água, o gozo do calor que escorre na pele já bastaria a fazer esquecer essa preocupação. Ensaboam-se depressa, o púbis já não arde; os deitados no chão escancaram a boca, como se tragassem o ar por todo o comprimento do seu corpo esquelético, a partir dos pés que, sumindo no vapor, parecem esticar-se até o extremo limite do mundo; estertoram, e gotas quentes se espalham sobre suas pupilas vítreas e seus dentes entreabertos. Mas o regulamento vale para eles também e, assim sendo, quem acabou de lavar-se esfrega agora a pele de quem está deitado, como se passasse um esfregão no chão, como se ensaboasse a pele de um bacalhau. O corpo dobrado, agachado ao lado do deitado, enquanto a água ricocheteia nos crânios como nas cabeças de pedra de uma fonte romana, com um regato amarelado correndo por baixo. Enquanto isso, os de pé perto da parede enxugam a pele úmida e parecem agitar lenços ao se despedirem dos que estão deitados, pois ainda não chegou a vez deles. Na verdade, só estão pensando na corrida que os aguarda. Com efeito, a porta se abriu, e é preciso sair logo, uma vez que os berros agressivos de "Rápido, rápido!" rasgam novamente a noite. De forma que, no limiar, a mão já segura a calça o casaco a camisa, e o corpo sai chispando para os patamares acima. "Rápido, rápido!", porque o chicote marca a pele recém-lavada e só os inválidos continuam trêmulos na porta, sem conseguir vestir as calças. "Rápido, rápido!"; mesmo assim, por um momento, você consegue ficar no aposento nebuloso para prolongar o abraço tépido, enquanto do chuveiro ainda caem umas raras gotas parecidas com as de uma linfa vital. Alguém arrasta pelos pés, no cimento, um corpo lenhoso que deixou de respirar, mas os barbeiros já chamam, aos berros, a nova leva, de forma que, no fim, você precisa correr atrás do grupo que se arrasta na subida, enquanto alguém se mexe, apatetado, à cata dos tamancos perdidos, e mais outro apanha a calça caída no chão e as aperta de novo embaixo do braço. A gritaria do chefe de pavilhão ecoa agora mais para baixo, justamente aqui, ao lado desse barracão, pois o rebanho já alcançou o primeiro, o segundo, o terceiro patamar. Alguns são ainda mais ligeiros e conseguem levar a própria pele, antes dos outros, ao amparo dos dormitórios do quarto patamar.

Na límpida luz do sol, essas imagens parecem impossíveis, e percebo que aquelas nossas procissões, agora perdidas, mudaram-se para sempre para a atmosfera irreal do passado. Talvez se tornem densas sombras no inconsciente coletivo e empurrem as pessoas para a cega procura de um alívio numa turva sensação de culpa; e, quem sabe, para livrar-se daquele obscuro remorso, as multidões acabem sendo impelidas pelo instinto a uma insana, sádica

NECRÓPOLE

agressividade. Seria aconselhável, portanto, que os guias conseguissem tornar vivas nos visitantes as sequências do mal que aqui se arraigou, mas até este seria, no fundo, um esforço inútil, uma vez que, para despertar todos os cidadãos europeus, seriam necessárias sabe-se lá quantas legiões de guias. De forma que fico diante do barracão pensando que, no fundo, é basicamente igual àqueles onde os operários que asfaltam as estradas ou constroem edifícios guardam suas ferramentas e os maquinários de pequeno porte; mas é mais uma visão gerada pela luminosidade do verão. Dois anos atrás, neste mesmo local, observando um carpinteiro que, enquanto substituía umas tábuas podres, se queixava da dificuldade do trabalho, sentira-me tomado por sentimentos bastante diferentes. Claro, agradava-me a ideia de os franceses cuidarem com tamanha dedicação daquele cimélio de madeira, mas ao mesmo tempo a minha alma se rebelava diante dos remendos brancos misturados com as tábuas enegrecidas, desbotadas e puídas; nem tanto devido à cor, pois sabia que o operário iria pintar as novas tábuas, tornando-as iguais às antigas; eu simplesmente não podia suportar a presença daqueles pedaços de madeira bruta recém-aplainada. Era como se alguém estivesse tentando inocular células vivas e frescas numa podridão morta, como se alguém enxertasse uma perna branca num grupo de múmias negras e ressecadas. Eu defendia a intangibilidade da danação. Pois bem: agora já não consigo distinguir as peças acrescentadas; o mal engoliu as novas células, impregnando-as do seu pútrido suco.

O cascalho volta a chiar enquanto me dirijo para o lado do bosque onde se encontra a entrada da parte mais misteriosa do baixo edifício. Mas, se o imponente forno desperta em mim tão pouco horror, não é culpa do saibro nem do ar festivo do domingo. Sua porta escancarada lembra a boca de um grande peixe, de um pesado e cego dragão diante do qual era colocado um carrinho sobre rodas, para que a plataforma de metal, com a sua carga, escorregasse melhor dentro da profunda goela. Nosso lento morrer, no entanto, acontecia longe do monstro de ferro de boca escancarada, e a não ser aqueles poucos que chegavam aqui com a maca, ninguém tinha a oportunidade de vê-lo. Quando eu estava confinado aqui só entrava, com Tola, no térreo, no local abaixo do forno. Naquele tempo o núcleo das nossas células, nosso miolo, a vítrea umidade dos nossos olhos estavam imbuídos da consciência de que a nossa vida ia fatalmente escapando de nós; quer dizer, que fique bem claro, o hálito do fim também provinha sem dúvida alguma desta bocarra poderosa, mas subia sobretudo do fundo gélido em que o nosso pensamento se perdera, na consciência do silêncio infinito. Porque, quando o corpo se via diante da cabeça desta baleia de metal, já estava tão desidratado que mais parecia um estranho tronco seco e retorcido. O morto juntara-se aos seus fantasmas; os olhos esbugalhados numa extremidade dos membros lenhosos já se haviam tornado de vidro.

Por isso, agora, os que ficam mais impressionados com aquela armadilha de ferro são os visitantes. Lá estão eles, diante da máquina exterminadora que não requer qualquer esforço de imaginação. Todo mundo pode ver, sem ser forçado a compor dentro

NECRÓPOLE

de si uma imagem condizente com as explicações do guia; todo mundo pode até passar a mão no ferro, pode tentar abrir uma das duas espessas placas que constituem os batentes da portinhola. Justamente por isso o guia agora avisa: "Cuidado para não se sujarem, pois o forno foi lubrificado." E, com efeito, brilha de graxa como um artefato aposentado e, de tão reluzente e bem-cuidado, quase parece orgulhoso da sua longa e precisa atividade. Levado pela onda de turistas, procurei manter-me isolado, no fundo. Penso na simplicidade com que aquele homem convida a prestar atenção para não se sujarem; e o uso deste verbo, por outro lado extremamente apropriado, gera em mim uma dissonância que me afasta ainda mais do grupo que encheu o local. Mas não sei onde foi instalado o alto-falante, de forma que as palavras do guia continuam me perseguindo, apesar de ele continuar bem na frente do forno. É um homem que fala de maneira pacata, sem ênfase nem desejo de abalar ou comover, e, portanto, por algum tempo, deixo de opor resistência à sua pormenorizada explicação. "Na grande caldeira cúbica apoiada no forno", diz, "fazia-se esquentar a água dos chuveiros, que podem ver do outro lado daquele postigo envidraçado, à direita". Os jovens aproximam-se da janelinha, enquanto tenho a impressão de a água ensaboada ainda escorrer pela nossa pele, amarela daquele sabão áspero e arenoso, e de os corpos dos já sem força ainda jazerem no cimento, estertorando sob os borrifos quentes. Volto a lembrar que no começo nem eu estava ciente do material usado pelo foguista para esquentar a água; mesmo assim, percebo que, ainda que eu soubesse, nada teria mudado no meu ânimo. Esta insensibilidade me distingue da multidão de visitantes domingueiros;

ao mesmo tempo, parece-me que os mortos, então, oferecendo-me a dádiva de um pouco de água quente, acolheram-me numa irmandade mais sagrada que todas as irmandades criadas pelas religiões. A voz que sai do alto-falante ainda diz que o longo apetrecho curvo pendurado na parede servia ao foguista para nivelar as cinzas, enquanto com a comprida colher a amontoava. "Os quatro grandes ganchos presos a uma viga, atrás do forno", continua o guia, "serviam para os enforcamentos secretos, enquanto para os públicos era usada a forca que visitaremos quando voltarmos para a parte alta do campo". Então era isso! Eu, por mim, sempre pensara que os pendurassem nos chuveiros. Provavelmente alguém dissera algo assim de passagem, enquanto Leif visitava um grupo de jovens poloneses, e aquela ideia dos chuveiros ficara na minha cabeça. Só agora percebo que era insensata; só mesmo os ganchos eram robustos o bastante para desempenhar uma tarefa como aquela. Mas então não estávamos interessados na técnica precisa das execuções — nos importávamos mesmo com o fato de elas acontecerem. De qualquer maneira, os ganchos nos levam à mesma conclusão à qual já chegamos no caso do forno; aquelas peças negras de ferro curvo não fazem lá muita diferença quando você, noite e dia, é oprimido pelo medo só de pensar nos caminhos misteriosos que podem levá-lo a este barracão. O medo experimentado por André até quando, no outono, nos transferiram a Dachau; e mesmo lá, às vezes, voltava a surgir nele o temor de que as provas da sua atividade na resistência fossem descobertas. De manhã, toda vez que, deste lado, alguém era conduzido escadaria abaixo, percebíamos o frio estremecimento do vazio. André,

NECRÓPOLE

então, ficava ainda mais pálido que de costume; esquecia ser um bom médico cheio de abnegação e ficava ali, frágil no gelo que se desprendia deste patamar. Como doutor, sabia muito bem por que de vez em quando uma SS escoltava um grupo de jovens para a visita médica. *Entlassung.* Que significa permissão, mas também licença e, finalmente, baixa. Só este último era o verdadeiro sentido: dar baixa. O médico tinha de atestar que a saúde dos dispensados era boa. Aqueles jovens, obviamente, fitavam a cena de olhos arregalados e perdidos; e podia acontecer que a SS ficasse zangada com um sujeito que perdera a perna até o joelho: "Como é, não está se sentindo bem? Não quer dar baixa?" Enquanto isso, enojado com aquela macabra comédia diante da qual nada podia fazer, Leif agitava nervosamente a mão que segurava o estetoscópio; mas não podia tirar o corpo fora quando ordenavam que examinasse os jovens. Era ou não era um médico, afinal? André não gostava de Leif, mas ele mesmo não poderia agir de forma diferente. Só os rapazes que gerenciavam a contabilidade dos convalescentes do setor 2 conseguiam de vez em quando salvar um desses fichados; mas, ao fazerem isso se metiam numa aposta de tudo ou nada, pois se fossem descobertos caberia a eles descer, bem no meio da manhã, escadas abaixo rumo aos ganchos. Franc, por exemplo, o desengonçado e cordial Dom Quixote de Lubiana, sempre agitado, cheio de inteligência e de vivo humorismo, certa vez conseguiu levar a melhor. Quando chegava a SS com a lista para a *Entlassung*, começavam as febris manobras para salvar pelo menos um daqueles condenados, ou até dois, é claro, mas só em casos excepcionais, pois era preciso não despertar suspeitas.

Boris Pahor

O negócio era o seguinte: no dedo de um cadáver deitado no chão no aposento dos chuveiros, o *Waschraum*, à espera de ser levado aqui embaixo, prendia-se um cartãozinho com o nome de um condenado à forca no lugar daquele do morto. O jovem salvo mudava, portanto, de nome e de número, mas era preciso mandá-lo sair quanto antes do *Lager* com alguma turma de trabalho. Tudo bem, admito que aquelas turmas partiam para algo incerto; mas dessa forma, pelo menos por enquanto, o condenado escapara do gancho. Pois é; mas, quando a SS entrava para levar os escolhidos, Franc tinha de dominar-se com todas as forças para controlar o tremor. Logo que fosse lido o nome do jovem, dizia: — *Gestorben* — morto, e a SS perguntava: — *Wann?*[7] Aí Franc, para disfarçar a própria angústia, mostrava a lista dos mortos dizendo: — Aqui estão todas as datas. — Depois de a SS ir embora, Franc percebia que o suor colara a sua camisa na pele e que um arrepio gélido corria pela sua espinha. André talvez nada soubesse destes esplêndidos e fantásticos riscos, porque em assuntos como esses é melhor que a mão esquerda ignore o que a direta faz: devia haver um número muito pequeno de conspiradores, possivelmente não mais que dois. Contudo, ainda que André estivesse a par, daria na mesma: era um médico e era conhecido. Dele, Franc não poderia dizer: "*Gestorben.*" Os visitantes que agora se apinham entre o forno e este cenário de ganchos, apesar de comoventes com seu olhar-se em volta, perplexos, nesta forja de morte, nunca saberão coisa alguma de Franc, irrequieto varapau de Lubiana, nem do médico

---

[7] Quando?

NECRÓPOLE

francês André. Sigo em frente, portanto, pelo corredor que atravessa todo o edifício e paro no primeiro lugar que encontro, mas lá vêm eles de novo, à minha volta, em pequenos grupos que, com expressão assustada e infantil, esticam o pescoço para ver as cinzas contidas em avermelhados vasos de terracota. Estes eram reservados, obviamente, somente aos alemães; mas, para eles também, o privilégio durou muito pouco, pois muito em breve tiveram as cinzas espalhadas onde eram jogadas fora as dos demais europeus. Enquanto o meu olhar se detém nos minúsculos fragmentos de osso que, quase toscamente moídos, formam o conteúdo de um daqueles vasos, e num pequeno botão ali misturado, a voz do guia menciona o número de cabeças que eram tosquiadas para se obter um quilo de cabelos, que seriam transformados em panos e cobertores. Mas tudo isso já não serve a manter unidas as minhas lembranças, e deixo-me vagarosamente levar pela multidão para a saída; aquela voz pacata, no entanto, acompanha-me fielmente, embora o guia não se tenha ainda afastado do forno. "Aqui está", diz pelo alto-falante, "a sala reservada às execuções: como podem ver, o chão é levemente inclinado para deixar correr o sangue das vítimas. Neste aposento morreram, em setembro de 1944, 108 alsacianos que pertenciam ao movimento de libertação". Está falando, justamente, do velhinho de noventa anos e das moças. Tento esgueirar-me rumo à porta, porque agora o pessoal me incomoda; mas quando, abrindo caminho, me aproximo da abertura que dá para a sala ao lado, a voz persegue-me novamente com as suas explicações. "Esta que estão vendo é a mesa de

Boris Pahor

dissecção na qual um professor da universidade de Estrasburgo realizava vivissecções e experiências bacteriológicas". O professor vinha, disso eu me lembro, principalmente quando devia controlar as condições dos ciganos aos quais, na câmara de gás, eram administradas diferentes quantidades de gás, havendo portanto quem agonizasse por mais tempo e quem por menos.

Voltei para fora. Devo reconhecer que prefiro deter-me diante do forno antes que na frente da mesa de ladrilhos amarelados, na qual ainda me parece poder ver umas luvas de borracha prontas a serem usadas por mãos instruídas. O forno pode ser tosco, mas pelo menos está limpo, e o foguista que o fazia funcionar, no fundo, não passava de um coveiro. Talvez fosse um tanto lerdo de raciocínio, mas não precisava ser cruel. Quando a propensão para o assassinato se arraiga no âmago, quando o gozo pelo sofrimento e o sangue alheios se torna tão insolente, o homem acaba precisando de um número adequado de encarregados dos sepultamentos; um trabalho como outro qualquer, portanto. Aquelas mãos enluvadas de borracha vermelha, por sua vez, envolviam os ladrilhos amarelados numa atmosfera criminosa que até agora paira, trêmula, acima da mesa fria, solitária no meio da sala. Fico andando em volta do barracão e pergunto a mim mesmo o motivo dessa minha renovada perturbação. Talvez, e nem eu mesmo sei por quê, eu gostasse que o tempo parasse, que esta tarde não tivesse fim, que durasse para sempre; e percebo que, de fato, a tarde procede sem pressa, e que o anoitecer ainda está

NECRÓPOLE

longe. Estão todos dentro do barracão, aqui fora o largo está deserto, as duas escadarias, à esquerda e à direita, sobem para o primeiro patamar e o céu branco-azulado. Fiquei sozinho e isso é bom, não estou a fim de explicações, de palavras, de pessoas. E mesmo assim dou-me conta de que, agora há pouco, prestei atenção para captar as suas impressões abafadas, pronto de antemão a rechaçar tanto os suspiros e os gestos de assentimento quanto a contemplação lúcida e tranquila. Antes, no empurra-empurra, uma voz feminina perguntou: *"Qu'est-ce que c'est ça?"* Uma voz masculina respondeu: *"Le four."* Aí a voz feminina acrescentou: *"Les pauvres!"* Alguns se levantaram na ponta dos pés para ver as cinzas e os fragmentos nos vasos; e eu continuava sem entender como alguém poderia, diante de um forno tão enorme, perguntar: "O que é?" Ao mesmo tempo, aquela idiotice conseguira acalmar-me, confirmando-me até que ponto a consciência humana pode ser lerda a despertar. Quero dizer que, de certa forma, sentia-me satisfeito (embora isso não me desse alívio) por constatar que o nosso mundo, o mundo do campo de concentração, permanecia incomunicável. Ele dissera: "O forno", e ela: "Coitadinhos!" Perguntas e respostas tão lacônicas poderiam parecer lapidárias, densas de sentido oculto; mas aquela mulher teria feito o mesmo comentário se tivesse visto um bichano atropelado por um carro. Mais uma vez estou sendo injusto, admito, porque a sua pergunta feita diante da bocarra escancarada da esfinge de ferro era somente um jeito de se livrar do constrangimento, uma fuga diante do medo de aquela goela metálica se aproximar. Estou sendo injusto porque não levo em conta que, para todas essas pessoas, o mal não é tão costumeiro e familiar como é para mim. Não têm uma lembrança visual dele. Mas, quem sabe, talvez até eu me sinta inquieto, neste momento, justamente porque as minhas imagens subjacentes estão voltando à tona de forma indefinida demais. Talvez fosse melhor eu ir embora, para deixar que se movessem no fundo da minha alma como algas num mar agitado. Os objetos, aqui, já se mostram despojados, porque as sombras dos mortos se afastaram. Talvez voltem quando a escuridão envolver a montanha. Ou quando a neve encobrir a clareira. Estarão sós, então, e, como no passado, antes de mais nada deitarão os moribundos num leito de neve, e lá ficarão perfiladas, desta vez não à espera de serem contadas por um homem de botas, mas sim para avaliar, no mais absoluto silêncio, o valor das mensagens provenientes do ruidoso mundo dos vivos.

Um porão sob o forno, um depósito com um rudimentar elevador de carga preto: o necrotério Natzweiler. E posso rever a mim mesmo enquanto, com Tola, levo Ivo na maca, vejo as varas negras e o pano cinzento. Levantamos Ivo para jogá-lo no montão com os outros. Lembro que, então, pensei nas longas tenazes que se fechariam em volta do seu pescoço quando o coveiro o puxaria do cúmulo no qual jazia entre uma maranha de costelas esqueléticas, de quadris cavados, de malares salientes, de crânios amarelados. Seu rosto estava escanhoado, eu tinha encontrado sabe-se lá onde uma lâmina com a qual procurara barbear as faces descarnadas para mantê-lo, pelo menos neste ritual, em contato

NECRÓPOLE

com os hábitos da nossa gente. Em cima de um amontoado de ossos revestidos de pele escamosa, a sua cara quase rejuvenescida parecia gritar para que não o deixasse assim, sozinho, no meio daqueles desconhecidos, uma vez que tínhamos ficado quase sempre juntos desde a cela de concreto sob a praça Oberdan. E depois continuou a me chamar, quando com Anatolij ia levando escadarias acima a maca vazia; podia ver a mancha parda deixada por sabe-se lá qual morto no pano grosseiro, mas percebia a sua repreensão muda por tê-lo enganado quando lhe assegurava que a doença não iria levar a melhor, quando o incitava a tirar logo da cabeça ideias como aquelas. Podia ver como se sentia inconsolavelmente indignado por eu ter sempre me mostrado sereno quando vinha vê-lo, sentado na beira da cama, conversando como se costuma fazer quando se visita um convalescente que só precisa descansar depois de uma longa enfermidade. E agora ia atrás de Tola, em silêncio, levantando uma haste da maca, pois estava numa posição mais baixa e precisava tomar cuidado para não tropeçar nos degraus. Mesmo que a maca batesse no chão, naquele dia Tola não iria fingir ficar zangado; mas de qualquer maneira eu preferia evitar aquele tilintar metálico. Não, Tola não iria parar, como sempre fazia, para jogar na cara do falecido a sua mãe imperial, porque sabia que eu acabava de despedir-me de um amigo, e para ele, jovem russo, um conterrâneo era algo sagrado. Para mim, era como se estivesse enterrando o meu pai. Experimentava aquela vulnerabilidade elementar que o homem sente profundamente contemplando o frio cadáver de quem algum dia lhe deu a vida. Como se um grilo-toupeira tivesse corroído a raiz

Boris Pahor

que daqui, dos planaltos desta danação, me mantinha secretamente ligado aos talhões cultivados da costa que domina o mar, eu também fora ferido na carne porque até o último instante esperara que Ivo, apesar de tudo, pudesse safar-se. Desejava a sua salvação, desejava-lhe isso de todo coração devido ao seu sorriso calmo e ao seu caráter, com os quais ele tecera entre nós uma densa rede de liames afetivos. Desejava-lhe a salvação pelo homem que era, e, ingenuamente, acreditava que o meu desejo se realizaria, até pela maneira com que ele correspondia à minha carinhosa atenção. Dessa minha consternação também se deu conta Leif Poulsen, que, com jeito paterno (para ele bastante insólito), me contou que Ivo não teria conseguido sobreviver nem mesmo na vida normal. Talvez fosse verdade, mas falou com aquele tom um tanto formal típico de quando não estava tratando com os seus compatriotas noruegueses. Por isso mesmo pensei, quem sabe com alguma ingenuidade, que talvez, para outro doente, Leif teria conseguido arrumar umas sulfas; não quando a doença piorara, mas sim logo no começo, quando Ivo começara a passar mal. Caberia a mim, no entanto, solicitar a ação de Leif; deveria ter sido eu, naquela hora, a defender a causa de Ivo. Pois é, mas quem podia pensar nas sulfas, então? No começo, nem Leif sabia o que estava havendo com Ivo; e, quando Leif começou a falar nos rins, a doença estava num estágio tão adiantado que Ivo definhava a olhos vistos. Sei lá, pode ser que de fato as sulfas não adiantassem. Também pode ser que houvesse uma infecção tubercular; Leif não falou a respeito comigo, eu era irrelevante demais na política interna do campo. Agora que penso nele

NECRÓPOLE

gostaria de saber mais; mas Ivo não aparece, não consigo ver o seu rosto. O armazém dos mortos e as tenazes estão ali, como se não tivessem qualquer relação comigo e com Ivo. E eu estou só. Só na sombra quente, porque do outro lado do barracão, do lado direito, brilha o sol. E só quando, constrangido, olho para trás, percebo que entre Ivo e mim há o estorvo das minhas sandálias leves, das minhas calças esportivas, da esferográfica com que tomo rapidamente nota do nome de um objeto que acabo de ver. Entre Ivo e mim há o Fiat 600 que me aguarda na saída, no qual, em Roiano, passo amiúde diante da loja em que ele vendia carvão. Isso me faz entender que, se eu quisesse voltar a ser digno da sua amizade, deveria livrar-me de todo conforto e calçar de novo os tamancos da nossa miséria. Aí, quem sabe, ele deixaria de ser invisível e não se queixaria do fato de eu frequentar as praias de Trieste; e talvez não pretendesse que a minha fidelidade para com ele chegasse ao ponto de me levar a desistir da alegria que sinto ao ver a pele bronzeada das banhistas, ao ouvir o sacolejar do mar aos pés do penhasco de Barcola.

Naquela época eu já ia visitar Tomaž no segundo pavilhão. Para dizer a verdade, no dia em que o conheci, eu estava procurando por Leif justamente por causa de Ivo. O verão estava uma maravilha, embora não para nós. Às vezes, descendo pela escadaria, podia ser que o olhar se perdesse na distância, lá no vale profundo esparramado no sol, como hoje. O calor tremelicava sobre aquele mundo tranquilo, fechado lá embaixo, que chegava aos nossos olhos como que através das lentes de uma luneta virada ao contrário. De onde estávamos, dominávamos o estreito vale coberto de bosques, mas em nós não se expandiam aquelas sensações que normalmente se experimentam admirando um panorama do topo de uma montanha. Não havíamos sido trancados lá em cima para apreciar incomuns pontos de vista acerca dos assentamentos humanos, mas sim para que pudéssemos perceber claramente a distância que nos separava daqueles assentamentos. Apesar disso, naquele verão, poder olhar para o fundo do vale onde se vislumbrava a massa esbranquiçada do canto de um baixo edifício fazia-nos bem. Era a quina de uma mansão solitária, ou de uma clínica abandonada da qual fazia muito tempo — ou, pelo menos, assim nos parecia — que os doentes haviam sido retirados para que não perdessem toda esperança de vida na presença do nosso sepulcro. Era alguma coisa mergulhada em campo aberto; era, naquele barranco entre as montanhas, a proa de um navio branco, irreal, um símbolo de partida e viagem. De repente, ao longe, na proa daquele navio de ar aparecera uma cruz vermelha em campo branco. Isso não só significava que o edifício era habitado como também que os que lá moravam haviam subitamente começado a sentir medo. Foi como um lampejo repentino num corpo ainda inconsciente mas que estava despertando. Tinham medo dos aliados que se aproximavam de Belfort. Tinham medo dos aviões aliados! E em nós, talvez, um estremecimento, um frêmito parecido com o do peixe fora da água logo antes de dar o pulo que o salvará. Em algum canto esquecido de nós mesmos, voltou a brotar a semente da esperança; quando

NECRÓPOLE

nos demos conta disso, muitos decidiram não prestar atenção, para não prejudicá-lo com um pensamento dilacerante e destrutivo: esses talhões cavados na encosta continuavam sendo vinhas da morte onde a vindima seguia adiante sem levar em conta as estações. Os padioleiros prosseguiam transportando a colheita do extermínio até esse patamar, do qual se erguia uma nuvem leve que ia desfazer-se nos telhados alcatroados dos barracões. O verão era, de qualquer maneira, uma estação misericordiosa, que permitia aos inábeis ao trabalho sentar-se nos poucos bancos diante dos pavilhões, de forma que a madeira dos ossos pudesse apoiar-se na madeira dos assentos. Outros ficavam deitados na poeira, cansados demais até para sentar. Entregar à terra, naquela espécie de entorpecimento, a cabeça, o tórax, o ventre e as pernas cria a ilusão de podermos finalmente amaciar a aspereza da crosta terrestre para tirar dela, nesta rendição instintiva, um pouco do seu suco vital; mas o cansaço não demora a levar novamente a melhor, e fica claro que quem transmite ao solo a nossa extrema, mísera fraqueza somos nós. Também há momentos em que, invisível e acima dos nossos vultos deitados, o cheiro trazido pela fumaça tudo domina. Então, apesar do desejo de um descanso sem fim, a consciência não pode deixar de reagir. De forma que, com todas as forças que nos restam, ainda procuramos nos defender daquele cheiro pesado, fechar a boca e soprar pelas narinas, como se desta forma fosse possível enganar a nuvem dos mortos. Dali a pouco, no entanto, somos forçados a parar de sacudir a cabeça; de que adianta exalar sub-repticiamente a morte se dentro em breve você terá de respirá-la de novo, embora aos poucos? A melhor coisa a fazer, portanto, é deixar mais uma vez de lado qualquer pensamento; pouco a pouco, a gente percebe que os pulmões se adaptam sozinhos ao comprimento de onda, infinitamente longa, do extermínio. Pois, ainda que uma rajada improvisa soprasse ao longo da encosta do monte, não conseguiria diminuir o ritmo da fornalha e só poderia exacerbar no estômago, nos ossos, no crânio a sensação de vazio que imbui aquele cheiro oleoso e paira no ar envolvendo a gente numa narcose nebulosa. Este é justamente o sinal de partida rumo à noite e à neblina, que, com duas grandes iniciais vermelhas, foi marcado nas costas e nas calças de noruegueses, holandeses e franceses. *N.N. Nacht und Nebel.* Noite e neblina. A noite, sozinha, não basta. É necessário descer, mesmo em plena luz do dia, através de outra noite, escadarias abaixo, até esse porão subterrâneo, embaixo do forno. Muito bem. Mas lá, ao longe, no vale, uma pequena bandeira começara subitamente a flutuar no vento, como um distante sinal luminoso na noite e na neblina. Era por isso que eu procurava Leif tão ansiosamente. Sabia que não podia fazer nada para ajudar Ivo, que já começara a delirar misturando confusas visões triestinas àquele nosso mundo isolado, tanto assim que proximidade e distância estavam se tornando também para mim conceitos abstratos e não distinguíveis um do outro; mas, justamente devido às mudanças que aquela pequena bandeira pressagiava, o fim de Ivo parecia-me naquele momento imperdoavelmente injusto e insensato.

Quem sabe, talvez na minha agitação dissesse a mim mesmo que Leif, por inspiração sugerida pela boa notícia, como num passe de mágica, tiraria do bolso algum remédio milagroso para Ivo, alguma poção guardada para circunstâncias excepcionais

NECRÓPOLE

que agora, naquela nova atmosfera, ele poderia usar à vontade. Leif estava certamente no décimo primeiro pavilhão, com os seus noruegueses, aos quais devia estar na certa mostrando aquele pedaço de fazenda branca preso a uma haste, lá no vale. Como sempre, devia estar se mostrando só moderadamente emocionado; um nórdico não exterioriza os pulsos da alma; só em seus olhos aparecia, de vez em quando, um lampejo repentino que se irradiava para quem estava à volta, em particular para um velho varapau, um calejado marinheiro que parecia saído de um conto escandinavo. Esse marinheiro sem fiordes, mesmo sem cabelos grisalhos e desgrenhados, e sem cachimbo na boca, parecia não ter desistido por completo da ideia de embarcar de novo. E o próprio Leif, apesar dos cabelos grisalhos e do estetoscópio que sobressaía reluzente sobre as listras do casaco, o próprio Leif, com sua figura alta e rija, se parecia mais com um capitão norueguês do que com um médico. Leif era o símbolo da virilidade invulnerável e altiva, e, embora a sua lúcida calma despertasse a inveja de muitos, olhar para ele era como uma injeção de resistência. Foi o que aconteceu, por exemplo, naquela tarde em que, depois da chamada, levaram para a enfermaria o corpo de um adolescente e o colocaram na banca de metal da pequena mesa operatória. Um corpo rígido, exânime, que, se ainda houvesse neve nos patamares, teria sido levado diretamente ao porão embaixo do forno logo após a chamada da tarde. Um cadáver, pensei, e assim também pensou o enfermeiro ao lado de Leif; ele, no entanto, permanecia empertigado e rijo como de costume. Desabotoou o sujo uniforme zebrado, rasgou a camisa no peito e começou a deslocar o tímpano do estetoscópio sobre a região cardíaca do rapaz; não parecia francamente possível que algum sinal de vida pudesse chegar ao seu ouvido através do celuloide e do caninho de níquel. Mesmo assim, como que falando consigo mesmo, disse: *"Man soll versuchen"*,[8] deu um passo com ar muito digno e quebrou a extremidade de uma ampola de coramina, enquanto os braços do jovem pendiam inertes da mesa. Aí, segurando a seringa com a mão direita, com o indicador e o médio da esquerda apalpou o peito; finalmente afundou a agulha entre duas costelas, fincando-a no coração. É claro que para um médico num hospital tudo isso não tem nada de excepcional; mas, quando, no meio de um extermínio silencioso, um corpo desprovido de vida começa a agitar os braços, a arfar e a torcer o tórax, é como assistir a uma verdadeira ressurreição de Lázaro. Aquele rapaz, depois, começou de fato a reviver. Claro, estava de olhos esbugalhados, soluçava convulso, mas também sorria. Não, já não era possível socorrer Ivo daquela mesma forma, de nenhuma outra forma, aliás. E de qualquer maneira não consegui encontrá-lo, Leif. Foi então que um enfermeiro norueguês me falou de Tomaž. *"Kamerad jugoslav"*, disse; o que significava que aludia a um esloveno do Litoral, porque, num lugar onde tudo é extremamente simplificado, as longas explicações também se tornam supérfluas. E, embora tivéssemos um I maiúsculo marcado no triângulo vermelho costurado no nosso peito — pois, com efeito, havíamos sido capturados como cidadãos italianos — nós, eslovenos do Litoral, continuávamos

---

[8] "É preciso tentar."

afirmando obstinadamente que éramos iugoslavos. O coração e a mente se rebelavam ao pensar que podíamos ser eliminados como representantes de uma nação que, a partir do fim da Primeira Guerra Mundial, sempre tentara assimilar os eslovenos e os croatas. A esse assunto fundamental, coerente, precisamos acrescentar o descaso, o desprezo com que eram considerados os italianos no campo. Na origem dessa atitude havia a assustadora fúria alemã contra o povo que traíra a Alemanha mais uma vez, como já a traíra por ocasião do primeiro conflito mundial. E o desprezo alemão transmitira-se a todos aqueles que, na luta pela sobrevivência, haviam assumido no campo alguma autoridade sobre a multidão anônima. Além disso, também era preciso levar em conta a diferença entre o caráter nórdico, frio e reservado, e a sensibilidade e a tagarelice mediterrâneas; tanto assim que até Leif, embora norueguês e médico, mostrava em relação a um italiano alguma má vontade que amiúde descambava para a injustiça. Como se para ele um italiano tivesse de ser forçosamente um mandrião que, falando muito e choramingando, tentasse conseguir uma compadecida benevolência; até fisicamente, com a sua figura empertigada e altiva, Leif sentia repulsão por aquelas pessoas baixinhas que falavam demais com o rosto e as mãos. Eis mais uma razão para se entender por que tanto o esloveno do Litoral quanto o croata da Ístria se recusavam a partilhar o destino dos cidadãos de um Estado que os anexara contra a vontade.

O contato direto com a morte levara a deixar de lado as classificações impostas com a força; de forma que até o enfermeiro norueguês procedia conforme a definição dada pelo próprio Tomaž; ainda mais porque os dados segundo os quais éramos fichados eram normalmente levados em consideração apenas quando aqui chegávamos, no patamar onde fica o forno. Naquele momento o número voltava a corresponder a um nome e a um sobrenome escritos numa ficha na administração. Mas Tomaž jamais pensara nesta possibilidade. Tomaž era diferente de todos que encontrara antes e dos que iria encontrar em seguida, principalmente pela vivaz inquietude que tinha nos olhos, por sua incrível e ingênua confiança. Uma riqueza irrefreável que não podia ser contida. Uma atitude que ele não precisava, nem podia de forma alguma, tentar moderar; mesmo assim, nunca deixara de ser um sujeito ponderado e pensativo, justamente como me parecera no nosso primeiro encontro. Ao enfermeiro declarara ser de Trieste; um norueguês não podia certamente conhecer Sečovlje. E Tomaž, que devia estar com quase cinquenta anos, fazia caretas e mantinha os braços paralelos ao longo do corpo como um garoto ao qual foi prometido que poderá se levantar caso fique quieto. Permaneceu por dias e mais dias daquele jeito, deitado ao lado da janela, enquanto das fendas entre as tábuas do beliche, acima dele, caíam fios de palha que salpicavam a sua fronha. Espichado de costas, durante dias, varrendo com os dedos a palha podre, parecia trancado num caixão, com aquelas tábuas por cima da cabeça e do corpo inchado. Nos demais catres, sob os lençóis, havia chagas igualmente purulentas que empesteavam o ar como se a montanha e o bosque estivessem se putrefazendo. Mesmo assim, os seus olhos divisavam as salinas da sua terra, e quando falava do canal de Trieste, da praça da Bolsa, da praça Ponterosso, chegava a piscar, como um pescador que levanta o olhar para as nuvens resplandecentes de sol. Ficava feliz vendo

NECRÓPOLE

que eu me entregara à sua brincadeira, estremecia de contentamento com as minhas visitas inesperadas. Eu, por minha vez, não conseguia entender se ele se dava conta de como aquela sua galhardia, naquela atmosfera pestilenta, o deixava à deriva, sem rumo num mar infinito. Mas ele era assim mesmo, e, afastando o lençol e apalpando o ventre cheio de líquido, comparava-se jocosamente a uma mulher grávida, dizendo que no fim a barriga acabaria se desinchando; aí, encobria de novo aquele massaroco túrgido, enquanto no seu olhar se agitava a bandeira branca que aparecera no vale. Bom, é claro que nos olhos dos outros também se acendiam faíscas de vida diante daquela multidão de aviões que se aproximava. Mas lá fora as chibatadas continuava mesmo assim a fustigar as costas, os braços ossudos que protegiam os crânios nus, e quando, depois dos lamentosos gritos, os casacos zebrados voltavam a encher os barracões, na penumbra, das janelas os olhares se mantinham fixos no céu ao longe. Os corpos que, dobrados ou agachados, esticavam o pescoço estavam macilentos, mas os globos oculares estavam úmidos; apertados entre as pálpebras semifechadas, aos pares, perscrutavam as partículas prateadas que entremeavam o retículo esbranquiçado das nuvens. Então, ao estrondo que enchia o céu se juntava no peito uma trepidação desconhecida, ainda mais porque o surdo e descontínuo zunido das vespas voadoras era acompanhado pela vozeria dos implacáveis cães de guarda. "Desta vez é para valer", era a constatação que nos acompanhava mesmo depois, no lusco-fusco da sonolência, quando ainda sabíamos que estávamos deitados em beliches de três andares, ouvindo o ruído de geringonças amigas; mas nos dávamos, ao mesmo tempo, conta do sono que tomava conta de nós, no meio de um oceano de células famintas. Eis, no entanto, uma nova onda de aviões que de repente se aproximava; a terra, com o seu cheiro de carne assada e de ossos queimados, desaparecia, e a nossa vida se mudava para as nuvens, para os pássaros de aço que escarneciam a noite. "Agora, em Munique, devem estar pulando da cama!", dizia uma voz bem desperta, apesar de as palavras não passarem de um murmúrio, um cicio, como se fosse apenas o chiar da madeira dos catres. Pois bem: um estranho arrepio corria então pelo corpo deitado, e o agitar-se da pequena bandeira branca animava-o todo, enquanto os membros famintos se reviravam, apertavam o cobertor; a garganta ressecada engolia a saliva com o barulho de um arroto, os ouvidos já não escutavam o uivo dos cães no ventre da montanha escura. Mas, se em todos os outros esses pensamentos se acendiam luminosos como bandos prateados ao sol, para em seguida apagar-se pouco a pouco — fagulhas numa espessa camada de cinza — com Tomaž não era nada disso. Sua alegria não esmorecia, porque ele a protegia, assistia-a sem parar, e com ela me brindava sem interrupção. Com a desculpa dos aviões, passava a contar da ponte que mandara pelos ares, com o filho, para não deixar passar uma coluna alemã; e me cativava com suas pupilas claras, não como um hipnotizador a fim de dominar-me, mas sim como um vidente que quisesse tornar invencível também a mim. Invencível, antes de mais nada, para que eu pudesse, de volta a Trieste, aproveitar o vinho tinto istriano que ele mesmo me levaria. Um barril, dois barris de vinho. Oh, se tivesse tido a chance de saboreá-lo agora,

NECRÓPOLE

teria ficado bom na mesma hora! E o entregaria bem na porta da minha casa. Era o que ele dizia, com segurança, e, enquanto isso, dava uma rápida olhada nos demais catres, quase como se não existissem. E, ainda assim, em volta dele, era um gemido só, que saía aos borbotões de debaixo dos cobertores, um estertor submerso, olhares implorantes e rebeldes que espiavam por cima da bainha do tecido quadriculado. Olhos imóveis, vítreos. E, uma vez que justamente naquela hora estava saindo uma maca com um corpo coberto por um lençol, Tomaž olhou para ele e disse: "Não param de levá-los embora." Mas logo a seguir afirmou que certamente ficaria bom se pudesse mamar um pouco do seu vinho. Sem dúvida. E dizia isso sem fingir nem se esforçar; tinha tanta energia vital que conseguia destilar a todo instante serenidade da treva. Estava contente porque o filho fugira para as montanhas; e agora parecia que o seu indomável temperamento se concentrara em mim, que encontrara mais um motivo de ação devido a esse filho adotivo que a luz dos seus olhos tornaria tenaz e invulnerável. Pois bem: reconheço que não o entendia e que continuo sem entendê-lo até hoje. Ora, é fácil afirmar que os seus olhos irrequietos queriam enganar a morte com aquela jovialidade marota, afirmar que Tomaž conseguira enxertar-se invisivelmente na terra istriana, da qual tirava o alimento, como uma videira; é fácil afirmar que, sob aquela loquacidade, escondia todas as dúvidas secretas e as visões que fervilhavam como mostrengos à volta e dentro dele. Mas, então, por que nunca gaguejou, porque nunca titubeou, mas sim sempre manteve o equilíbrio, sempre se manteve à tona? Talvez fosse de fato um maravilhoso comediante, como nunca mais encontrarei outro na vida. Um comediante que, na competição contra a danação, não para um instante sequer para retomar fôlego, não tira a máscara — aliás, se ensimesma a tal ponto no seu papel que se torna realmente insensato falar em disfarce. Nem mesmo de noite? Não sei; naquela época não passou pela minha cabeça surpreendê-lo à noite; vai ver que, quem sabe, iria encontrá-lo do mesmo jeito, de olhos risonhos, esperando por mim. De verdade: não aceitava objeções; mas o que estou dizendo, objeções! Não aceitava qualquer tipo de observação. E foi assim quando começamos a nos preparar para a partida. Eu pensava de que forma iríamos carregar todos aqueles Tomažes primeiro nos caminhões, aí nos vagões de carga, para os patamares ficarem, afinal, livres dos ladrados dos cães e da fumaça; pensava em como iríamos descarregar todos aqueles Tomažes diante de chaminés ainda mais altas, minaretes da nova religião. Estava preocupado com ele, com o seu corpo pesado demais para correr ao encontro da liberdade; e então me calava. Ele, ao contrário, estava ainda mais loquaz que de costume. Dizia que, de qualquer maneira, em Dachau ficaríamos mais perto de casa. Eu ouvia e sentia-me incomodado e inerme, assim como me sentira ao ouvir que a resistência dos Vosges nos libertaria atacando o campo, e como permanecera em silêncio ao anunciarem que os paraquedistas viriam nos salvar. Com Tomaž eu certamente não podia me mostrar zangado e preferia, portanto, não fazer comentários. E o via como se, em lugar de estar entre nós, já estivesse completamente cercado pelas suas videiras istrianas. Não é bom, eu pensava, que você esteja aqui e, ao mesmo tempo, lá, no mundo dos vivos. Não é bem assim, Tomaž. A morte não deixa.

NECRÓPOLE

Não é nada bom, Tomaž, que agora você esteja na salina de Sečovlje, não é bom que numa camisa tosca você abra agora as gavetas da pesada cômoda para cheirar o saudável tecido dos ríspidos lençóis. Não, não pode. E desviava o olhar para não acompanhá-lo em seu sorriso, para não ouvir o burro que zurrava atrás da casa nem a vaca que esfregava o pescoço na manjedoura. Ele, por sua vez, continuava ouvindo o vinho tinto que borbulhava na adega. Centenas de litros de tinto. Um dilúvio de tinto. Uma inundação na qual muito em breve mergulharíamos, na qual nadaríamos. Pare com isso, Tomaž, eu pensava, enquanto uma maca passava junto dos catres. A morte é uma velha bruxa ciumenta, Tomaž. Só numa ocasião esse homem incrível ficou sério por um momento, diante do meu silêncio, mas somente porque receava ter me, sei lá por quê, ofendido; quando, no entanto, pedi desculpas dizendo achar que deveríamos ter feito de tudo, o possível e o impossível, para não acabarmos neste mundo infame, reanimou-se. Esfregava as mãos como um condômino bonachão que, apesar da doença, decidiu aceitar um acordo importante com o vizinho. "Em Dachau estaremos muito mais perto de casa, ora essa!", exclamou e queria que eu escrevesse o meu endereço; mas deteve-me quando arranquei o papel do caderninho: não, eu tinha de escrevê-lo na tábua acima da sua cabeça, para que o tivesse sempre diante dos olhos. E, enquanto riscava vagarosamente as letras, como se estivesse desenhando o píer e as duas torres dos sinos da igreja greco-ortodoxa, ele continuava a murmurar no meu ouvido que me levaria o vinho; e acabei realmente ouvindo o barulho do carro na rua silenciosa, e, com ele, também as rodas inseguras dos carrinhos puxados pelas leiteiras de Šmarje e de Koštabona, recém-chegadas com o barco de Capodistria. Mas naquele momento percebia com ainda mais força que estava sentado na beirada de um catre de madeira, bem ao lado dele; sentia que Tomaž ficava mais contente com a minha proximidade que com o endereço que eu escrevia na tábua; e, uma vez que naquele momento tive a repentina impressão de estar roçando no ombro de um inesquecível pai, talvez ele achasse estar tocando o filho. Não sei. É muito difícil falar das sensações que não se experimentaram ao lado do pai de verdade; é difícil explicar essa proximidade paterna, essa amizade que expressava um reflexo de paternidade. Não sei, não sei mesmo. Só sei que em seguida os seus olhos brilharam e ficaram algum tempo calmos e mitigados antes de recomeçar novamente a piscar e a indicar, com o olho direito e um sinal da cabeça, a tábua acima dele. Disse que iria aprendê-lo de cor, aquele endereço. Mas, não muitos dias depois disto, certa manhã, o *Appelplatz*[9] de Dachau transformou-se numa gigantesca lixeira onde as pás arremessavam, através das janelas dos banheiros, papel, panos molhados, tamancos quebrados, imundos embrulhos listrados. Entre os colchões de palha que pontilhavam a esplanada moviam-se, desfazendo-se, rolos de ataduras de papel, e no meio de colheres de madeira já gastas ainda se destacava, sozinha, uma faca que parecia forjada por homens pré-históricos. E aí enxergões conspurcados por manchas úmidas, vazios, sem os corpos que os haviam marcado com uma cavidade. E mais colchões de palha com corpos nus. Chagas

---

[9] Pátio de chamada.

NECRÓPOLE

nas panturrilhas, como grandes vulvas de lábios inchados e duros, lábios decompostos com a largura de um palmo. E mais lixo. Mais tamancos. Mais peles, aos montes, peles sujas de zebras destruídas pela peste. E, ao lado, corpos ainda válidos que se despem sobre outros enxergões. Uma atadura de papel crepom se desenrola como o fio de uma Parca insaciável. Uma mão ossuda não quer largar a colher de madeira sobre a qual se dobram costelas, também de madeira, cobertas de pele escamosa. Esses corpos não haviam sido levados embora do lado esquerdo rumo às fornalhas — eram destinados a algum barracão. Na margem da esplanada havia uma longa série de catres de onde os Jós mortos tinham sido tirados para não se decomporem sob a bola de fogo que, pendurada no céu, não se decidia a sair de cena e a acabar de iluminar aquele cenário de uma vez por todas. No corredor entre dois barracões próximos reinavam, por sua vez, o silêncio e a ordem. Num deles, um médico, óculos no nariz e mão dentro das luvas de borracha, secionava um corpo. A água para o enxágue corria pela mesa de pedra quase sem fazer barulho. O homem de jaleco branco falava em tcheco; para cada corpo tinha de encontrar a causa da morte; trabalhava com habilidade, com alguma pressa, como se não fosse necessário procurar muito nas entranhas, como se soubesse tudo de antemão. Mas procurava andar depressa também porque o número daqueles cadáveres parecia não ter fim. Ainda posso vê-lo: costura, finca uma grande agulha e forma uma longa trança da virilha até o queixo. Prossegue em seu trabalho de bordado sem parar, e tudo indica que começou de manhã bem cedo, levando-se em conta a notável fileira de corpos que jazem deitados ao longo do barracão. Como

91

sempre, estão de boca entreaberta, os dentes amarelos, o ventre achatado. Só um está branco e inchado. *"Dein Kamerad Jugoslav"*, diz então para mim o mesmo enfermeiro norueguês. Eu estava mudo e observava as tábuas que formavam uma parede atrás da cabeça do homem; eram iguais às que estavam acima dele, só que mais largas; ali, no entanto, em lugar da maca que aqui tinha de passar entre os catres de madeira, o que esperava por ele era um carrinho de duas rodas com uma larga calha de zinco em cima. A tampa, ela também um semicilindro de zinco, estava ao lado. No fim, tive de conformar-me com a ideia de olhar, de fitá-lo nos olhos, acima da trança que costurava o seu tronco. Estavam abertos para o céu; parecia que iam rir a qualquer momento, para ele então dizer: "Viu só o tamanho da trança?" Não sei, não sei. Eu não pensava em coisa alguma; só via os seus olhos, via como tinham certamente lutado contra as trevas, até no vagão de carga. Como em todos os demais vagões, e sem dúvida no dele também, os corpos um pouco menos doentes e famintos deviam ter se mexido formigando noite e dia, apinhados. Pululavam em cima dele, caminhavam sobre o seu pescoço, o seu ventre, enquanto, com o olhar, ele tentava o tempo todo trespassar a escuridão para dela se afastar com o pensamento, tornando-a, assim, menos pesada. Ou talvez, de repente, o sol da manhã se tivesse levantado sobre aquele caixão viajante, e um raio iluminasse o teto do vagão e as tábuas acima da cabeça, enquanto as rodas soletravam: mais perto de casa, mais perto de casa, mais perto de casa. E os seus olhos miravam de forma tão intensa que não percebiam as tábuas

NECRÓPOLE

retiradas dali e substituídas por uma abóbada de um azul absurdo que se dobrava sobre a sua sábia cabeça paternal.

Não sei se estava pensando nele naquela manhã em que nos preparávamos para sair daqui, quando, parado no topo da escadaria, dei uma olhada nos terraços vazios que se seguiam ao longo da encosta. Também os barracões estavam vazios, quase como se tivessem tornado algo diferente, embora continuassem aos pares, como de costume, em cada patamar. Transformados pelo silêncio, novo visitante que se alentava invisível nos raios dourados do sol de setembro, graças ao qual parecia até que os montes circunstantes estavam a ponto de reencontrar a própria imagem na atmosfera até então imóvel. Mesmo o pinheiral parecia estar prestes a despertar de novo, aquele escudo verde que esconde o *bunker* e o crematório. Da mesma forma, lá embaixo no vale, a bandeira branca com a cruz vermelha que vicejava no edifício branco anunciando a chegada dos aliados de Belfort também parecia estar prestes a transformar-se, pois agora, com o silêncio nos patamares, aparecia como um sinal, há muito tempo esquecido, da mão pálida e infinitamente distante de um irreal mundo humano. Isso mesmo: silêncio. Mas, mesmo antes, o silêncio acompanhara por meses e mais meses o lento escorrer da vida, sem interrupção, até este limite extremo, e um silêncio ainda mais profundo pairava no ar com a fumaça. Agora, no entanto, era um mutismo sem seres humanos, pois os abrigos de madeira estavam desertos, a não ser pelo barracão acima do *bunker* onde estavam concluindo a operação de carga dos caminhões. O silêncio e o recolhimento outonal erguiam-se juntos sobre aquele ossuário de montanha, e o pensamento, que por uma eternidade se escondera diante do extermínio, acordou espiando às escondidas, como o focinho de uma lagartixa fora do buraco de um muro. Obviamente, rechacei logo aquele pensamento, livrei-me dele por hábito de defesa; mesmo assim, por um momento, voltou a insinuar-se dentro de mim. Que fim levarão esses terraços depois de o último caminhão se afastar? A floresta irá murmurar e, na primavera, a chuva cairá impiedosa? E a neve, no inverno, irá nivelar os patamares cavados na encosta? O sol surgirá, no verão, como surge sobre as outras montanhas? E no outono? Pois é. No outono, justamente no outono, como agora? E os milhares de tamancos ali, na neve, enquanto a chamada demorava horas a fio? E o carteiro de Padriče, que foi arrastado para a chamada, sustentado por baixo dos braços, porque ainda respirava, enquanto as calças listradas escorregavam-lhe para os pés, e foi, então, deixado naquele estado, na neve, enquanto a SS contava as fileiras? O que será dele, dele que depois, quando a contagem acabou, foi levantado e trazido para cá, onde os visitantes agora estão olhando em volta? E das chuvaradas sobre as cabeças rapadas, sobre os olhos já vidrados mas ainda não ressecados pela fome, que resistirão até o fim porque a espessa couraça óssea os protege da desidratação que, antes dele, torna árida todos as outras células? Pois é. O que será dos olhos, que com seu úmido frescor são a pior crueldade e que só se transformam em turvos lagos no meio de um continente ossudo quando este já chegou ao seu limite extremo? Disso tudo, não sobrará qualquer resquício quando, daqui

NECRÓPOLE

a uma ou duas horas, os terraços forem completamente abandonados? Mas, uma vez que essas perguntas já eram uma tentativa de pulo para o futuro, enquanto a imagem dos patamares me cercava como a aparição de antigas ruínas mexicanas, rechacei-as. E além do mais eu tinha de levar a cabo a minha tarefa, tinha de começar a descer rumo ao barracão; e recobrei-me, voltei a mexer-me. Foi aí que reparei neles: os que, sem a nossa ajuda, já tinham decidido deixar seus colchões de palha para trás. Mudos como quando permaneciam deitados em seus catres durante dias inteiros, não atrapalhavam o silêncio que se regozijava sob aquela bola estourada que parecia saída dos pincéis de Van Gogh, suspensa lá em cima da montanha. Talvez tivessem sido movidos a se levantar justamente por aquele silêncio improvisado, que os empurrava fora dos catres, ao ar livre, diáfanos fantasmas que já nem ouviam o ruído dos seus próprios pés descalços. Seminus, com a camisa que lhes chegava até a depressão esquelética da virilha, erravam pelo estreito caminho abrindo os braços para manter o equilíbrio, pássaros cegos aos quais haviam queimado as plumas e dos quais só se via um retículo de pequenos ossos amarelados. Devagar, arquejando, chegaram à escadaria e começaram a subir pela encosta, usando suas últimas forças para fugir do abismo no qual se haviam secado todas as células do seu corpo. Dobravam-se em cima dos degraus, avançando de quatro, ossudos mosquitos aquáticos, aranhas chamuscadas com os traseiros em X. Foi esse o começo da sua lenta migração, e o movimento daqueles fêmures pontudos parecia seu derradeiro sinal de vida. Aí houve um descanso infinito, sob o olhar dos raios silenciosos;

95

mas nos magros seres deitados surgiu provavelmente a sombria consciência de que aquele olhar do sol era a carícia de um traidor que, daquela forma, iria sugar a última gota do seu suco vital. Os membros endurecidos deram, portanto, um repentino pulo, como o das rãs, para o degrau seguinte, no qual se prenderam, de pernas abertas, como crustáceos. Seguiu-se mais um descanso muito demorado, enquanto um deles se arrastava mais para cima, e aí outro, uma fileira de tartarugas que vez por outra levantavam suas cabeças nuas no esforço de olhar para fora do mundo das trevas. Foi então, acredito, que Tola passou correndo ao meu lado, de maca nos ombros. "*Davaj*,"[10] exclamou, quase com raiva ao ver que eu persistia parado enquanto ele continuava sendo o trabalhador incansável que fora na vida civil, na debulhadora do *kolchoz*. "Já vou, já vou", respondi, pensando em descer pelos degraus à direita, para passar longe daqueles corpos rastejantes que o instinto impelia a não esperar pelos padioleiros. Naquela hora, entretanto, da trilha do outro lado dos galpões chegou um longo rangido que, de repente, quebrou o silêncio. Aquele som estrídulo e agudo era lúgubre e insólito, pois vinha de uma senda normalmente deserta. O arame farpado corria ao longo da sua margem e, até então, a ninguém passara pela cabeça chegar perto sem necessidade; agora parecia que o próprio chão soltava aquele lamento que em seguida subia chiando, extremamente devagar e a duras penas, pela encosta da colina. Criava a sensação de que nos terraços abandonados descera, de súbito, uma desgraça

---

[10] "Vamos lá!"

NECRÓPOLE

desconhecida e, portanto, mais impressionante que a chama que subia pela chaminé. Quando, logo depois, apareceu a roda de um carrinho de mão, aquele estremecimento acalmou-se, apesar de se tratar de uma revelação nem um pouco consoladora. Aí, de trás do barracão, apareceu o carrinho inteiro. E outro. E outro. Quem tivera a ideia de usar os carrinhos para substituir as macas insuficientes? Avançavam como um cortejo de trabalhadores cansados, de volta das mais profundas entranhas da terra. Uma procissão de mineiros que já haviam guardado pás e picaretas nos carrinhos, de cujas conchas triangulares, no entanto, sobressaíam não os instrumentos de trabalho, mas sim extremidades desenterradas de descarnadas cegonhas. Só um dos esqueletos ainda vestia a camisa, e aquele carrinho parecia mais insensato que os demais. As cabeças raspadas balançando, que lembravam crânios de pássaros, tinham a boca escancarada como antes, nos colchões de palha, como se tentassem apanhar invisíveis mosquitinhos, mas sem conseguir, pois os solavancos as faziam balouçar demais. Era como se a causa daqueles pulos fosse o estridor das rodas e como se o chiado da madeira da concha viesse diretamente dos gravetos que formavam aqueles peitos de aves, enquanto as pernas balançavam à esquerda e à direita da roda, e os braços remavam inertes na trilha poeirenta. Não sei o que pensei, naquele momento: provavelmente disse a mim mesmo que teríamos de carregar um número menor, pois alguém tivera a ideia de usar os carrinhos, ou então, quem sabe, pensei que o silêncio que dali a uma hora envolveria a montanha, depois de todos terem saído, seria realmente traidor. No terreno dos patamares não ficaria qualquer sinal de nós, qualquer vestígio no ar; o silêncio, como um surdo-mudo, iria guardar tudo dentro de si, até essa procissão, este rangido semelhante ao som cada vez mais longínquo de um espeto enferrujado. Não sei, portanto, se naquela hora também pensei em Tomaž, cujo barracão já havia sido esvaziado de manhã. De qualquer maneira, aquela foi a primeira experiência de mudanças daquele tipo, e, se os corpos deitados nos dormitórios pudessem ter imaginado a amontoada densidade que esperava por eles nos pesados vagões do comboio, talvez não se tivessem dedicado com tanta pressa e doloroso esforço à subida para o sol. Não, não é verdade: enquanto estão vivos, os núcleos das células resistem aos ataques da destruição, procuram uma saída, uma salvação, escolhem fugir mesmo quando presos dentro de um espaço fechado. E dizer que, pensando bem, aquela foi a mais branda entre todas as mudanças de que acabaria sendo testemunha. Havia até uma pequena orquestra que nos acompanhava; pelo menos no nosso vagão. As duas grandes portas do carro de carga estavam escancaradas e, na moldura daquelas aberturas, passavam chispando diante dos nossos olhos imagens esquecidas da campina outonal. O clangor produzido pelas rodas, mas principalmente a velocidade (conceito novo e incompreensível que de chofre tinha substituído a imobilidade forçada), tornava-nos, apesar do conversar pacato e dos pensamentos contidos, tudo menos que pacatos e contidos. Eu sentava num canto com Albert e mal conseguíamos nos entender, a nossa voz era encoberta pela música. Paul na corneta, Pierre no violino e mais outro que tocava acordeão. Pois é. Como se fosse o fim da guerra e estivessem nos levando para casa.

NECRÓPOLE

Mais perto de casa! Até Albert estava convencido disso, dizia que aquele era o começo do fim; eu discordava, como teria feito com Tomaž, se ele estivesse em boas condições. "Sabe para onde estão nos levando?", perguntava. Mas Albert não se perturbava: "Uma vez que os aliados já estão em Belfort, só podem nos levar para algum outro lugar." "Tudo bem", dizia eu, "mas estas rodas rumorosas nos levam cada vez mais longe dos aliados, e além do mais em Dachau há bocarras bem mais robustas para esses vagões de ossos que levamos conosco." "O que foi que disse?", perguntou, porque Paul havia começado a tocar tão alto que fomos atropelados como que por uma onda gelada, "Eles têm fornos bem grandes, por lá", expliquei; mas ele dava de ombros, dizia que aquilo não tinha nada a ver, que os poderiam ter queimado da mesma forma na nossa montanha. Albert tinha uma cara larga que inspirava confiança, uma qualidade que com o passar do tempo tinha ficado cada vez mais rara no nosso mundo. Meio ríspido, exclamei que já tinha feito umas previsões otimistas para o verão e que todas elas fracassaram. Mas o seu rosto redondo de lua cheia ignara do seu próprio sorriso bonachão não se deu por vencido. "Acontece que agora estão em Belfort, meu caro!", disse com olhar esperto, e fiquei contente quando Daniel o chamou, pois assim eu já não precisava levantar a voz para responder. Pois é: como se não passasse de uma brincadeira inocente entre garotos, toda semana Albert voltava a anunciar o fim da guerra. Mas, quando o meu olhar se deteve em Paul, achei que ele também, como Albert, acreditava piamente nisto. Enchia os lábios no bocal da corneta, imagem estranha de um anjo loiro de cabelos curtos, e acreditava. E o mesmo valia para o seu irmão Pierre. Assim como para o sujeito que tocava acordeão. E tocavam endiabrados, levavam a coisa realmente a sério. Incansáveis, perto da grande porta de correr, e as notas que se espalhavam do vagão fugidio invadiam os campos de setembro como uma ilusória semeadura de ouro da qual nunca iriam desfrutar. Mas continuavam, mesmo assim, a tocar sem parar. Até Pierre com seu violino que, instrumento por si só leve e sensível, era simplesmente sufocado pela corneta e o acordeão. Do trio, Pierre era o mais delicado, o mais brando, tanto assim que lá, nos nossos terraços, percebera quão grande fosse a dissonância entre o seu violino e o acompanhamento em surdina da incansável chaminé. Lá, porém, era diferente, lá eles não eram os únicos a tocar: um pequena orquestra completa se reunia oficialmente todas as tardes, antes que o latir dos cães agredisse a noite. Naquelas ocasiões, no entanto, os músicos tocavam para patamares quase desertos, pois todos se deitavam rápido nos barracões para abafar no sono os chamados da fome. No máximo, podia eventualmente passar, alguns degraus mais abaixo, uma maca; e neste caso, como viático, o falecido podia ser homenageado com alguns acordes de Mozart. Ao chegar aqui, em lugar do arquete apoiado nas cordas, o que se curvava sobre o pescoço do desconhecido eram dois longos dentes aduncos. Quando o anel de ferro se fechava sob o queixo amarelo, o foguista dava um puxão e o crânio se dobrava balançando em cima das tenazes. Assim, de pescoço quebrado, aquele cadáver parecia ainda mais comprido, principalmente

NECRÓPOLE

se era de um norueguês, porque, normalmente, os franceses e os eslovenos não eram varapaus. E tampouco os tchecos e os russos. Os holandeses sim, eles também eram grandalhões. Agora, não há dúvida de que uma orquestra como aquela era bastante biruta, à noitinha, naquela espécie de platô alpino; mas a do carro do gado de portas escancaradas tampouco era, digamos assim, muito normal, levando-se em conta a carga que transportava. Por isso Paul mugia com sua corneta, sentado à beira da abertura, com as pernas que balançavam no vazio; apontava o instrumento à esquerda e à direita, levantava-o na vertical como a lançar seu grito para o céu. Diante de nós já não havia a tulipa vermelha em cima da chaminé, e a velocidade, mesmo sem prometer coisa alguma, excitava e perturbava os ânimos; a imagem do futuro, sombria e misteriosa, parecia de qualquer maneira mais estimulante que a rígida estagnação do fechado reino do nada. Sei lá, não sei. Assim como quando se falara dos guerrilheiros da resistência, naquele momento também eu não conseguia livrar-me do ceticismo. Talvez a sombra do mal já me tivesse dominado demais, desde menino, quando os camisas-negras tinham queimado o teatro esloveno no centro da cidade, para que agora os fracos raios da esperança pudessem insinuar-se dentro da minha consciência. Provavelmente também devia estar pensando nas próximas operações de descarga, que sem dúvida seriam bastante complicadas, uma vez que, seja os levados com os carrinhos, seja os que se haviam arrastado por conta própria, nunca iriam conseguir descer sozinhos. Eu olhava para André, que se mantinha num canto com o doutor Senet e alguns outros médicos e enfermeiros, e imaginava por quantas horas monstruosas deviam ter passado toda vez que uma SS conduzia lá embaixo, até os ganchos, os rapazes destinados ao forno. Sentia-se parte de cada um daqueles grupos. Agora parecia estar ouvindo Senet, mas dava para ver que estava ausente, talvez estivesse avaliando se valia ou não a pena esperar que, com a transferência, o fichário ficasse bagunçado. Paul, por sua vez, parecia ter perdido completamente a cabeça, embora o seu comportamento fosse compreensível: os campos ondeavam diante dele e as cores vascolejavam em volta dos seus pés dependurados, enquanto os raios do sol entrelaçavam uma rede luminosa nas cordas do violino de Pierre. E, mesmo assim, sabem para onde estamos indo, eu ficava pensando, e Paul faz isso justamente porque sabe. Quase respondendo ao meu pensamento, Paul encheu ainda mais as bochechas, agitou os cotovelos e levantou a corneta para o sol a fim de abater de uma vez por todas aquela bola de fogo com um flecha vibrante. Ao lado da porta, as duas SS foram pegas de surpresa e apertaram com mais firmeza os fuzis; os médicos e os enfermeiros se calaram e ficaram olhando para ele.

Muito mais trabalhosa foi a partida de Harzungen, quando ficamos entre barracões vazios, separados por caminhos de brita, no meio de um silêncio irritante. Como se estivéssemos num vilarejo remoto, esvaziado antes de ser invadido pela lava. O sol de abril (ao contrário do de setembro, como aqui agora) era de um rosa pálido no ar claro, e mesmo assim fazia brilharem

NECRÓPOLE

os vidros quadrados em cima da torre de vigia, onde a sentinela ainda estava atrás da metralhadora. Mas nem chegaríamos a reparar neste reflexo se, nas últimas 24 horas, o muro de fogo que se levantava no céu de Nordhausen não nos tivesse mergulhado numa atmosfera apocalíptica. Estávamos sozinhos, com seiscentos doentes nos dois galpões da enfermaria; os que, de alguma forma, ainda conseguiam mexer-se haviam sido levados sabe-se lá para onde. Nós éramos os últimos, como sempre, e tínhamos deixado de carregar os cadáveres à caixa atrás do barracão. Não iriam mais levá-los para Dora. Era preciso sepultá-los. Vaska, com um ajudante, estava cavando uma vala no gramado entre os dois prédios. Acima dele, no topo da torre, o soldado de vigia brincava: levantara o vidro diante da metralhadora e contava alguma coisa incompreensível, como alguém que ficou tempo demais sozinho e esqueceu a linguagem humana. Vaska não lhe dava bola, já cavava fundo na vala e suava, aí, quase de passagem, com a costumeira frase russa ofendeu a mãe daquele blá-blá-blá. O guarda na torre voltou então a baixar o vidro; estava visivelmente bem-humorado, como se estivesse certo de ter deixado doente de tanto rir, com sua argúcia, o homem que cavava. Talvez o campo despovoado e o próximo fim do Reich tivessem despertado naquele sujeito, empoleirado em sua guarida de vidro, uma faísca de trágico humorismo; mas Vaska não tinha tempo a perder com ele, estava ocupado demais. Estávamos, todos, bastante ocupados: éramos umas dez pessoas e nem sabíamos por onde começar, metade dos nossos muitos inválidos nem tinha condição de se levantar. Mudamo-los para o corredor, com os colchões de palha e tudo mais, para poder içá-los mais facilmente quando o caminhão parasse diante da entrada do galpão. Deixamo-los encostados ao longo do corredor, um ao lado do outro, formando várias fileiras, só deixando livre uma estreita passagem. Obviamente, cuidamos primeiro dos cobertos de chagas, que esperavam tranquilos, acompanhando-nos com o olhar enquanto passávamos arrastando um lençol enxadrezado branco e azul tão cheio de ataduras de papel que parecia um peixe grávido. Em seguida, carregamos mais outros, não igualmente curiosos, com o rosto, aliás, parcialmente escondido entre a porcariada de panos imundos espalhados no chão. Alguns se queixavam para chamar a atenção. Na vida normal, quem faz isso são normalmente uns pobres velhinhos doentios que sempre acreditam ter esquecido algo extremamente importante na gaveta da mesinha de cabeceira. Levantavam-se sobre os cotovelos e suplicavam ajuda de qualquer um que estivesse por perto; mas ninguém tinha tempo para eles, pois justamente naquela hora estava começando o pior. Todos aqueles estrados no chão, e o caminhão que só iria voltar mais duas vezes. Melhor não pensar nisso, você diz a si mesmo, pois há muitas outras coisas a serem feitas. Quando um exalou o último suspiro no colchão de palha, o médico me pediu para chamar Vaska e cuidar para que o enterrasse de verdade. "Está bem", respondi, "mas no meu aposento há um jovem tcheco que está nas últimas". Aí fui procurar Vaska e, juntos, levamos o cadáver até a vala, que já era bem funda. Vaska começou a cobri-lo de terra, enquanto eu pensava no doutor que devia estar entrando no meu aposento. Vaska resmungava alguma coisa

NECRÓPOLE

a respeito dos mortos, através do vidro a sentinela na torre de vigia aparecia vermelha devido ao incêndio que enfurecia no céu de Nordhausen, enquanto eu continuava imaginando o doutor que entrava no meu quarto segurando uma toalha. Não queria pensar, mas era mais forte do que eu. Vaska, sem parar de manusear a pá, disse que estava com fome. "Se quiser que continue cavando, traga-me pão", proclamou. Estava certo, no meu quarto havia pão deixado pelos mortos. "Vou trazer logo", respondi, correndo para o barracão; mas antes de entrar refreei minhas passadas, em parte porque tinha medo de descobrir algo terrível, em parte para esperar que aquilo que estava acontecendo se concluísse. Eu pensava: um médico sabe melhor que qualquer outro o que manda a sua ética profissional. Talvez não haja coisa alguma mais justa do que ajudar um corpo a morrer, principalmente no caso do jovem tcheco que só de vez em quando abre os lábios, arredondando-os como costumam fazer os peixes na areia, quando o mar já ficou fora de alcance. Enquanto isso, aproximava-me bem devagar da porta, em busca do pão para Vaska; mas, quando virei a maçaneta, ela mal chegou a entreabrir-se: alguém a bloqueava do lado de dentro, com o pé. Era o enfermeiro, que, ríspido, disse para eu esperar um momento. Eu me irritei por não entrar no meu quarto, mas não podia insistir, para evitar que o doutor e o enfermeiro se dessem conta da minha desconfiança acerca do que estava acontecendo. Não sabia se devia empurrar aquela porta: talvez o médico estivesse certo ao agir daquele jeito. Não era melhor que o pequeno tcheco fosse descansar sob a fofa camada de terra que Vaska cavara, em lugar de acabar sob um montão de colchões e de corpos num caminhão? Comecei a afastar-me lentamente da porta; os doentes deitados no chão, em seus catres imundos, disseram alguma coisa que não peguei direito. O doutor saiu do aposento, disse que o rapazinho tcheco tinha morrido e que era preciso chamar Vaska. Teria gostado de dizer que sabia o que tinham feito, ele e o enfermeiro, no meu quarto, mas em lugar disso corri até o jovem tcheco para ver se ainda era possível fazer alguma coisa. Por sorte, seu macilento tórax de vimes ainda se levantava e a sua boca torcida arquejava lenta; senti algum alívio, mas a minha testa ficou molhada de suor quando, dobrando-me, toquei no rosto do rapaz. Ainda respirava, mas em volta do pescoço tinha um risco de um rosa pálido que antes não estava lá. Na plenitude da primavera, aquele jovem corpo se consumia, e o fato de aquela consumpção continuar até aquele momento era para mim um inesperado conforto; como se me livrasse da horrível dúvida de eu ter participado de um crime. Persistia em mim, no entanto, a sensação de culpa por ter sido uma testemunha passiva e incerta; mas, agora, vendo aquela boca que se abria num ritmo cada vez mais lento, pensei que ajudar um corpo já esquelético a alcançar a quietude definitiva podia ser um sinal de bondade. Eu estava dividido, lutando comigo mesmo, ainda mais porque não gostava nem um pouco do caráter do doutor. Tinha certeza de que ele só agira daquela forma para diminuir o número dos que seriam carregados no caminhão, e portanto não por piedade, mas sim por cálculo administrativo. Consolava-me, no entanto, o fato de esta dúvida me dilacerar diante daquele respiro que, embora se apagando, atestava que

NECRÓPOLE

o médico não obtivera sucesso no seu propósito; pois do contrário a minha dúvida se teria resolvido com a morte do rapaz, para então se tornar eterna. De qualquer maneira, naquela oportunidade mostrei-me indeciso, não tive a força de rebelar-me. Fiquei em dúvida, como sempre me acontece quando não me convenço de alguma coisa. O doutor estava certo, eu tinha praticamente certeza disso, e na verdade eu não me rebelava pelo que ele fizera, mas sim pessoalmente contra ele. Se, por exemplo, André estivesse lá, teria sido algo completamente diferente. André falaria comigo, não agiria às escondidas. Com Robert vinguei-me logo a seguir, no corredor, quando lhe disse: "O garoto continua respirando." Só que falei enquanto passávamos entre os colchões de palha, de forma que talvez ele não tenha entendido direito; e além do mais usei um tom brando; e esta foi mais uma fraqueza que estragou a minha vingança. Sei lá: mas quem, àquela altura, iria prestar atenção no tom de uma frase pronunciada de passagem, quando justamente o caminhão já estava parando diante da entrada e aqueles corpos começavam a se levantar apoiando-se nos cotovelos ossudos? Juntando as energias de todas as células exaustas encontraram a força extrema de cambalear sobre aqueles paus nodosos em que se haviam transformado as suas pernas e de deixar-se levar para fora por mim, Vaska e Pierre. No ar pairava o fedor da diarreia e do pus do qual as ataduras de papel estavam imbuídas. Isso não era novidade; novidade mesmo era, no entanto, o fato de nós enfermeiros falarmos tão alto. Incitávamo-nos uns aos outros porque éramos poucos, os mais fortes seguravam os estrados bem no meio e os puxavam para cima junto com as esticadas ossadas que continham, outros se limitavam a arrastá-los. Mais outros, no caminhão, enfileiravam-nos bem juntinhos na plataforma, para então colocar rapidamente uma segunda camada em cima da primeira. Pois é: era preciso se apressar. Não havia tempo para demorar os olhos no incerto remexer-se daquelas camadas; havia horas em que se esquecia até o conceito de camada, e os corpos e os colchões eram jogados além da borda de madeira de qualquer jeito. Tínhamos de levá-los com a gente enquanto ainda respiravam. Só um morreu justamente naquela altura, e Vaska o levou para trás do barracão. Afinal, nós mesmos subimos no reboque e nos agachamos perto da borda anterior, onde ainda sobrava algum espaço. Naquele momento Vaska e o ajudante também voltaram e prenderam dos lados do veículo duas macas de madeira tosca com fundo de arame trançado, de forma que o caminhão parecia um carro de bombeiros com as escadas presas nas bordas laterais. Finalmente partimos, e o vidro tilintou em cima da torre de vigia: talvez a sentinela o tivesse estilhaçado com uma rajada de metralhadora. O caminhão começou a correr pela estrada no meio da floresta, na direção da grande fogueira acesa pelos aviões aliados. Nordhausen. Era lá que Mladen adoecera, pensei para esquecer os lamentos. Já estava escuro e eu não enxergava mais nada diante de mim, embora estivesse sentado na frente do reboque. Não via a penosa movimentação das camadas, e os gemidos surgiam junto com os solavancos, como que provocados pelas rodas, que em seu avanço sacudiam o veículo, gigantesco receptáculo de lamentações. Parecia a voz trêmula de quem canta ou grita batendo na boca

NECRÓPOLE

com a palma da mão; mas os sons se emaranhavam, de forma que eu tentava concentrar-me no roncar do motor e na conversa dos enfermeiros para não me afogar na onda daqueles gemidos entrecortados. Na minha mente, entretanto, eu via aqueles corpos de camisa até o umbigo, alguns ainda de casaco listrado, que se agitavam como numa debulhadora enlouquecida, com os pés que comprimem bocas, e barbatanas de traseiros ossudos que empurram queixos, e corpos enviesados cujos braços se insinuam entre sovacos, e pernas como ancinhos que se movem para cima e para baixo naquela maranha. Os solavancos interrompiam o lamento abafado, quebravam-no sem parar, e o caminhão estremecia de frio na escuridão, vivo em todos os seus parafusos e porcas, que chiavam no mesmo ritmo. Eu tentava concentrar os meus pensamentos no bosque que margeava a estrada, sombrio. Procurava colher o extremo segredo da terra alemã; mas naquela hora uma sacudida mais forte juntou todos aqueles braços e pernas num só corpo com incontáveis olhos brancos e uma só boca; aquela boca começou a gemer, como que empurrada por uma mola, até o gemido se confundir novamente com o zunido do motor. Antes que voltasse a ser ouvido, com o pensamento procurei novamente refúgio na noite, mas de nada adiantaria se, justamente naquela hora, com gesto automático, não tivesse ajeitado o cachecol embaixo do queixo. Pude assim deter-me mentalmente perto de quem, no passado, havia sido o dono daquele cachecol. Pois é: a lembrança de Mladen não era tão diferente da cena que, invisível e sonora, me cercava agora no escuro. Em Dachau, Mladen não queria assistir às dissecações, mas em Dora coube a nós observar o bisturi que lhe rasgava o coração. Não, preciso não pensar em Mladen, disse a mim mesmo, nem no fato de eu estar usando o seu cachecol enquanto ele foi jogado na fogueira que em Dora ardia no topo da colina. De forma que voltei a pensar no rapazinho tcheco. Devia haver pelo menos trinta corpos amontoados em cima dele, e na certa já tinha parado de arquejar. Pois é, teria sido melhor deixá-lo descansar na terra. Pensei: o médico agiu com realismo e bom-senso, quem se deixou enredar pelo sentimentalismo fui eu. Isso mesmo, mas rebelara-me principalmente contra o arbítrio, ainda mais porque o enfermeiro também estava presente, e nos seus gestos havia alguma coisa desrespeitosa e arrogante. Ainda bem que, afinal, tinham fracassado; apesar de toda a sua ciência médica, o doutor não sabia que, num corpo ressecado, não é tão fácil agir quanto no pescoço redondo de uma pessoa saudável. Não é tão simples destruir por completo um corpo que já é meio de madeira. Na verdade, eu pensava em tudo que podia passar pela minha mente só para não ouvir o lamento intermitente, para não deixar que penetrasse em mim; porque precisamos excluir a morte do ar que respiramos se não quisermos que finque suas garras na nossa medula. Por mero instinto de defesa prestei atenção na conversa dos enfermeiros logo atrás de mim. Avançavam propostas acerca de como, em seguida, teríamos de nos manter unidos na estação para montarmos algum tipo de ambulatório dentro de um vagão de carga. Janoš também aprovava. Nada de estranho que apoiasse esta ideia sensata e que a sua voz soasse tão amigável; talvez o tivéssemos julgado mal pelo fato de ele ser grosseiro com os doentes quando os enfaixava. Sim, claro que devíamos permanecer todos juntos se ainda quiséssemos salvar alguém ou ajudá-lo a salvar-se. Mas aí não foi fácil mantermo-nos unidos na estação, onde caíram em cima da gente de todos os lados. Em Harzungen, ficáramos desacostumados aos gritos, pois lá tudo acontecia em silêncio. Mas não, não eram os gritos que nos deixavam loucos, afinal de contas sempre fora assim: todos os alemães estão sempre preparados para berrar, como se a todo instante tivessem que gritar de terror diante de um perseguidor invisível. É só se acostumar, aí a gente não se incomoda mais. Daquela vez esbravejavam porque o trem estava esperando por nós. Os feixes de luz das lanternas faiscavam para todo lado, enquanto agarrávamos os embrulhos e os corpos para tirá-los do caminhão. Esticando as mãos no vazio, nós os puxávamos por cima das bordas onde estavam presas as macas com o fundo de arame trançado, mas os corpos escorregavam, de forma que alguns de nós acabavam de repente sobre um pedestal ossudo. E, dessa forma, continuávamos lutando febrilmente na noite, sob aquele céu cor de sangue; quando um feixe de luz voltava a brilhar, viam-se corpos que tombavam de cabeça, rolando na calçada; e, quando um padioleiro se dobrava para arrastar um pobre infeliz para o trem, um colchão podre caía em cima dele, vindo do caminhão, e o derrubava. Os guardas em volta continuavam a distribuir chicotadas, a dar pontapés, a correr sem parar entre o caminhão e o trem. Não, não é fácil ficar juntos naquele caos ao longo do comboio, entre os feixes de luz que ofuscam e deixam ver menos ainda que se a escuridão fosse uniforme. Quando, berrando como possessos, enfiaram-nos num vagão qualquer, ao acaso, mantivemos o sangue-frio e, logo depois de a onda de choque passar, descemos de lá para nos abrigar no carro dos demais enfermeiros. Finalmente conseguimos carregar no nosso vagão todos os embrulhos com as ataduras. Como sempre na vida, mesmo num aperto como aquele é preciso ter as ideias bem claras, saber exatamente o que se quer e procurar alcançar a meta, apesar do delírio do pânico. Claro, não é fácil lutar num corre-corre confuso no qual o chispar das lanternas elétricas se alterna ao das malditas chicotadas, enquanto por toda parte há bocas gritando, prontas a cair em cima de você. Pior que todos estão os que são arrastados para a calçada. Puxam-nos para longe do caminhão pelos braços e pelas pernas, no escuro ou entre os feixes de luz, e sorte deles se já estão insensíveis, frios, rígidos, com a ridícula camisa curta que mal consegue cobrir suas costelas. Mas alguns estão mais flácidos, mais moles, e se enroscam balouçando quando alguém os puxa pelos braços ou pelas pernas, procurando apressadamente encontrar uma brecha no meio da algazarra de vultos que correm em todas as direções. Pois é: quem era capaz de organizar, naquele caos, algum tipo de ambulatório num vagão de carga tinha muito mais chances de sobreviver e podia dar-se ao luxo de não se deixar atingir por todo aquele esbravejar insano e pelas chicotadas.

Quantos dias durou, afinal, aquela viagem? Seis? Sete? Não importa, pois o tempo já tinha perdido completamente o valor que lhe é dado pela rotação dos corpos celestes. O fim da noite

NECRÓPOLE

significava apenas que veríamos os nossos rostos outra vez; o sol, de manhã, só iluminava uma longa fileira de vagões em movimento ou, então, parados. Uma imensa corrente de caixões abertos onde os prisioneiros eram forçados, devido ao grande número, a ficar em pé; como telhado, o céu alemão. O comboio primeiro seguia numa direção, aí fazia uma longa parada, então tomava outra direção, e em seguida ficava mais meio dia parado, a esperar. Aproveitamos uma daquelas pausas para sepultar no meio de um descampado, durante uma tarde e uma noite inteira, 160 cadáveres. Janoš dirigia os trabalhos; um trabalho totalmente novo, uma vez que, depois de tanto tempo, era a primeira vez que os nossos esqueletos ambulantes (a não ser por aqueles poucos em Harzungen) não acabavam num forno. Os primeiros dois carros, logo atrás da locomotiva, serviam de câmara mortuária. Aquele enterro, embora não sendo em si algo propriamente encorajador, parecia garantir que o longínquo mundo dos vivos estava se aproximando, apesar de, quem sabe, somente nas nossas lembranças. Sem contar que ali não havia barracões nem arame farpado, mas sim apenas um amplo terreno inculto no qual o sol de abril derramava a sua luz incerta, que pelo menos, no entanto, nada mais tinha a ver com a luz fria de uma lâmpada sobre uma mesa de dissecação. Ou assim nos parecia. Ainda que os 25 ou trinta vagões já estivessem sem comida havia uma semana, com os dois carros atrás da locomotiva que ficavam cada dia mais cheios, consolava-nos a vista da incontida liberdade do sol e da natureza. O próprio Janoš devia ter percebido essa mudança porque, apesar do trabalho noturno, pulou do carro ágil e fagueiro, como se até da nossa matéria corrompida pudesse soltar-se uma fagulha de vida que se apossava dele. Em parte pela claridade da manhã, em parte devido a Janoš, eu também me levantei, embora tivesse preferido ficar embaixo do cobertor num canto do carro. Apesar da confusão e do corre-corre, tínhamos conseguido, afinal, arrumar para nós um vagão fechado. "Ajude-me", disse Janoš. Ao lado do carro havia um jovem polonês que, enquanto Janoš o examinava, segurava com a mão direita o braço esquerdo inchado e roxo. Era um rapazinho de uns 15 anos, com uma pequena cabeça raspada, pálido e esverdeado: já fazia cinco dias e seis noites que não comia. Logo antes disso as SS haviam começado a atirar porque alguns daqueles seres descarnados tinham abandonado o comboio para correr até um vagão carregado de batatas, isolado num trilho ali perto. O jovem polonês também estava lá; uma bala trespassara o seu antebraço. "Veja só como se sujou, seu animal!", dizia Janoš, irritado, como se tudo pudesse estar bem no mundo, desde que o braço ferido estivesse limpo. Derramou o desinfetante numa vasilha do ambulatório e me pediu para segurá-la. "Olha só que trapalhão você é", resmungava baixinho, enquanto o rapaz tremia de medo, cinzento e violáceo e de queixo pontudo. Sabe-se lá se a mãe dele ainda está viva, eu ficava imaginando, mas é melhor que ela não o veja agora, pensava comigo mesmo, e me consolava o fato de termos sido previdentes o bastante para levar conosco todas aquelas vasilhas, os frascos e os instrumentos necessários. Eu estava gostando de Janoš, estava completamente diferente de como o conhecera no campo; deixara de ser posudo; e as suas botas, que antes davam uma má impressão (nenhum

NECRÓPOLE

de nós tinha botas militares) conferiam-lhe agora uma aparência ainda mais vigorosa e robusta. Sabe-se lá como e onde as conseguira! Seu passado no *Lager* era muito cochichado, mas isso já não importava, agora que se dirigia àquele rapaz murmurando de forma tão paternal. Quando, porém, o *Unterscharführer*[11] passou perto com sua cara dura e carrancuda, Janoš parou de chofre: virou-se na mesma hora, chamou-o para que se aproximasse e examinasse aquele antebraço. "Assim vai voltar logo ao trabalho!", o sujeito disse com uma careta. "Mas que droga", exclamou Janoš, "e tudo por causa de umas batatas, quando este pessoal já não come há cinco dias". O *Unterscharführer* disse para tomar cuidado com as palavras; mas dava para ver que não estava à vontade, seja porque não estava preparado para aquele tipo de ataque, seja porque no relacionamento entre SS e enfermeiros sempre havia um resquício de respeito, como se aquele pessoal ficasse maravilhado com o fato de conseguirmos cuidar dos doentes criados pelo mundo crematório. "Por que os deixam sair dos vagões se depois atiram neles?", ainda gritou Janoš, enquanto o suboficial das SS se afastava com um vago gesto da mão e esboçando uma careta. Dava para sentir o epílogo no ar; e talvez aquele sujeito estivesse contente por, no meio de tantos corpos que, morrendo, condenavam em silêncio a sua terra, haver alguém que expresse em alto e bom som a sua desaprovação. Ou, quem sabe, talvez na sua careta houvesse a expressão disforme de quem percebe estar entre a parede e a rajada de um pelotão.

---

[11] Sargento das SS, comandante de pavilhão.

Boris Pahor

"Se parou de doer, está *fertig*", disse Janoš desinfetando o braço com delicadeza, como faria com um irmãozinho, filho da sua pátria distante. Mas o pequeno polonês nem piscava; nele não havia sensações nem pensamentos. Vai ver, pensei, que, se lhe dessem uma batata crua para morder, talvez depois olhasse para o antebraço furado. Aquele antebraço dividira-se em dois, como uma rédea de couro que, graças a um perno, pode rodar em todas as direções; e Janoš envolvia-o numa tira de papel branco com o cuidadoso amor de uma mãe que enfaixa um recém-nascido. Não, nunca esperaria isso dele, pensei quando levantamos o rapaz para colocá-lo no carro, enquanto Janoš esbravejava com os pobres coitados deitados no chão, que se opunham alegando que o jovem estava com diarreia. "Vocês vão ver o que é diarreia!", berrou Janoš. Realmente, até então só tinha conhecido metade daquele homem e só o julgara baseando-me naquela metade, disse a mim mesmo quando voltei a deitar envolvendo-me no cobertor, pois as pernas já não me aguentavam e estava tremendo de frio. Mas aí Janoš fez uma coisa ainda mais incrível: não sei de onde, puxou um pedaço de papel que continha uma cera preta com que começou a lustrar as botas. É preciso ser forte e cheio de brio para fazer troça de si mesmo daquele jeito no meio do exter-mínio. Um bofetão na cara da morte, um pulo para fora do seu onipotente domínio. Um heroísmo com o qual não estávamos mais acostumados. "Para onde está indo", perguntou um enfer-meiro, "à inspeção?". Janoš limitou-se a murmurar alguma coisa sorrindo, enquanto ajeitava o casaco listrado. A dele era uma ousadia confusa, indistinta, tosca; mas com aquela ousadia

NECRÓPOLE

evocava um raio de sol para todo o comboio, de sol verdadeiro, não daquele disco frio que estava pendurado acima do trem como o olho de um afogado. Puxei o cobertor até a cabeça para me aquecer mais. Logo a seguir já não pensava em Janoš. Podia ver o rapazola polonês tiritar do outro lado e ouvir um gemido abafado vindo da porta aberta. Ali duas SS estavam mastigando umas salsichas borrachudas que iam cortando em pedacinhos simétricos; na certa, aqueles pedacinhos estavam sendo observados por olhos arregalados, por baixo de algum cobertor. Um dos dois militares era um recruta de uniforme ainda rígido e anguloso; o outro, de óculos, na vida civil podia ter sido um carteiro. Estavam certamente pouco à vontade no meio de nós, dava para ver que eram novatos; além do mais, no ar pairava um cheiro de latrina, e do peito de alguns subia um irritante gorgolejo: quando acabavam de tossir, cuspiam no cobertor, que continuavam a segurar de punho contraído quando eram levados para o vagão atrás da locomotiva. De forma que as duas SS levavam à boca os pedaços de pão e de salsicha com gestos automáticos, distantes; talvez eles também estivessem compreendendo que o próprio tempo estava a derreter-se em diarreia e pus. Testemunhas abúlicas, pensava com os meus botões, embaixo do cobertor, e enquanto isso reparei num ruído que vinha de baixo do vagão: o atrito de um corpo seco que se encostava numa roda. Quase nenhum dos doentes conseguia mais se agachar; por isso, para defecar, ficavam assim, de pé, apinhados em volta do carro, de cabeça meio caída de lado. Ouvia as mãos que agarravam o metal da roda e o choque do crânio raspado contra as tábuas do soalho; e, uma vez que o meu pensamento estava concentrado naquelas calças que, reviradas e amontoadas daquele jeito em volta dos tornozelos, ficavam fora do alcance das mãos, não reparei no que alguém junto da porta disse a uma das SS. — *Wer?*,[12] perguntou o recruta, enquanto o ex-carteiro já ia repetindo que daquele jeito não estava certo: — *Das geht nicht, das geht nicht.*[13] Espiei sob o do cobertor e vi o seu rosto de carteiro sinceramente desalentado, e a pequena salsicha em suas mãos que se tornara uma espiral rosa pálido, enquanto a voz do prisioneiro continuava a contar apressadamente de Janoš que berrara porque, por causa de umas poucas batatas, não deveriam ter atirado, e que continuara a berrar mesmo depois de ferido, quando caíra ao chão. É verdade: no campo olhavam para ele enviesado, mas só agora compreendiam que faziam isso porque dele emanava uma força inesgotável. Um homem tão cheio de vitalidade sente na carne a constrição do arame farpado de forma absolutamente mais violenta que os demais. E nós o admoestávamos até porque, no verão, vez por outra ficava tomando sol atrás do barracão! Parecia-nos que faltasse ao respeito daqueles corpos que languesciam, parecia-nos que os profanasse. Mas naquela hora disse a mim mesmo que a notícia era incrível demais, que Janoš chegaria a qualquer momento para saber das condições do rapaz. "Janoš? Tem certeza?", perguntou mais duas vezes o ex-carteiro, enquanto o informante mencionava uma bala que o acertara na cabeça. Virei-me então para olhar o cobertor de Janoš perto do meu, pois

---

[12] Quem?

[13] Assim não vai, assim não vai.

NECRÓPOLE

dormíamos um ao lado do outro. Sabe-se lá por que se mostrava sempre tão bem-disposto em relação a mim! Porque eu ficava tossindo o tempo todo? Ou porque éramos os únicos enfermeiros eslavos? Não sei, mas, quando encontramos um velho aquecedor de ferro num trem bombardeado e o levamos para o nosso vagão, ele ficara cozinhando um pouco de miolo de pão com sei lá que tipo de ervas e me ofereceu um prato de "sopa". Naquele instante, alguém disse que o estavam trazendo, e até as duas SS chegaram à porta para ver, em sinal de respeito. Passando ao longo dos vagões de carga chegaram dois sujeitos de roupa zebrada que carregavam alguma coisa num cobertor cinzento, mas não dava para ver a cabeça nem as botas. Mesmo assim aquele corpo era curto e, portanto, certamente o de Janoš. Um homem de submetralhadora caminhava atrás daquele pequeno cortejo. Voltei a me deitar e cobri a cabeça com o cobertor. Aquele ar de abril era de fato cortante, o frio penetrava em mim como se eu fosse poroso. Os dois vagões atrás da locomotiva estavam vazios porque durante a noite, justamente sob a supervisão de Janoš, todos os cadáveres haviam sido enterrados, e agora ele ficaria sozinho num daqueles carros. Tentei pensar somente no fato de estar com frio e que talvez eu fosse, de novo, cuspir sangue. Apesar de o cobertor chegar até os olhos, via não longe de mim a caixa da "sopa"; mas procurei concentrar-me nos ruídos embaixo do vagão, onde uma cabeça nua raspava novamente as tábuas do piso. Apesar de tudo, muito devagar, o tempo continuava passando. Escorria com infinita lentidão, tanto assim que levou uma eternidade para que chegássemos à estação seguinte: Celle. Quando o comboio parou ao longo das plataformas, apesar da situação desesperada, o meu pensamento voltou por um instante aos trilhos do porto franco de Trieste, de onde numa certa manhã, antes do alvorecer, haviam partido carros de carga iguais a estes; só que então havia no ar gritos nunca ouvidos antes, enquanto agora estávamos cercados pelo mais absoluto silêncio. Era meio-dia, o ar estava parado como se um gás tóxico tivesse cancelado qualquer sinal de vida. Até os guardas se comportavam como robôs obedientes no hálito daquele nada que já impregnara as criaturas imóveis; não berravam, e o lento deslizar dos corpos para fora dos carros só era acompanhado, aqui e acolá, pelas exclamações dos que não conseguiam sair daqueles cantos escuros, fracos demais para usar os membros como alavancas. Aquele desesperado mutismo, aquele funesto murmúrio que paralisara até os nossos carcereiros, normalmente tão dados a berrar, despertava em quem ainda guardava em si alguma energia um forte tremor diante da solidão cósmica do fim iminente. A minha tarefa era satisfazer os pedidos ríspidos e irritantes dos doentes e ainda mais as súplicas só insinuadas pelo inquieto movimento dos olhos dos que tinham de limitar-se a acompanhar em silêncio os nossos gestos. Mas aqueles corpos deitados e ossudos não estavam em condições de andar; não bastava levantá-los, seria preciso carregá-los; e eu não tinha forças para fazê-lo. Enquanto isso, a coluna começava a formar-se, e os meus ouvidos foram forçados a deixar ricochetear para trás aquelas súplicas como ondas repelidas pelos recifes. Mas aí, no meio daqueles trapos poeirentos, a minha consciência teve um ímpeto de revolta; então, voltei para ajudar um pobre coitado que, depois de arrastar-se de quatro até a porta do vagão, ficara sentado, de olhos arregalados, cheios da pavorosa imobilidade que

NECRÓPOLE

nos cercava. A causa da minha recusa, no entanto, talvez não fosse tanto o fato de sentir-me fraco, mas o subconsciente temor de eu mesmo ficar para trás, de eu mesmo me expor, junto com aquele que estava ajudando, ao risco da destruição. Como saber ao certo? Como saber até que ponto somos egoístas por temperamento e quanto o somos devido ao corpo debilitado? Enquanto isso, os guardas asseguravam que os caminhões viriam pegar todos aqueles que haviam ficado deitados na longa fileira de vagões. Será que alguém ainda acreditaria? Aqueles carcereiros que não berravam eram tão indefiníveis que nem pareciam reais. Então, a coluna daquela manada se mexeu e logo começou a rasgar-se, a decompor-se, abandonando na vala ao longo do caminho os seus restos dessecados e inaproveitáveis, aos quais, porém, ninguém dava o golpe de misericórdia; os guardas, aliás, davam de ombros, como se lhes tivesse sido secretamente revelado que um tiro de pistola ou de fuzil não teria qualquer valor naquele ar rarefeito, sob aquele pálido sol de abril condenado à morte. Porque agora o extermínio já não estava somente naqueles tornozelos de passarinho dos quais, ao longo do caminho, tinham escorregado os tamancos, mas também nos soldados isolados que erravam pelas baixas colinas acompanhando de longe, preguiçosamente, como num sonho, uns cavalos desgarrados. Cavalos sonâmbulos e errantes, livres e absurdos, integrante de direito e de fato, apesar do aço e das divisões couraçadas, da muda imagem da ruína. E até nós, prisioneiros, que até então enxergávamos como num espelho os contornos do nada na figura de um esqueleto ambulante, até nós acabamos sendo parte do amplo cerco de uma terra que se esfarelava de uma vez por todas. E isso, em vez de despertar os nossos derradeiros medos, era quase um alívio, um alívio que injetava nas nossas pernas trôpegas uma faísca de energia. Foi assim que aqueles belgas que, antes, em grupo, apoiavam o procurador de Antuérpia, içaram seu corpo magro nos ombros, e parecia o corpo de Gandhi que depois do jejum avançava sobre uma ponte de juncos flexíveis. A poeira se levantava obstinada de sob as solas de madeira daquela procissão que não esperava por nenhum taumaturgo e só se movia por inércia, graças à obtusa consciência de que o movimento ainda era, apesar de tudo, um sinal de vida. Esse instinto teimoso era agora reforçado por uma esquadrilha de aviões aliados que voava rente às colinas e aos cavalos soltos nos pastos. O estrondo inesperado dos pássaros de metal pareceu-nos, por um momento, o choque violento do eco de um fim sem escapatória, mas logo se transformou no espasmo sísmico da terra estraçalhada pelo golpe tremendo desferido pelo cetro de um demiurgo furibundo. As esquadrilhas sucediam-se uma atrás da outra, de forma que quase não percebemos ter chegado a um pátio, também e principalmente porque os guardas haviam recomeçado a impor a sua lei ao nosso medo e, espalhados, tínhamos de nos agachar e deitar naquela terra cheia de calombos e de poeira. À esquerda, havia uma bomba de gasolina e, junto, uma série de barris metálicos cheios de carburante, dispostos em semicírculo. Isso significava que não estávamos na entrada de uma nova morada com o costumeiro forno, mas sim na de um quartel abandonado de unidades motorizadas. Com o corpo deitado na poeira amarela, passou fugaz na minha mente a imagem de uma carga explosiva que, lançada por um avião, fazia aparecerem imponentes labaredas daqueles barris

NECRÓPOLE

de gasolina; mas o espírito, ainda não totalmente apagado, garantiu-me que os pilotos distinguiriam claramente as míseras manchas listradas espalhadas no chão como carniça infecta. Afinal de contas, no entanto, o organismo confia na terra, em cujo corpo amarelado gostaria de poder cavar um berço; e por um momento pareceu-me perceber, no fundo de mim, um sinal de resposta à minha pressão súplice e insistente. Quando então o estrondo passou e os montículos estriados se levantaram, os vários grupos perderam a sua concentração ausente, transformando-se numa multidão de ciganos sem rumo, sem carros e sem fogueiras, que cheiravam como cães a proximidade de um assentamento urbano, embora feito de prédios militares de dois andares, todos iguais, que se sucediam bastante longe uns dos outros na planície sulcada pelas rodas dos veículos. Apressamo-nos a ocupá-los, como se um edifício, só pelo fato de ser de alvenaria, pudesse oferecer uma segurança que nunca mais tínhamos experimentado desde que o nosso destino ficara enredado entre as tábuas dos barracões e, na última semana, entre as dos vagões de carga. Os que ainda conseguiam começaram a encher os grandes aposentos vazios, segurando ansiosamente as ombreiras como náufragos que afundam finalmente as mãos na terra firme. Tropel ruidoso, escadas acima, ávido amontoar-se para ocupar os leitos abandonados, para revistar gavetas vazias, derrubar malas sem préstimo. Um desejo insensato de seres que já não sabiam o que era propriedade particular, tanto assim que até a fome crônica, açulada por uma semana de jejum, passou para segundo plano. E naquela balbúrdia, no corre-corre em busca do melhor lugar, nós, os enfermeiros, fomos mais uma vez os únicos a ter claro na cabeça um plano preciso; assim como na saída de Harzungen, assim como na estação e aí, a cada dia, no trem.

Pois é, talvez a principal força motora desse arrojo fosse o instinto de sobrevivência, mas ele não estava de forma alguma ligado à lei do mais forte. Foi, portanto, um ato racional a decisão imediata de destinar um dos edifícios ao hospital, ou melhor, ao abrigo dos esgotados e dos predestinados. Em outras palavras, isso não quer dizer que o interesse pelos nossos similares nasça de algum cálculo egoísta ou tipo de camaradagem, pelo menos de forma consciente; pode depender simplesmente de uma necessidade orgânica, como a respiração ou o formar-se do pensamento; e se, afinal, está tão ligado ao instinto de autopreservação, isso acontece porque o trabalho, para o homem, é principalmente um meio para esquecer a si mesmo, ainda mais quando está mergulhado numa danação que cresce como uma maré incontrolável. De forma que, por exemplo, não prestávamos a menor atenção no boato segundo o qual seríamos todos mortos por uma sopa envenenada, e não prestávamos atenção nem tanto por ser claramente impossível encontrar um número suficiente de tigelas para dar de comer a uma multidão que, apesar das baixas, ainda era muito numerosa, mas principalmente devido ao conjunto de tarefas ao qual nos entregávamos com espírito organizativo. Era preciso transportar ou arrastar os beliches de um dormitório para outro, procurar mais colchões de palha e cuidar dos que haviam sido encontrados, separar os ambientes para as gangrenas, os abscessos, a disenteria, os edemas, a erisipela e até para aquela

NECRÓPOLE

múmia que, como um poste, se encontrava parada no corredor, indiferente ao reboliço, com as pupilas de porcelana incapazes de absorver qualquer imagem. E aí era preciso ajeitar os corpos, procurando deitá-los da forma mais adequada. Pois é: afinal de contas, ficar parado e deitado continuava sendo a maneira mais eficaz para defender-se da morte. Mesmo quando o organismo já estava irremediavelmente minado, a posição horizontal ainda era o único sucedâneo para os remédios inexistentes. E também era, enfim, a posição mais apta a deixar-se lentamente levar pelo abraço do vazio, ainda mais porque os músculos e as artérias, devido à desidratação, já não passavam de tiras de cipó ressecado, naquela altura insensível aos ataques do sofrimento. Arrumamos, portanto, aqueles favos de madeira segundo um plano nos quartos; dentro de umas poucas horas transformaram-se em úteis celas naquela babel selvagem, compartimentos estanques numa embarcação que estava naufragando. Claro, aqueles setores separados da atmosfera de anarquia eram somente oásis de paz, pois a toda volta reinava a lei da necessidade e das mãos vazias. E não era somente uma questão de comida, embora alguns dos deitados nos catres me acompanhassem com olhar da mesma forma com que passarinhos recém-nascidos movem o bico; sobretudo os doentes de erisipela, realmente parecidos a pássaros cegos, com aquelas bolhas que lhes encobriam os olhos como pequenas salsichas túrgidas. Antes mesmo de procurar uma forma para quebrar o jejum, estávamos preocupados com a falta de todos aqueles acessórios sem os quais nem se pode falar em hospital, de cerimonial hospitalar. Além das ataduras de papel, do Rivanol e do álcool, as grandes ampolas de *Traubenzucker* eram tudo aquilo de que podíamos dispor. Ninguém sabia por que, afinal, havia toda aquela fartura de solução de glicose no ambulatório SS de Harzungen! Bom, também tínhamos ampolas de dois cc de coramina; mas a coramina de nada adianta contra a erisipela e a disenteria! Só mesmo o termômetro criava uma atmosfera de hospital, tecendo entre os leitos improvisados e os enfermeiros uma invisível teia de silêncio e de sério recolhimento, até a hora em que o crepúsculo começou a entrar através da janela. Mas àquela altura já tínhamos conseguido deixar cada coisa no seu lugar. Até os primeiros dois cadáveres haviam sido colocados ao longo da parede lateral externa do edifício. Jaziam em ângulo reto em relação ao muro. Quando me debrucei na janela do meu "setor" e reparei que estavam logo abaixo de mim, pensei que, ao chegarem ao fim da sua odisseia, tinham pelo menos conseguido que seus ossos ficassem escondidos no rude pano listrado e que sua pele encarquilhada não se enrolasse sobre si mesma nas chamas; alguém, no dia seguinte, iria devolvê-la à terra. Isso mesmo: deixando de lado os gemidos e as súplicas, antes de ficar escuro tudo havia sido arranjado e disposto de tal forma que nos nossos aposentos reinavam ordem e tranquilidade, coisa que não se podia dizer dos demais edifícios dos quais chegavam, esmorecidas e confusas devido à distância, ondas de balbúrdia e transtorno. Só a noite conseguiu moderar, sem porém amansar, as lutas pela conquista de leitos e de inexistente comida. O ar, no entanto, encheu-se então de um trovão abafado que vinha do mundo distante, onde a terra e o céu pareciam se chocar;

NECRÓPOLE

e o horizonte invisível tornou-se primeiro um semicírculo, e aí a longa linha de um surdo rumorejar. Este só podia ser o sinal da salvação que se aproximava e ao qual a escuridão conferia o aspecto de um estranho rolo compressor que, à luz do dia, se afastou tomando altura, como se o estrondo sísmico estivesse se mudando para o outro lado do mundo. Não nos envenenaram, mas a dúvida e a inquietação ainda serpeavam sob a superfície nervosa das mil tarefas a serem cumpridas. Pois é, porque estávamos em Bergen-Belsen. O campo de concentração não estava longe, e isso significava que aquela era uma zona de destruição, e não faria sentido pouparem logo a gente. O rebanho pressentia o fim, e a fome o exasperava, tornando-o um animal ferido. Embora já estivéssemos lutando com a fome havia mais de um ano, só então foram registrados os primeiros casos de canibalismo. Até aquele momento o lento passar da vida havia sido imperceptível, o extermínio permanecera envolvido no silêncio, mas agora já não havia barracões nem regulamentos, nem as míseras rações de comida que tornavam mudo o decaimento da energia vital; agora o estrondo que acompanhava o mar revolto quebrava o silêncio daquela extrema baixa-mar. Foi o que aconteceu, portanto, na tarde em que, apesar da proibição (proibição por quê?), um bando de internados foi procurar água num prédio de alvenaria bem em frente do nosso edifício-hospital. Reparei neles quando me aproximei da janela para ver até onde chegava a fileira daqueles deitados no chão ou apoiados na parede. Dois jovens mal haviam entrado naquele baixo pavilhão quando os demais se dispersaram correndo: acabavam de ver uma sentinela que aparecera de trás de uma esquina. Era um rapazola desengonçado, de rosto comprido e olhos negros, usando o uniforme da SS. Não falou, não berrou, só praguejou baixinho enquanto destravava a arma para atirar no que saiu primeiro, de balde na mão. O corpo cambaleou, tombou e ficou na poça formada pela água do recipiente virado. Aí o rapazola atirou de novo, levantou e puxou lentamente para trás o obturador, brincando de ficar zangado consigo mesmo enquanto o empurrava novamente adiante e o baixava; atirou, então, no outro que soltara o balde e que, ferido na perna esquerda, ficou pulando na direita. Ao ver isso, o rapazola soltou uma risadinha; aí, mais uma vez, sem pressa, baixou o obturador; depois disso não nos foi mais possível ver o que estava acontecendo com o fujão, pois um canto do hospital impedia a visão. Quando o rapazola reapareceu colocando o fuzil no ombro, tinha a mesma expressão idiotamente alegre de pouco antes, parecia satisfeito, mesmo que o coxo, quem sabe, tivesse fugido. Naquele momento, no entanto, começou a praguejar mais alto perto do corpo esticado imóvel na água derramada pelo balde virado; e então percebi que aquele rapazola era um ustasha croata. Mais ainda que a sensação de vazio interior que experimentei ao ouvir, naquela circunstância, palavras pronunciadas numa língua eslava irmã da minha, fiquei surpreso pela coragem que a multidão zebrada demonstrara. E o fato de que o espírito de revolta, havia tanto tempo aparentemente morto, continuasse, ao contrário, ainda vivo, era a prova decisiva de que, apesar da gravidade da situação, o mundo crematório estava no fim. Talvez, justamente ao se ver diante dessa incrível realidade, o juízo da sentinela

NECRÓPOLE

balcânica se tivesse dispersado, assim como a água do balde se espalhara em volta dos seus sapatos. De qualquer maneira, precisávamos cuidar das nossas tarefas para nos livrar de pensamentos e impressões. E, naquele momento, eu tinha de fato uma tarefa realmente interessante, pois, nem consigo imaginar como, tinha recebido alguns comprimidos de sulfas. Sabe-se lá que dedos inquietos os haviam desentocado, e sabe-se lá onde! Na certa em algum consultório veterinário, uma vez que os comprimidos tinham o tamanho do fundo de um copo, e era preciso parti-los em quatro; mas, mesmo divididos, cheios de arestas daquele jeito, os doentes mal conseguiam engoli-los; então, eu esmiuçava aqueles pedacinhos o mais possível, pois era mais fácil que um enfermo com baba de lesma a encobrir-lhe os olhos engolisse o pó do que o pedaço cheio de arestas. Mas tudo isso era ninharia. Eu estava contente por ter conseguido aquelas sulfas, que permitiam, seja a mim, seja aos doentes, levar adiante o cerimonial de um hospital. Fiquei grato aos cavalos que passavam sem Sulfatiazol quando se sacrificavam para o Grande Reich ou quando erravam pelas colinas rumo a uma meta perdida. Obviamente, era de se perguntar até que ponto o Sulfatiazol contribuiria a aliviar aqueles corpos deitados, pois as sulfas de nada adiantam para alimentar o protoplasma desidratado. Lá embaixo, ao longo da parede, a fila ia se alongando, e o nosso edifício já se tornara pequeno demais para acolher todos os inválidos, embora o tivéssemos enchido até o sótão. Subi até lá em cima, no sótão, nem sei por quê; talvez para encontrar mais alguém com erisipela ou disenteria, talvez para quebrar a atmosfera de horror e incerteza com alguma coisa

129

nova, principalmente e sobretudo devido à necessidade que o prisioneiro sente de vasculhar o local do seu cativeiro. Mas aquele não era um sótão onde haviam sido guardados objetos misteriosos e variados, tão velhos quanto as grinaldas e os arcos de teias de aranha que os encobrem. Lá só havia grandes vigas, pesadas, que sustentavam o telhado e se erguiam verticalmente criando um espaço vazio não aproveitado. A multidão zebrada estava deitada sob o madeirame enviesado; os corpos estavam virados para todos os lados, tão entremeados que as listras das roupas amarrotadas pareciam as desordenadas volutas de um enorme cérebro esmigalhado. As vozes, naquela maranha de listras e trapos, soavam como o esvaziar-se de pequenas bolhas flácidas feitas de uma pegajosa matéria em decomposição. Por isso mesmo, a claraboia da água-furtada estava aberta. O ar que entrava rarefazia as densas camadas de miasmas; os corpos, para se proteger da corrente de ar, haviam se contraído instintivamente, arrastando-se até formar um semicírculo em volta da grande janela. Só um ficara bem embaixo, solitário no ar pungente, à deriva, longe da perdida mas compacta orla humana, no meio do mar de nada, nas tábuas transformadas em ilha deserta, imóvel em sua comprida magreza. Mais que o impulso de acudir para tirá-lo dali e abrigá-lo num local mais protegido, longe daquela clareira exposta à corrente onde devia ter sido jogado por um padioleiro apressado, preocupava-me a forma daqueles membros deitados, particularmente a posição deles. Um corpo não perde os traços que o tornam reconhecível, nem mesmo deitado, mesmo que não esteja mais moldado pelas cavidades e as protuberâncias da carne.

NECRÓPOLE

Aquele manequim de madeira angulosa apoiado nas tábuas era-me familiar; lembrava, apesar dos malares salientes, a cabeça de um daqueles jovens pastores que entalhavam, para mim, morador da cidade, uma flauta de avelaneira na pradaria de Špilar, ou a cabeça raspada de um primo que, aqui em Struthof, uma SS levara embora dizendo-lhe que seria dispensado, mas do qual, ao contrário, nunca se soube mais coisa alguma. Pensei em mais algumas outras cabeças até ter a repentina revelação de ser a de Ivanček. Aí também reconheci os seus olhos luminosos que me procuravam rodando. Pois é: como sempre acontece perto do fim, naqueles olhos condensara-se toda a umidade que ainda restava no seu corpo, naqueles olhos faiscavam os reflexos premonitórios da última centelha de luz; mas ainda havia neles, também, toda a timidez do adolescente do qual haviam tirado os heróis das aventuras para substituí-los com as imprevistas imagens da fábrica da morte. Enquanto o seu olhar me procurava, como se não só tentasse escapar do aperto do medo como descarregar em mim uma raiva totalmente inconsciente, gerada pelo seu corpo e pelas suas células, voltei a ver o seu sorriso bondoso e interrogativo na hora em que partia de Harzungen. Todos que estavam em condições de andar tinham de chegar à estação a pé; e, justamente na hora em que era preciso fugir em disparada porque o cerco das frentes oriental e ocidental estava se fechando, Ivanček recebera, sabe-se lá por quais caminhos tortuosos, um pacote proveniente de um vilarejo esloveno. "Está cheio de fatias douradas de pão doce", dizia ele segurando o embrulho bem apertado como uma jovem mãe, ainda sem jeito, faria com o seu recém-nascido;

parecia que a família tinha conseguido, bem em cima da hora, no momento decisivo, socorrer aquele filho que se encontrava num canto distante do mundo, onde os vivos já não passavam de sombras impalpáveis. Uma revelação que brilhava em seus olhos, e talvez tivesse pensado em mostrar aquele pacote justamente a mim, porque geralmente lhe dava uma colherada de sopa a mais, deixada pelos mortos, em troca dos pedaços de madeira para o aquecedor que de vez em quando ele me trazia das galerias. Escondia a lenha no peito para o guarda não perceber. Naquela tarde, porém, estava recheado de fatias de pão doce e apertara na cintura o casacão esfarrapado, de maneira que as esmaecidas listras azul-acinzentadas se curvavam formando uma visível protuberância. Cumprimentara-me mostrando total confiança; de vez em quando, contudo, a esperança nos seus olhos úmidos e infantis se sombreava de dúvida; então, acariciava de novo o volumoso inchaço, protegia-o com as mãos, como que percebendo o quão sagrado era aquele viático recebido da terra natal a caminho da grande prova final. E agora lá estava ele no chão, sozinho! "Ivan", chamei, tentando animá-lo com a voz, a voz demasiado despachada e segura de quem se ilude achando que está pisando em terra firme, que está protegido. Não, não: no meu chamado também havia um resquício de alegria misturada, contudo, com constrangimento, uma alegria, portanto, mutilada, esvaziada, tanto assim que os seus olhos, justamente, a recusaram. Ou, então, só foi impressão minha que a sua juventude cortada estivesse me acusando pelo fato de eu conseguir ficar de pé. Não sei. Mas não encarei os seus olhos quando me agachei

NECRÓPOLE

ao seu lado, de ouvido atento perto da sua boca como um montanhista que se debruça à beira do abismo no qual o companheiro acaba de se precipitar. Os sinais de vida chegavam como meras migalhas, como se, do topo do penhasco de onde você despencou, de vez em quando rolasse, como resposta, um punhado de fragmentos vítreos. Com palavras tão flébeis que pareciam vir do além, revelou que tudo acontecera justamente devido àquelas fatias de pão doce que ele iria amolecer com a saliva, sugando pouco a pouco seus elementos vitais, dia após dia, durante o tempo todo daquele errar sem meta no vagão sem cobertura. E aquelas frases longínquas, ciciadas, alquebradas, levaram-me lentamente até o seu corpo deitado no carro de carga, indefeso contra a massa compacta dos demais corpos que, para alcançar as fatias de pão doce, comprimiam o seu peito estufado; braços que o seguravam e achatavam, joelhos que o golpeavam, pés que o pisoteavam até deixá-lo inconsciente, esmagado contra as tábuas do vagão, de braços cruzados no peito, sobre o pano grosseiro, amarrotado, de listras azul-acinzentadas. Eu estava dobrado perto da sua cabeça ressecada, entregue à imagem das douradas fatias de pão doce, e a certeza da minha impotência fazia nascer em mim um estéril sentimento de culpa, uma inútil aflição. Talvez eu pudesse ter ajudado, talvez eu pudesse tê-lo salvado, se soubesse que estava deitado no fundo de um daqueles carros perto dos quais passara tantas vezes quando enfaixávamos os abscessos ou quando levávamos os mortos para os dois vagões atrás da locomotiva. Não teria tido coisa alguma para lhe dar, é verdade, mas pelo menos ele poderia ter ficado tranquilo, num canto, como o jovem polonês de Janoš; quebraria a ponta de uma ampola de glicose e derramaria o seu doce conteúdo entre os lábios. Então, desanimado e desnorteado só de pensar naquela oportunidade perdida, saí correndo para buscar lá embaixo a seringa e a grande ampola, como se o meu sincero zelo, junto com os instrumentos de praxe, pudesse fazer retroceder o tempo. E a gente acha que realmente vai dar certo, confia na vitória da sinceridade e da candura, e ao mesmo tempo consegue satisfazer a necessidade de socorrer, esse instinto inocente e lindo que muitas vezes sobrevive à puberdade e, com tenacidade, persiste em nós a perder de vista. Arranquei do seu corpo deitado aquela pele estriada, murcha, fedorenta, deixando à mostra os ossos de um depenado pintinho de ave pernalta. Já tinha visto muitos, iguais; já levara dezenas deles até a antessala do forno, mas, diante do corpo de Ivaněk, a frieza do ofício desapareceu, porque ainda estava viva em mim a lembrança de quando eu tentara prolongar a sua vida com a sopa dos mortos, porque guardava em mim o sorriso bondoso de um rapaz da minha estirpe; não conseguia encontrar o lugar certo para fincar a agulha entre o osso e a fina pele coriácea que o revestia. Embora percebesse que aquela tentativa levada a cabo sobre uma asa lígnea não tinha qualquer esperança de sucesso, dedicava-me a ela com o mesmo cuidado de sempre; mas a coxa côncava continuava impermeável, e o líquido adocicado escorria fora do pequeno furo como se transbordasse diretamente da cavidade do osso. Estava claro que nem mesmo um médico poderia ajudar injetando plasma diretamente na sua veia, mas, embora não fizesse sentido eu continuar de joelhos ao lado daquele despojo humano

NECRÓPOLE

encolhido nas tábuas como um ponto de interrogação, continuava ali mesmo assim, imóvel, como se os meus próprios olhos já tivessem reflexos vítreos. As minhas atenções serviram, pelo menos, para provocar nele uma reação diante da corrente fria que caía da janela aberta em cima dele. Nos seus olhos apareceu uma inquietação parecida com o enfado de um velho, inquietação que não se acalmou quando o arrastei devagar ao abrigo de um canto escuro. Tenho quase certeza de que não percebia quem o estava ajeitando ao lado de outros corpos sobre as tábuas do sótão de um quartel; quando voltei para baixo e recomecei a partir os volumosos comprimidos de sulfas, continuei por algum tempo a ver correr diante dos meus olhos um filete de líquido daquela sua bacia que parecia de restos humanos recém-desenterrados. Mas até pensar que, naquela mesma tarde, ele acabaria na fila ao longo do muro, sob a minha janela, era naquele momento um mal menor que a consciência do meu fracasso, que a muda e distante raiva da minha impotência; desanimado, quebrava automaticamente em dois, como hóstias, os grandes comprimidos de sulfas destinados aos animais, e que por isso mesmo iriam, de alguma forma, se opor ao corpo humano.

Desci pela íngreme faixa de gramado que leva à cerca de arame farpado. Aqui, na estreita porção de terreno entre a relva e o barranco, perto da fossa, no passado havia a vala para as cinzas. Agora o local tinha sido transformado num cemitério em miniatura,

do tamanho de dois lençóis, fechado por pedras meramente esbo-
çadas e com duas inscrições no meio: "*Honneur et patrie — Ossa
humiliata.*" Duas expressões, quase dois aforismos nos quais,
como de costume, os homens sintetizam a revelação de uma
verdade indizível. No entanto, o que mais me entristece agora
não é o isolamento ao qual estão condenados esses patamares,
mas sim o silêncio em que uma elite tenaz e previdente envolve
essas *ossa humiliata.* Quem, no momento do extremo perigo para
a Europa, jurara desinfestá-la de uma vez por todas acabou se
dobrando diante de outros interesses menos nobres, para cuja
realização uma verdadeira extirpação do nazismo se tornava
um obstáculo. De forma que a Europa saiu do pós-guerra, que
poderia ter sido o período da sua completa e definitiva purifi-
cação, como uma inválida à qual alguém aplicou olhos de vidro
para ela não assustar os bons cidadãos com suas olheiras vazias, e,
mesmo assim, escarnecendo-a e ofendendo-a com impudência.
E o homem europeu aceitou isso porque, apesar dos seus brados
altissonantes, na verdade é indolente e medroso, tão acostumado
a tocar o barco com conforto e a reduzir tudo a um sistema que
já não encontrava tempo para inserir na sua ordem de preocu-
pações, medida com balança de joalheiro, a necessidade de um
ato de corajosa altivez. E se de vez em quando, no inconsciente,
sente vergonha dessa situação de eunuco, desabafa com a maior
pompa e circunstância recorrendo a pregações moralizadoras e
estigmatizando os atos insensatos da juventude; entretanto, já
desperdiçou de antemão o cabedal de honestidade e justiça que
deveria ter transmitido às novas gerações. Mas até essas minhas

NECRÓPOLE

constatações são tão gastas que, na apatia geral, soam como enfadonhos sermões. Quem sabe, talvez somente uma nova ordem monástica leiga fosse capaz de despertar o homem padronizado, uma ordem que vestisse os trajes listrados dos prisioneiros e invadisse as capitais dos nossos Estados, que incomodasse com o barulho dos seus tamancos o recolhimento das lojas de luxo e dos aprazíveis passeios. O que aqui sobrou dos vasos com as cinzas deveria ser levado em procissão nas cidades; noite e dia, um mês depois do outro, os homens de uniforme zebrado e tamancos nos pés deveriam formar a guarda de honra aos vasos avermelhados em todas as principais praças alemãs e dos outros países.

Ossos humilhados. Embora na encosta que domina os campos se erga um monumento com a altura de algumas dezenas de metros e também exista lá em cima uma esplanada na qual todo francês caído durante a deportação tem o seu lugar, estou mais interessado nesse recôndito punhado de terra. Tão remoto e escondido, é mais nosso; além do mais, os mortos estão reunidos todos juntos, como progressivamente se juntaram e se acumularam suas cinzas. Lá em cima a França ergueu para cada um dos seus filhos uma lápide e uma cruz, mas sob as grandiosas fileiras de cruzes brancas não há coisa alguma; nem mesmo um único punhado de pó cinzento se misturou com a terra da montanha. Claro, há um monumento lá em cima, um monumento nacional francês, mas aqui há um santuário humano internacional.

Nesse momento, eu gostaria de dizer alguma coisa aos meus companheiros, mas desconfio de que tudo aquilo que conseguiria dizer não seria sincero. Estou vivo e, portanto, até os meus sentimentos mais genuínos são, de alguma forma, um tanto impuros.

Assim sendo, absorto, volto a subir ao patamar superior e me cerco dos visitantes que, em silêncio, ouvem o guia. As cabeças estão levemente baixas, curvas, viradas para o íngreme caminho que leva à pequena clareira, enquanto o guia diz que ali havia a cloaca coletora do esgoto de todos os terraços. Quando a fossa estava cheia, o seu conteúdo transbordava, misturando-se com as cinzas e os ossos. Portanto, continua dizendo, quando era preciso adubar a horta do comandante, mandavam descer até lá homens com baldes.

Hoje percebo uma porção de coisas pela primeira vez. Bem devagar, dirijo-me para o galpão com a chaminé, que agora parece vazio. Gostaria que não houvesse testemunhas. Começo a dar-me conta, de maneira fragmentária, da importância dos monumentos (mesmo quando se trata somente de lajes tumulares) para dar continuidade à presença dos mortos no mundo dos vivos. Mais que um ato misericordioso, aquele pedaço de pedra que colocamos sobre o túmulo representa uma tentativa para nos livrar do esquecimento, da pobreza da nossa capacidade de guardar as lembranças, da instabilidade da nossa fluida consciência. Pensar numa pitada de poeira não pode, certamente, dar vida a imagens significativas. Mesmo assim, embora em certas horas eu me sinta ligado às tradições dos meus antepassados, no fundo do meu ser parece-me pertencer muito mais ao fogo e às cinzas daqui.

NECRÓPOLE

É por isso que, depois de voltar a Trieste, não conseguia entender a romaria do meu pai ao túmulo da família: a intimidade com as flores que o velho levava consigo deixava-me enojado. Agora que ele também se foi, dele eu falo e escrevo, mas não vou visitá-lo onde descansa ao lado da minha mãe e de Marica, razão pela qual às vezes a minha irmã Evelina me repreende carinhosamente, mas até agora não consegui adaptar-me a esse cerimonial do qual me dissociei definitivamente nessa montanha, em Dachau, Dora, Herzungen e Belsen. Assisti a um número tão grande de enterros que disponho de muitos falecidos para cada dia de todos os anos que ainda poderei viver; por isso, pode ser que eu não seja capaz de concentrar o passado na visita a uma só pessoa, ainda que se trate de alguém extremamente querido ou até do meu pai. Não, não estou dizendo que nunca fui visitá-lo; mas percebi que eu só estava lá formalmente; não sentia aquela visita: sentia, aliás, que não a sentia.

Também é verdade, no entanto, que, quando, pouco antes, eu estava diante do tosco elevador de carga que liga o depósito ao forno, não conseguia rever Ivo na minha mente. A vida da qual venho contaminou-me. O fluxo, a energia que emana de mim rechaçaram Ivo antes mesmo que tentássemos, graças à antiga amizade, encontrar palavras igualmente válidas para ambos. De forma que, apesar dos meus liames com esse lugar, sinto-me diminuído, partido ao meio, nessa atmosfera que o silêncio, agora, quase transforma em sonho. Quando estou longe daqui também me sinto dividido; nessas horas, o que me condiciona é justamente a antiga atmosfera do lugar. Talvez nem mesmo a árabe fênix conseguiria livrar-se para sempre das cinzas de onde levantava voo.

Parei. Ainda tem gente no crematório. Na íngreme faixa de gramado que leva aos fundos do depósito e do elevador de carga, algumas crianças correm de um lado para outro como se estivessem no pomar de casa e não se importam minimamente com a mãe que, nesse momento, se afastou do forno para admoestá-las agitando a mão. Enquanto isso, uma menina segura alegremente com ambas as mãos o fio metálico que prende ao chão a fina chaminé e brinca dançando em volta dele. Alguma coisa range lá em cima, estremeço: por um instante, receio que aquele cano despenque em cima do barracão. Isto mesmo, receei que um testemunho da nossa ruína fosse danificado, o respeito pelo altar no qual foram imolados tantos europeus provocou em mim um arrepio, quando, na verdade, eu deveria desejar que aquelas mãos infantis começassem a demolir o edifício do mal.

O pessoal foi embora. Mais um grupo está descendo sem fazer barulho. Esses intervalos impedem que se aglomerem muitas pessoas, e os visitantes, com seu silencioso aproximar-se, acabam parecendo pequenos grupos sucessivos de mensageiros provenientes do mundo dos vivos. A humanidade sempre tem um certo número dos seus membros ocupados a fazer romarias, a visitar túmulos e santuários, e, normalmente, essas pessoas são consideradas as melhores, as mais nobres; mas ninguém pode nos assegurar que graças a essas boas almas a história do homem possa melhorar.

NECRÓPOLE

A minha impressão é que os corações piedosos simplesmente acompanham os acontecimentos, sem provocá-los; salgueiros-chorões que se dobram no lugar onde, depois de um extermínio mudo ou estrondoso, agora se espalha uma quietude infinita. A quietude daqui, agora, só é perturbada pela voz do idoso guia que se apoia num bordão enquanto avança, acompanhado pelo seu grupinho. Talvez seja apenas um aposentado que, desse jeito, engorda um pouco os seus rendimentos, mas prefiro imaginá-lo como um dos ex-internos dessa morada perdida. De forma que, quando entra num barracão com o pessoal, sinto-me como um espião que perambula em volta dos muros externos para ficar de olho, em nome de invisíveis companheiros, nesse cavalheiro encarregado de falar em nome de línguas emudecidas. A voz dele, dentro da prisão, é sóbria e séria; fala de um modo que não me causa repulsa: devagar, sem ênfase declamatória, com consciente atenção para que as palavras combinem com as imagens. Não posso culpá-lo de nada; mas, quando, dentro do *bunker*, começa a contar daquelas jovens alsacianas caídas nas mãos do inimigo que as trancou nestas celas quando já estávamos a ponto de deixar o campo, volta a agitar-se em mim a complexa sensação que já me obcecou naquele tempo. E lá estou eu, portanto, sozinho junto do lado externo do comprido barracão, novamente impotente e ator-mentado como naquela noite. Já não me sinto um homem pas-sivamente ajustado no campo; sinto-me física e fisiologicamente desesperado diante da realidade daqueles seres saudáveis, não contaminados pelo campo, que foram condenados ao encontro imediato com o forno. Os patamares silenciosos estão imóveis no sol. Não há qualquer resquício daquelas jovens, nem nos raios do sol nem nos estreitos degraus; só estão presentes nas fibras do meu corpo, e isso é pouco demais. O guia, quase a contar alguma coisa consoladora, diz que os guerrilheiros da resistência não demoraram a conquistar o campo *à l'arme blanche*, com as baionetas, e que a Rádio Londres comunicou a notícia com a frase: "*La tortue a gagné sa course.*" Um texto poético, sem dúvida. A tartaruga venceu a corrida. A clandestinidade levava a usar ditados e aforismos convencionais para que os territórios ocupados se mantivessem em contato com o mundo livre. Haveria, no entanto, uma pergunta a ser feita: que efeito podem ter palavras como essas na imaginação de alguém que acaba de ver o forno e o local com o piso de concreto levemente inclinado? O guia poderia até esquecer a tartaruga, que não se mexe nem um pouco à vontade entre os vasos cheios de ossinhos e cinzas. Mas posso entender: ele não é capaz de guardar para si a boa notícia de que esse lugar, quando nós já estávamos atrás de mais uma cerca de arame farpado, foi expugnado por unidades de libertação. Entendo, e eu também sinto um nó na garganta ao pensar no fim de uma época que só nas nossas consciências assumiu a dimensão da eternidade. É verdade: no pós-guerra constatei que me sentia profundamente comovido só de pensar numa vitória sobre a crueldade e a injustiça, enquanto permaneço bastante passivo, para não dizer totalmente frio, diante das mais pavorosas tragédias humanas. O homem com o bordão acrescentou a notícia da Rádio Londres para premiar as pessoas com uma fagulha de serenidade: teria sido melhor ele deixar o mal íntegro e completo como era.

NECRÓPOLE

A sua tartaruga distraiu os visitantes como um brinquedo inesperado faria com uma criança. É sabido que os gregos antigos, depois de uma tragédia, assistiam a uma farsa; mas não creio que os gregos tivessem lugares tão bem-aparelhados para a destruição dos corpos humanos; a sua necessidade de catarse, portanto, era bastante diferente da dos europeus do século XX. Entre nós, a Parca não persegue o indivíduo, mas sim a sociedade; o nosso Fado é um deus da comunidade, do qual nos salvaremos todos juntos ou, então, ao qual todos, juntos, sucumbiremos.

Dois retardatários: um rapaz de cor, alto e esbelto, e uma miúda jovem francesa. Não se dão ao trabalho de acompanhar os demais no barracão; ficam sozinhos na escadaria, isolados, no meio do silêncio que para eles não esconde secretas presenças. No último degrau a mão dele tenta segurar o antebraço dela para demovê-la da ideia de entrar no barracão; por um momento quase me parece que ele queira, talvez inconscientemente, eximir-se de um crime desconhecido, como se um instinto atávico o avisasse de um perigo próximo. Mas logo percebo estar errado, porque o seu rosto jovem, os seus lábios e os seus olhos irradiam uma irrequieta alegria de viver. Talvez esteja um tanto chateado com a descida por aqueles degraus solitários e espere, impaciente, ficar sozinho com a jovem num lugar mais bonito. Lá vem ele. Segurando-a pela cintura, segue até a extremidade do terraço. Está impaciente, quer beijá-la, mesmo que talvez já a tenha beijado lá em cima, na escadaria, quando haviam ficado sozinhos após deixarem, de propósito, que os outros seguissem em frente. Ali, no lugar onde a encosta desce para a cerca, irá abraçá-la de novo, ou quem sabe já a esteja abraçando neste momento em que eu me afasto; e faz isso porque a alta e dupla tela de arame diante dele não o incomoda nem um pouco, aliás ele nem a vê, assim como não vê os isoladores, nem a grama alta e amarelada, nem a torre de vigia que parece um estranho pagode perdido no ar, abandonado no meio dos montes. Não estou com raiva dele, pois se move em outra dimensão, numa atmosfera onde dominam a germinação e o crescimento. E só agora, enquanto escrevo estas linhas, digo a mim mesmo que seria pueril tentar transferir os dois namorados para o mundo de então. Como não faria sentido perguntar a quem poderia passar pela cabeça, então, que algum dia casais de namorados passeariam por aqui. Nós estávamos mergulhados numa totalidade apocalíptica na dimensão do nada; aqueles dois, por sua vez, boiam na vastidão do amor, que é igualmente infinito, e que, de forma igualmente incompreensível, domina sobre as coisas, as exclui ou as exalta.

Não consigo tomar a decisão de ir embora; encaminho-me atrás dos visitantes que sobem pelas escadarias. Um daqueles homens tem uma perna estropiada e é amparado por duas moças, talvez suas filhas; quando precisa levantar um pé para galgar um degrau, apoia-se nelas com todo o peso do corpo. Sim, nessa cena reencontro alguma coisa do *Lager*, só que então ninguém podia ajudar calmamente os inválidos. O cascalho que chia embaixo dos sapatos também encontra lugar na lembrança; claro, o som

NECRÓPOLE

é completamente diferente, pois o tropel dos tamancos é mais duro e cavo; mas, como os pés dos visitantes são muitos, o rangido consegue me transportar ao passado. Quem experimenta essa sensação, obviamente, sou eu, eu que, enquanto eles sobem ao patamar superior, desejo-lhes que tal ruído não acabe se transferindo para o futuro e que a multidão de mui dignos excursionistas domingueiros nunca venha a tornar-se um rebanho informe. Quando então desaparecem e não os vejo mais, sigo em frente sem testemunhas como que num estéril descampado selvagem do qual nunca fui dono, mas que mesmo assim foi e continua sendo meu também. Digo descampado selvagem porque quase não há mais construções: foram eliminadas, pois é de fato impossível salvar da ruína barracões de madeira que a neve encobre no inverno, os aguaceiros molham na primavera, e o sol das alturas frita no verão. Dos 12 só foram mantidos quatro, dois lá em cima e estes dois aqui embaixo. As amplas áreas vazias agora só têm cascalho, na extremidade de cada esplanada há uma pequena coluna com o nome de um dos campos de concentração em que franceses foram exterminados. Dachau, Mauthausen, Buchenwald, Kochen, Neckargerach, Harzungen. Dessa forma, ficam simbolicamente reunidos num só lugar todos os mortos que têm suas necrópoles lá, fora da cerca. Mas esses estreitos lotes de terreno, com seu saibro plano e bem-tratado, trazem em si o absurdo do vazio, são para sempre estéreis, e não há qualquer possibilidade de o visitante enxergar, atrás daqueles nomes, imagens vivas; atrás dos nomes de Neckargerach e de Harzungen, por exemplo. E, vejam bem, em Harzungen os franceses eram

145

Boris Pahor

muitos, tanto assim que ocupavam posições relevantes na direção do *Revier*, fato extremamente importante na salvação das pessoas. Normalmente, vivia com eles em plena harmonia, sobretudo porque eu não me interessava pela política interna do campo e ficava quase sempre na minha sala. Era uma sala pequena, a minha, mas vez por outra precisava de ajuda para gerenciá-la. De manhã, eu e Vaska levávamos um ou dois corpos até a caixa atrás do barracão e jogávamos na grama os colchões de palha para que secassem um pouco, mas estavam tão molhados que, à tarde, não tínhamos escolha, a não ser revirá-los para que pudessem acolher novos doentes; aí, pelo resto da manhã, ficávamos tranquilos. Na mesa encostada na janela havia o termômetro, um embrulho de pó branco e outro de carvão em pó. Eram os remédios destinados àquela sala. Três vezes por dia eu diluía aquele pó branco numa bacia até formar uma espécie de massa mole de gesso; passava, então, de um catre para outro, introduzindo uma colherada daquela branca mistura entre os lábios ressecados, entre os dentes amarelos de bocas que mal conseguiam se abrir. Alguns doentes raspavam avidamente da colher, com os dentes, aquela gororoba branca para agarrar-se a uma vida que parecia ter decidido abandoná-los naquele colchão de palha; outros nem reparavam mais na colher diante da boca deles e mesmo assim engoliam, penosamente, mas engoliam, lambendo aquela papa esponjosa; quando morriam, tinham os dentes e a orla dos lábios cobertos de cimento esbranquiçado. Bastante diferente era o caso do carvão em pó. Aqui as coisas ficavam mais complicadas, pois bastava um sopro para que voasse da colher, ou da boca quando

NECRÓPOLE

já havia sido sugado. Os mortos daqueles dias, então, tinham os dentes e a boca pretos; e, embora fossem tão compridos e ossudos quanto os demais, era mais fácil reparar neles justamente por aquelas duas faixas escuras em volta da boca. Os doentes ficavam tranquilos e imóveis; enquanto ainda estavam conscientes se levantavam para não sujar os colchões e deixavam atrás de si um rastro pardacento. A situação piorou quando começaram a enviar-me doentes que, além da disenteria, também tinham tuberculose. Esperavam que o caminhão de Dora fosse buscá-los, deitados em oito beliches à esquerda da entrada. Uma vez, porém, que ninguém avisava acerca da chegada do veículo, Vaska sempre tinha de correr em cima da hora para procurar no depósito as roupas deles. Os trapos. A janela estava fechada devido ao toque de recolher, o aquecedor ligado, o ar se tornava cada vez mais pesado. Só depois que o caminhão partia podíamos apagar a luz e abrir a janela para deixar entrar um pouco de ar fresco de neve. Mas, quando o caminhão estava esperando, era preciso correr. Vaska aparecia com os embrulhos sujos e os amarrava praguejando contra a mãe do czar e do mundo inteiro, enquanto suava desenrolando as calças fedorentas, os casacos, os tamancos. Pois é: mas não era tão fácil andar depressa, porque como é que você consegue vestir doentes daquele tipo quando estão com os ossos afundados dentro dos colchões de palha? E tampouco consegue deixá-los de pé. Portanto, segurando-os pelas pernas e pelos sovacos, nós os deitávamos no chão. A essa altura, quase nem eram mais doentes; mas ainda estertoravam, e aí era preciso vesti-los. E não é fácil puxar uma calça presa a um osso saliente;

Vaska se enfurecia, mesmo que nada tivesse contra o corpo deitado no chão; era uma revolta contra a aniquilação e também uma ponta de irritação por aqueles restos deitados porque se haviam deixado destruir daquele jeito. Enquanto isso, eu enfiava os braços dentro de um casaco listrado, parecido com um pano de espanar, cobrindo as costelas de mais um pobre coitado, e ficava grato a Vaska porque, embora tão rabugento, tentava ajudar aqueles desventurados. Ambos suávamos em bicas, movendo-nos com cuidado entre os corpos deitados de qualquer maneira naquela barafunda. De vez em quando, deixávamos sentado um busto feito de ossos; então um braço se esticava, como um galho seco, procurando os tamancos, enquanto um par de pupilas vítreas o acompanhava na busca. Chinelos, colheres de madeira, pedaços de barbante. Objetos com os quais, ali, você preenchia a sua solidão. E então aquele que, apesar do fim já próximo, ao dar-se conta de que lá fora nevava, procurava instintivamente com a mão o seu boné! E aí Vaska se zangava de novo, porque aquele corpo não percebia que morrer com ou sem boné na cabeça era a mesma coisa: e, mesmo assim, ia procurar no meio daquela mixórdia fedorenta e, depois de encontrá-lo, encobria com cuidado aquele crânio nu com o farrapo amarrotado de pano listrado. Mas Vaska ficava realmente fulo da vida quando Pierre aparecia dizendo para nos apressarmos, empurrando a porta o mínimo para botar o nariz no aposento; nunca passava pela cabeça dele nos ajudar. De forma que ainda tínhamos de ficar um bom tempo dobrados no chão. Quando finalmente conseguíamos botar de pé um esqueleto vestido, nós os sustentávamos dos dois

NECRÓPOLE

lados ao longo do corredor; mas, uma vez que o coitado mal conseguia mexer os pés, Vaska acabava quase sempre jogando-o nos ombros, de forma que a cabeça balouçava praticamente roçando no piso e o boné escorregava do crânio. Afinal, de algum jeito, conseguíamos levá-los ao caminhão; e, uma vez que lá em cima já havia três caixas com mortos, os colocávamos diretamente em cima das caixas, enquanto Vaska praguejava contra a imperial mãe do motorista que não parava de tocar a buzina. Ali, no meio da neve, a temperatura era de vinte graus abaixo de zero; mas os corpos deitados ou sentados nas tampas de tosca madeira talvez já não sentissem frio. Nós dois voltávamos correndo para o barracão, aliviados com a ideia de termos cumprido a contento o nosso dever. É assim mesmo que nós somos, é o nosso jeito. Mesmo continuando a pensar naqueles que agonizam no caminhão sem nem mesmo saber que estão sentados em cima de cadáveres com os quais já se assemelham em tudo, ainda experimentamos alguma satisfação quando conseguimos levar a cabo a tarefa que nos foi confiada. A exigência de ordem, a vontade de não deixar pontas soltas, pode ser tão poderosa quanto qualquer outra inclinação humana. Ou então seja porque o homem, apesar da própria natureza, aceita inconscientemente as regras de um ambiente onde até a morte se sujeita a um horário e à ordem do dia. O apego que eu sentia pela minha sala, de qualquer maneira, não dependia somente do trabalho que nela desempenhava. Várias vezes já me haviam aconselhado a não dormir junto dos meus doentes; eu, no entanto, continuara obstinadamente a ficar com eles. Como sempre, em parte isso se devia a um instinto cego, à disposição natural das minhas células: naquele espaço reduzido eu me sentia como no próprio covil da morte que, justamente por estar tão perto, me permitia sentir a salvo da sua agressão. Mas na minha determinação também havia, sem dúvida, o vínculo da camaradagem. Eu dormia num canto, no catre de baixo, e Vaska no de cima. Éramos os únicos dois marujos ainda válidos no casco de um pequeno barco de madeira cuja tripulação já estava condenada. Quando, de manhã bem cedo, Vaska levantava primeiro pulando do beliche, e logo a seguir eu também levantava, parecia-me ser um capitão fiel à sua guarnição, embora a minha primeira tarefa fosse, já ao alvorecer, entregar alguns dos meus homens ao mar do silêncio infinito. Sei lá, talvez fosse o fatalismo eslavo, talvez eu tivesse a impressão de que os dois, Vaska e eu, nos contagiávamos reciprocamente só de vestirmos os corpos moribundos com aqueles panos podres. Talvez seja verdade, quem sabe, que no sono somos mais vulneráveis. De qualquer maneira, no mundo crematório, a prudência pode até ser uma maneira de expor-se ao perigo, pois o instante da prudência é como um intervalo na estranha força de inércia que procura nos guiar através do nada. E, então, você se porta como aquele soldado que, no campo de batalha, encolhido sob um montão de cadáveres, nem mesmo respira para não ser descoberto pelo inimigo e poder-se esgueirar engatinhando, na hora certa, rumo à vida. Por isso, naquela manhã, fiquei tão impressionado com o líquido que me enchia a boca. No começo, pareceu-me somente uma quantidade de saliva maior do que de costume. Vaska ainda não havia se levantado, e isso me levou a pensar que

NECRÓPOLE

devia ser muito cedo, pois do contrário já o ouviria agitar-se acima da minha cabeça, uma vez que, com outros ajudantes, tinha de lavar o corredor dos dois barracões antes de o sol raiar. No começo, portanto, pareceu-me uma quantidade de saliva fora do comum, e também mais quente. Engoli e aí fiquei à escuta do estertor que saía do peito de um doente, duas camas mais adiante, à minha direita. De repente, a boca ficou farta demais; sentei-me, de um pulo, investido por um frio hálito de vazio. Era como se algo prateado tivesse estourado dentro do osso da minha testa e, ao mesmo tempo, diante dos meus olhos, no escuro; o mundo, de relance, apareceu na minha frente todo inteiro, real na sua plenitude e, também, repentinamente perdido. Levantei e saí, passando apressado entre os leitos. Eu estava realmente fugindo, apesar de saber que não podia fugir de mim mesmo. Talvez estivesse à cata de um pouco de ar fresco. Não sei como cheguei àquele banheiro silencioso, no lusco-fusco cinzento do dia ainda distante. Vez por outra, no meio do aposento, os chuveiros gotejavam devagar, as paredes de madeira estavam muito próximas, assim como o aquecedor. Tudo igual, como qualquer outro dia, mas naquele momento tive pela primeira vez consciência de estar cercado por todos os lados. O meu pensamento correu ao encontro da eternidade, abarcou-a com um só olhar e na mesma hora a afastou de si, enquanto eu sacudia a cabeça como um robô, como se tentasse, com aquele gesto, salvar-me da voragem do nada que se aproximava. Fui à janela e voltei atrás, aí cheguei perto de novo; diante dela, o arame farpado já não era aquela maranha de fios entrelaçados que eu sempre olhara sem ver, mas sim o sinal visível, tangível, do cativeiro, algo que de chofre percebi como sendo uma coisa só comigo mesmo. Seria o prelúdio da agonia, aquele sentir-me envolvido na nebulosa esbranquiçada do falecer, ao qual logo seguiria uma camada de densa treva? O lenço que tinha na mão era o único objeto que me sobrara da minha casa; mas, encharcado de vermelho daquele jeito, se transformara na testemunha de uma fonte de vida já extinta. Talvez, naquele momento, tenha de novo sacudido a cabeça. Não sei; talvez as gotas de água que caíam no chão sem parar, mas sem pressa, tenham conseguido me acalmar. Aquele som ritmado trouxe à minha memória a imagem daqueles que, à tarde, de volta do trabalho, limpavam com a água quente as coxas e os joelhos encarquilhados sujos de diarreia. Vi a mim mesmo enquanto os levava, depois de se limparem, à minha pequena sala, e por um instante pareceu-me ter chegado a hora de prestar contas do meu trabalho de coveiro. Talvez o que me acalmou tenha sido a lembrança das minhas tarefas, e voltei ao meu catre; ou então, quem sabe, voltei porque tinha engolido um pouco de saliva que era somente saliva. Fiquei grato a Vaska, quando logo a seguir se levantou, deixando-se escorregar ao meu lado até o chão, porque com o começo da rotina costumeira talvez tudo voltasse a ser como antes. Enquanto isso, eu afastava de mim todo pensamento, toda percepção. Sentia que precisava ser indiferente e obtuso. É claro que, depois de um choque daqueles, não é fácil manter-se displicente como antes; mesmo assim, a gente precisa se portar como se nada tivesse arranhado a fé inabalável, surda e cega, na sobrevivência. Pois é, Harzungen! Um nome, aqui, bem na minha

NECRÓPOLE

frente, gravado no lado polido de uma pequena coluna. Mas o que pode significar, agora, para eles, os turistas? Seria preciso trazer para cá um do turnos que partiam três vezes por dia para as galerias e fazê-los viajar com eles, estes turistas domingueiros. Pois é: se daquela vez Jub não me tivesse pedido para substituí-lo, eu tampouco teria sabido de onde vinham, à noitinha, todos aqueles feridos e aqueles inválidos. "Estou com disenteria", disse Jub, e apoiou no chão, junto da mesa, a caixa de madeira com as alças de couro. Jub era um holandês tão alto, mas tão alto, que a gente só se dava conta do seu tamanho quando se dobrava para deixar a caixa no piso. De forma que, logo que escureceu, parti do campo no lugar dele. A neve reluzia metálica na escuridão e a noite escondia a tétrica planície que de dia se mostrava como uma estepe nevada sob um céu de chumbo. De vez em quando eu parava, olhando para ela da janela do meu aposento e, apesar de ser tão pobre, cheirava nela a proximidade da terra saudável e viçosa; mas, quando me vi andando naquela landa, fui de repente investido por uma onda de incerteza. Fui arrebatado por uma espécie de saudade do meu cantinho, apesar de ele ser a antessala da morte. Mas foi coisa rápida, pois o que chamou a minha atenção foram as colunas em marcha. Por um instante pareceram-me fileira de verdadeiros trabalhadores; quando, no entanto, ecoaram os gritos, e brancos feixes de luz iluminaram os uniformes estriados, essa impressão desapareceu. Os homens haviam enfiado nas calças os casacos, tão finos quanto aventais, para que não esvoaçassem inutilmente no ar gélido dos dezoito graus negativos. Os tamancos faziam um barulho surdo na crosta gelada, e todos mantinham as mãos nos bolsos e tiritavam de frio tentando proteger ao máximo os ouvidos e a cabeça raspada coberta por um boné redondo de pano. Mas não era só a cabeça: o corpo inteiro teria gostado de enrolar-se sobre si mesmo, de reduzir-se a uma minúscula bola, com a qual certamente se parecia o resquício de consciência perdido na quente interioridade do organismo. De vez em quando, a intervalos regulares, na frente da coluna bocas soltavam gritos, que se multiplicavam automaticamente como o grasnar de corvos enlouquecidos. Naquelas horas parecia que o medo se tornava um vento impetuoso que acometia de uma só vez todas aquelas cordas vocais alemãs. Era como se, com aqueles berros, uns ovelheiros escondidos no escuro espalhassem o temor pelas fileiras que avançavam saltitando para defender-se do frio do norte. Eu, no entanto, não estava com muito frio — o meu casacão pardo, embora só chegasse até os joelhos, era pesado e não estava puído demais. Nas costas havia sido recortada uma janelinha encoberta pelo pano listrado. Claro que, através da tela de saco das calças, o frio entrava à vontade; mas eu vestia cuecas duplas, as minhas e aquelas que, com Vaska, tirara de um velho francês antes de levá-lo à caixa. Sabe-se lá como conseguira, aquele velho, guardar não só a camisa como também as cuecas! Vaska jogara-as num recipiente para deixá-las cozinhar e cozinhar de novo em água fervente. De forma que os mortos não só me alimentavam, mas também me vestiam, em troca do fato de, antes, eu ter-lhes dado uma colherada de pó de carvão e, depois, tê-los colocado atrás do barracão. Naquela marcha noturna estava levando comigo a caixa de madeira

NECRÓPOLE

do pronto-socorro com a cruz vermelha pintada num dos lados; mas as ataduras e as aspirinas podiam ajudar muito pouco aqueles corpos trêmulos que saltitavam no escuro como se o frio fosse uma chuveirada da qual fugir em busca de abrigo. Passamos por um mau momento quando as fileiras entraram em formação no terrapleno, estropeando com os tamancos ao longo dos trilhos. As lanternas elétricas faiscavam em todas as direções, iluminando aquela massa zebrada, até o trenzinho de quatro vagões chegar e ser assaltado pela multidão que queria fugir do frio, uma vez que as ondas de gritos que nos perseguiam eram simplesmente a coluna sonora de uma noite siberiana. Os vagões partiram rumorosamente, enquanto os corpos sopravam e bufavam no escuro para esquentar aquela geladeira que tinha nas janelas tábuas de madeira em lugar de vidros. Eu fiquei de pé no corredor, segurando a caixa de primeiros socorros entre os joelhos para que não fosse atropelada e levada pelo vaivém naquele espaço apertado. Naquela movimentação febril, naquela incessante agitação, os vinte minutos de viagem passaram logo. Aí o trem parou e fomos novamente investidos pelos berros e pelas navalhadas de luz que fustigavam seja quem pulava na neve, seja quem caía aos trambolhões porque fraco demais, com a finalidade de forçá-lo a retomar depressa o lugar ao lado dos outros que, já enfileirados, pisoteavam o chão gelado com os tamancos para se esquentar. No meio daquela confusão, foi com algum alívio que se ouviu o ruído surdo de um jato que derretia a camada de neve, acompanhado por um cheiro quente de amônia. No entanto, lá vinham mais uma vez os gritos empurrando a cinzenta tropa, que agora

Boris Pahor

atravessava Niedersachswerfen estropeando entre as casas, longínqua lembrança de moradas cobertas de neve habitadas por uma estirpe humana havia muito desaparecida que gostava do inverno e do crepitar do fogo. Nem tínhamos saído completamente da aldeia quando o cortejo parou diante de uma longa fileira de pequenos vagões metálicos; então, as gargantas invisíveis voltaram a se esgoelar, porque a turba demorava demais a tomar o seu lugar nos caixotes de ferro. Puxavam-se uns aos outros, ajudando-se com as mãos e os pés, ficavam por um momento em precário equilíbrio na borda até rolarem para dentro. Os pequenos vagões Krupp, basculantes como os dos mineiros, eram largos e se erguiam a mais de dois metros de altura. Estavam escancarados na noite como enormes xícaras pretas, que iam se enchendo de material formicular que se derramava neles sozinho. Então, o escuro engoliu os lampejos das lanternas, e os caixotes metálicos se mexeram, começaram a correr. A carga humana foi cercada por esvoaçantes flocos de neve. A pequena locomotiva produzia invisíveis chumaços de vapor, de forma que braços e pernas bem que teriam gostado de se revezar para confundir-se com aquelas baforadas quentes. O comboio avançava serpeando, o tropel das solas de madeira encobrindo o seu rítmico clangor. Parecia uma súplica de batidas cadenciadas na casca metálica de um destino que as repelia. A massa escura estava em pé, no meio, longe das bordas geladas, juntando costas e ventre numa coisa só, encolhendo as cabeças como tartarugas, com rostos que se dobravam sobre os peitos sob a fúria do frio que cortava o ar. Aquela eternidade em movimento foi quebrada

156

NECRÓPOLE

de repente pelo lúgubre lamento de uma sirene; como se o sofrimento humano se tivesse abrigado num longo pescoço que, surgindo no escuro, mugisse o seu medo. Um estridor de freios, e aí, antes mesmo que a lombriga de ferro parasse no meio da branca planície, apareceram figuras humanas armadas de submetralhadoras, parecidas com uma alcateia que ataca uma coluna de trenós. Quando se acalmaram, talvez devido ao silêncio da noite, começaram a bater os pés na neve como se estivessem com frio. Estranho! Usavam botas, colbaques, casacões forrados de pele que chegavam até o chão, sobre os quais também haviam jogado pedaços de lona mimética. O frio, ao contrário, penetrava livremente, como através de uma rede, os corpos que emergiam das bordas dos vagões. Só mesmo a força de vontade podia então ajudar você, procurando salvá-lo ao abrir caminho entre as pálpebras entreabertas, tentando envolver o seu corpo num imaginário escudo branco a fim de protegê-lo do abraço gelado. Mas a força de vontade logo se esgotou, e os dentes apertados começaram a tiritar; até esse barulho, no entanto, era encoberto pelas batidas dos tamancos daquela massa humana espremida dentro do caixão de aço. Enquanto isso, o céu era sacudido pelo estrondo talvez amigo de inúmeros aviões invisíveis, mas o estrondo era tão distante e irreal que os seres com a morte nos ossos quase não o percebiam. Ainda mais porque as batidas dos tamancos, de repente, haviam parado; o ar enchera-se de fedor de diarreia, e a carga humana havia começado a praguejar e a se afastar para espremer longe de si, como um pano úmido, o corpo condenado. Do lado de fora, os guardas se assustaram, e o seu medo encheu o espaço da noite; as vozes dentro do caixão metálico haviam

Boris Pahor

criado neles a impressão de que os aviões poderiam localizá-los; de repente, o ambiente ficou tenso. Mas o silêncio logo voltou a dominar, até no pequeno vagão em cuja borda se via agora uma magra figura infecta. Quase na mesma hora, porém, chegou sabe-se lá de onde uma patrulha de soldados com seus cães, que se lançaram latindo furiosamente, como se quisessem morder o metal. Aí o barulho dos aviões sumiu, e o ladrado dos cães também se afastou; só a fileira daquelas xícaras largas e altas permaneceu imóvel na planície do inferno branco. O toque-toque-toque dos tamancos contra o fundo de metal era o ritmo de uma agonia que se dilatava de forma absurda na infinita surdez. De dia, obviamente, a partida era diferente: a luz não torna as coisas uniformes, como acontece no escuro. Certa vez, voltei para lá no lugar de Jan, que se parecia com Jub, ele também alto e magro como um espantalho, com uma cabeça em forma de ogiva; mas era menos tagarela que Jub e, a julgar pela sua cara, não devia ter se portado muito bem com os indígenas das Índias Holandesas, onde se gabava de ter morado. Ora, talvez nem estivesse doente quando me pediu o favor, vai ver só queria se livrar momentaneamente daquele frio de cão. Eu, ao contrário, tinha vontade de repetir a experiência que os outros consideravam desagradável, ou até repulsiva. Jan deve ter pensado que eu era um tanto louco; eu gostava de ir porque, dessa forma, encontrava uma nova finalidade: ficava em companhia de corpos em movimento, em lugar de ficar olhando para membros que se amalgamavam cada vez mais com a palha dos seus colchões. Secretamente, de maneira indistinta, também queria chegar um pouco mais perto do

158

NECRÓPOLE

mundo não cercado, ou pelo menos desejava que ele roçasse em mim. Mas aquela atmosfera era quase tão pestilencial quanto a nossa. Quando, por exemplo, já de tarde atravessamos Niedersachswerfen no caminho de volta, e as fileiras arrastavam a duras penas as pernas inchadas, quatro de nós carregavam um corpo desmaiado, cada um segurando um braço ou uma perna em cima do ombro, de forma que aquele corpo levantado do chão parecia uma grande aranha. Naquela altura, na rua branca e silenciosa, cruzamos com duas moças. Elas nem se viraram. Era impossível que não nos tivessem visto, que não tivessem reparado naqueles tamancos salientes diante dos ombros dos que iam na frente. Não, nem se deram conta da longa procissão formada por seiscentos uniformes zebrados; para elas, era como se a rua estivesse deserta, lisa, coberta apenas pela crosta de neve que tornava escorregadios o meio-fio e a calçada. Quer dizer, então, que é realmente possível inocular nos homens um desprezo tão radical pelas raças inferiores a ponto de fazer com que duas moças, andando na rua, consigam fazer desaparecer com sua frieza um cortejo de escravos, a ponto de acharem que, além delas, só havia neve e uma pacífica atmosfera de sol. E, vejam bem, ali em volta havia uma pequena leiteria, a vitrine de um relojoeiro, a loja de um cabeleireiro e uma padaria, silenciosas e desertas nas primeiras horas da tarde como em qualquer outro lugar habitado. Era, portanto, absurdo que eu tentasse esticar as minhas antenas para fora do mundo listrado. Mais ainda que a fachada das casas e das vitrines, no entanto, o que mais me chocou foi o fato de, naquele dia, o chefe da turma ser Peter, que, sob o número, trazia no peito o triângulo verde dos criminosos alemães; embora não fosse o tipo de tratar a gente como animais. Devia ter aliviado alguns cofres, ou feito sumir alguma coisa, mas para nós isso era quase uma qualidade, uma vez que o seu comportamento em relação aos trabalhadores era afavelmente sério. Não os forçava a se juntar muito antes da partida do campo, e os grupinhos podiam ficar à minha volta para serem dispensados do trabalho. "Eu, eu!", gritavam em todas as línguas. "Aqui, aqui!", insistia outro, tentando passar na frente dos demais e desabotoando as calças, que, assim, caíam por cima dos tornozelos: as coxas magras, as panturrilhas murchas e escamosas pareciam manchadas por borras de café. Eu entregava o papelucho para ele se apresentar à enfermaria, onde certamente iriam aceitá-lo; à noite, encontrá-lo-ia de novo na minha sala. Aí escrevia a dispensa para aquele que, em lugar dos tornozelos, tinha um par de tamancos de carne e abria caminho entre os de calças soltas nos pés, que mal conseguiam se mexer, de pernas abertas, no meio da balbúrdia de corpos e de vozes. Botava o termômetro no sovaco de um, escrevia uma notinha para outro, e aí para mais outro ainda. Era um mar tempestuoso que esbarrava em mim de todos os lados. "Olha para mim. Olha para mim!" E eu não me cansava de dar dispensas enquanto me esforçava para recuperar o termômetro que uma das mãos segurava no ar, acima das cabeças ondeantes. Tudo isso durava até a porta em frente se abrir, até se ouvir a voz do *kapò* Peter, que regulava a marcha das fileiras: *links-zwo-drei-vier, links-zwo-drei-vier.*[14] Aí, diante do posto de guarda, um oficial de peito

---

[14] Esquerda dois-três-quatro.

NECRÓPOLE

estufado como um galo nos contava. Quando passei na frente dele com a caixa de primeiros socorros me senti satisfeito como um advogado de defesa que acabou de provar a inocência do seu cliente. Eu tinha outorgado 15 notas de dispensa numa tentativa proposital, consciente, de enganar a morte. Alguém poderia, obviamente, objetar que a minha tentativa fora quase certamente inútil, porque aqueles sobreviventes, graças aos meus papeluchos, só iriam morrer uns poucos dias mais tarde. Mas, quem sabe? Pode ser que alguns deles tenham se safado, e essa mera possibilidade vale toda a vida de um homem. Pode ser que ideias como essa pareçam ingênuas ao ex-combatente que ia ao ataque gritando: "Hurra!" Talvez seja necessário, na economia do gênero humano, que haja pessoas deste tipo, elementos nos quais se acumula toda a coragem que o homem é capaz de exprimir. Mas eu não posso, certamente, ser resgatado pelas palavras de um ex-comandante da resistência: "Quando ordenei o ataque contra a coluna alemã, as metralhadoras..." Naquelas horas, passando diante de um oficial, eu me limitava a apertar com força a alça de couro da caixa do pronto-socorro, mesmo sabendo que os guardas estavam armados com os seus fuzis ou traziam no ombro a submetralhadora; então, um depois do outro, dispunham-se ao lado da coluna dos prisioneiros como coveiros que esperam, impacientes, a saída do cortejo fúnebre. Um sol pálido brilhava na neve pisoteada, e, embora o ar estivesse cheio de luz, a natureza parecia estar tentando livrar-se, às apalpadelas, às escondidas, daquele jugo de desmoronamento e aniquilação. De um lado da rua havia duas pequenas casas que davam a impressão de estar desabitadas, mas aí um menino (que na certa devia estar de pé em cima de uma cadeira) colou o focinho no vidro da janela no qual apareceram duas pequenas estrelas de tentáculos esbranquiçados. Sorria inocente, como se estivesse se divertindo ao ver a passagem de engraçadas figuras de circo. Não, o sorriso dele ainda não era maldoso: era apenas anacrônico. Assim como o sol que brilhava lá em cima. Sol que também desconcertava a turma amontoada nos vagões de janelas trancadas, e por um momento o comboio tornou-se a miragem de um honesto trem correndo através de uma paisagem familiar, com um sol verdadeiro a brilhar sobre os íngremes telhados carregados de neve. Alguém acendeu uma minúscula guimba amarronzada e passou-a para mim dizendo: "Que tal uma tragada?" A neve e a mistura de todas as línguas europeias faziam com que, lá fora, a estepe russa se confundisse com o campo francês e holandês numa sofreguidão branca, numa luminosa imagem de salvação. Uma impressão que se fortaleceu logo a seguir, quando atravessamos Niedersachswerfen: famílias ucranianas, perto de barracões de madeira, atrelavam os cavalos a grandes trenós; crianças deslizavam nas pistas de gelo. Quase a representação ao vivo de uma pintura invernal de Bruegel, não fosse pelo penoso avanço da nossa procissão, com os nossos tamancos e os nossos trapos. Quando, então, os prisioneiros começaram a encher os pequenos vagões Krupp, segurando-se nas bordas com os cotovelos até as pernas bambas encontrarem um apoio, vi uma jovem que me observava da janela de uma casa do outro lado da rua. Não chegou a enxugar os olhos, como por sua vez faziam as mulheres alsacianas em Markirch, mas o olhar dela

NECRÓPOLE

estava surpreso, quase perdido. Imóvel, absorta, apoiava-se na sacada com o seio encostado nos antebraços cruzados; os seus olhos brilhavam atônitos, como se não pudessem acreditar na realidade da destruição de todos aqueles espécimes masculinos. Pois é: no seu rosto havia um reflexo sensual e o seu olhar era nosso cúmplice, porque em seu turvo reluzir lia-se a lástima por todo aquele prazer desperdiçado. Por todos esses motivos, o turno de dia era diferente; e, uma vez que o sol estava no céu e o frio continuava insuportável, alguns guardas sentavam no pequeno vagão de madeira inserido entre os caixões de metal. Não era um vagãozinho comum: tinha no meio uma espécie de corcova trapezoidal, de maneira que as SS sentadas nela apoiavam os pés em dois estribos cobertos de neve. Apertavam os fuzis entre as pernas, olhavam diante de si como caçadores decepcionados, desprovidos de fantasia. Assim como também estavam sentados os seus dois companheiros que haviam ficado no barracão depois de o turno entrar nas galerias; olhavam para mim enquanto eu enfaixava um ferido, agachados num banco perto do aquecedor. Estavam enfadados, é claro; mas era melhor sentar perto do fogo de tijolinhos de carvão do que ficar oito horas expostos às correntes de ar das galerias, entre o barulho desumano dos martelos pneumáticos e as explosões das minas. De vez em quando o *kapò* aparecia para entretê-los; mas ele também, depois da costumeira conversa fiada, ia embora; de forma que ficavam olhando pela janela a rede de trilhos de bitola estreita que cobriam a planície e desapareciam em trinta galerias. Só estremeciam quando uma carga mais poderosa sacudia o barracão, e então levantavam o traseiro do banco, desconfiados que se tratasse da bomba de um avião. A sirene, com efeito, uivava amiúde. Aqueles dois preferiam não olhar para os feridos; mas o barracão era pequeno, e então eu acabava, bem na frente deles, cuidando de uma chaga ou enfaixando a mão de um sujeito branco de poeira como se acabasse de sair de um moinho. Os dedos da sua mão direita já não tinham nós, mas estavam tão sujos de poeira branca que só me dei conta depois de lavá-los. Disse que estava amolando a broca da furadeira; mantinha a mão longe de si, como se não fosse dele. Chegava até a sorrir porque a mão, estando gelada, ainda não doía; bem no fundo, era-lhe grato porque lhe proporcionara o calorzinho que agora o envolvia. Enquanto isso, os com disenteria permaneciam sentados, aturdidos de cansaço e de fome, estonteados pelo ar quente, encolhidos para ninguém reparar neles, porque eu os dispensara do trabalho; só que, pouco a pouco, enchiam o ar do barracão com um fedor de latrina. Era o que quase sempre acontecia. Houve uma vez que Peter começou a praguejar contra o engenheiro, e por alguns momentos a vida animou aquela cabana de madeira. O engenheiro era um rapaz loiro, de casaco de couro; chegou ao barracão como uma rajada de vento e plantou-se de pernas abertas diante dos doentes sentados no banco. Um tinha um abscesso purulento, outro pés tão grandes quanto couves-flores, mais outro estava todo emporcalhado de diarreia. E ele berrava que eram hipócritas e que deviam sair imediatamente. "*March*, fora!", gritou. Eles nem levantaram a cabeça; olharam para mim, que era o enfermeiro, e continuaram tranquilamente sentados. Eu disse que não assumia a responsabilidade de mandá-los de volta ao trabalho e que, se ele achasse melhor, podia se entender com o *kapò* Peter; aí peguei uma atadura de papel, aproximei-me do doente que tinha uma perna das calças arregaçada e comecei a enfaixar a chaga. O engenheiro bateu a porta e saiu espumando furioso. Por um instante, pareceu-me estar num refúgio alpino cercado de neve, com invisíveis montanhistas que me parabenizavam por ter levado a bom termo um arriscado salvamento no meio de precipícios. Eu dissera que não assumia a responsabilidade, como se ali fosse possível ser responsável diante de alguém, no caso de algo acontecer a um corpo praticamente já destruído! Mas eu usara aquela palavra, que será sempre a ponta de diamante com que os tiranos terão de se ver até o fim dos seus dias. As SS também perceberam que a atmosfera tinha mudado; seus rostos, no calor silencioso, pareceram desfazer-se; de repente, viera a faltar a energia que lhes dava consistência. Quando Peter voltou, furibundo, ficaram ali, a fitá-lo com olhos apatetados, com olhos que antes teriam certamente mostrado solidariedade com o engenheiro, se alguém assim ordenasse. Peter começou a esbravejar: *"Er hat hier nichts verloren!"*[15] Seus cabelos negros caíam sobre a testa quadrada e, corpulento daquele jeito, movia-se pelo barracão como um urso. "Que venha quando eu estou", gritava, "e então vai ver!". Era uma situação tão insólita que nos parecia um sonho, embora começássemos a perceber claramente a respiração do homem cuja mão sem nós nos dedos já começara a esquentar. Enquanto ficamos ali, pareceu-me que a minha função de enfermeiro fosse um pouco menos inútil; mas aí

---

[15] "Não tem nada que se meter aqui!"

o guarda, o enfermeiro e o *kapò* foram trocados, e, então, os doentes também tiveram de sair para juntar-se aos grupos que trepavam nos caixões de ferro. Tivemos de carregar um deles nos braços porque tinha uma perna quebrada, e talvez algo mais, e estava desmaiado. Puseram-no no estribo do vagãozinho de madeira; eu fiquei no assento coberto de neve e segurava a sua perna para que não rolasse para baixo. As costas na estreita lâmina de gelo, sem sentidos, não percebia a morte que penetrava em seus ossos através da fina juta do casaco. Talvez tivesse sido melhor botá-lo num dos caixões de ferro; mas como levantar tão alto um corpo com uma perna quebrada? De que forma impedir que fosse pisoteado pela turma que se juntava, como escuro molho de lenha, no meio do caixão? De qualquer maneira, tampouco podia ser bom para ele ficar daquele jeito, deitado na crosta de gelo a vinte graus abaixo de zero. A SS sentada ao meu lado no cavalete de madeira tinha o colbaque puxado até as orelhas; mesmo assim, sacudia continuamente a cabeça para proteger-se do vento cortante. Na noite seguinte, no entanto, não mandaram trazer mais nenhum ferido. Um deles, caído numa galeria de uma alta armação, voltara ao barracão todo mole, como que desprovido de ossos. Ligaram para Dora, aonde decidiram levá-lo: em Harzungen não havia forno crematório. De maneira que eu não tinha ninguém para cuidar, mas decidi mesmo assim sentar no vagãozinho de madeira; em parte porque não estava a fim de escalar um daqueles caixões de metal tão altos, mas principalmente porque naquela noite o pequeno vagão estava engatado logo atrás da locomotiva. Ao lado das SS, movia os meus ombros conforme

NECRÓPOLE

o vento, expondo ora as costas, ora o peito ao frio. Uma vez que a locomotiva estava virada para trás, a sua caldeira cilíndrica ficava muito perto do vagãozinho. Era uma locomotiva pequena, adequada àquele trem de bitola estreita, mas uma caldeira é sempre uma caldeira, pensei e me levantei. Antes de mais nada, apoiei a caixa de madeira com a cruz vermelha num canto plano da geringonça escura, aí subi. Segurei o metal com cuidado e avancei devagar, pois a locomotiva pulava como um cavalo preto avesso a deixar-se montar por um desconhecido; aí, abriguei-me sob o telheiro do maquinista e fiquei bem junto da caldeira. A fumaça, saindo da chaminé em pesadas baforadas, envolvia a longa fileira de caixões ajudando a noite a esconder a vergonha humana, enquanto eu sentia o calor como se a caldeira cilíndrica fosse a barriga quente de um animal de ferro. Tive a impressão de que a humanidade deixara de existir, sobrando apenas a bondade do metal quente. Para justificar-me diante de todos que se encontravam nos grandes cálices de aço, estiquei a mão na escuridão, mas logo a retraí, pois o gelo da noite de pronto a agarrara. Então, achatei-me novamente no seio do bondoso metal, e o calor daquele barrigão de ferro entorpeceu por um momento o meu constrangimento diante da miséria humana.

Seja como for, no dia seguinte voltei à costumeira rotina entre os beliches. Aí a terra, embaixo da minha janela, começou a surgir escura sob as manchas de neve, reassumindo a sua antiga aparência, embora nos parecesse um tanto tétrica devido à proximidade dos barracões. Toda manhã alguns homens acompanhavam um desengonçado carro até um campo escuro, do outro lado do arame farpado. Em cima do carro, uma grande tina cheia de excrementos bamboleava trêmula a cada solavanco. Aqueles homens tinham os tamancos envolvidos em pedaços de saco, pois o terreno estava mole e os pés afundavam na lama. Os borrifos marrons que respingavam da tina às vezes sujavam as suas calças listradas, mas eles não pareciam se importar. Quando eu os observava pela janela, tinha a impressão de ver em seus gestos uma espécie de malicioso descaso. Assim, de relance, podiam até parecer verdadeiros camponeses; aí, de repente, apesar dos seus trapos e embora participando pessoalmente daquela adubação tão particular, vinha à tona neles algo parecido com cinismo, como se estivessem escarnecendo aquela tina bamboleante. O fedor devia ser terrível, tanto que o guarda se afastava e só ficava vigiando de longe. Até no carcereiro que se apartava havia, no entanto, um leve toque de primavera. Nos barracões, é claro, nada mudara, e o caminhão continuava levando ossos para Dora, mas a atmosfera já era um tanto diferente, uma vez que naqueles dias haviam aparecido, pela primeira vez, os aviões. No começo, ficamos até com medo deles; as bombas que caíam do outro lado da colina faziam estremecer a terra, e os barracões rangiam e estalavam como barcos de madeira ressecada. Aí, as metralhadoras começaram a coaxar por cima da cozinha das SS, do outro lado da entrada; a madeira das nossas paredes gemia sem parar no estrondo dos motores, e uma nova tensão avolumou-se nos nossos áridos corações. Pareceu-nos um milagre que em algum lugar distante, do outro lado do mundo, alguém conhecesse o local escondido em que vivíamos, e até o pequeno quartel dos guardas.

NECRÓPOLE

Mudara muito, portanto, a atmosfera naquele mês de abril, tanto assim que acabaram surgindo novos problemas. As bombas haviam danificado os cabos elétricos e o encanamento da água. De forma que, à noitinha, os barracões já ficavam no escuro. E, no escuro, as operações que antecedem o enterro tornam-se bastante difíceis, ainda mais numa pequena sala de tuberculosos. Por isso, os que voltavam das galerias ao anoitecer nos traziam, a nós, enfermeiros, um pouco de acetileno em troca de uma tigela da sopa aguada do meio-dia. Mas o pior era a falta d'água; impossível limpar aqueles corpos, sujos da cintura aos pés, que em seguida tínhamos de deitar nos colchões de palha. Tudo acontecia à luz das lâmpadas de acetileno. E Vaska tornara-se um coveiro incansável, tendo ficado sozinho depois da minha transferência para a sala das doenças contagiosas. As pequenas salas, aliás, eram duas, uma das quais reservada aos pacientes ainda em observação. Na primeira só havia quatro vagas, em dois beliches, com dois doentes. Em cima, contra a parede, um velho belga; embaixo, perto da janela, um cigano alemão. O belga estava morrendo; o cigano passava o dia inteiro agitado, sentado no colchão. Estava com fome. Seu corpo atarracado era encimado por uma grande cabeça, mas não dava para ver os traços, uma vez que a erisipela inchara o seu rosto. As pálpebras eram lesmas amareladas; sob o nariz achatado abriam-se duas narinas túrgidas parecidas com as de um porco. Roubara do belga uma fatia de pão; como castigo, ao meio-dia eu não lhe dera a sopa. Em troca da porção, eu exigia que nunca mais roubasse; mas ele recalcitrava. "Pode comer à vontade, a minha sopa", dizia enquanto aquelas duas sanguessugas amarelas pareciam a ponto de cair dos seus olhos. O que fazer? Não podia ficar de mal com ele por muito tempo só porque, cheirando o pão, subira como um gato até o belga para surrupiar aquela fatia de debaixo do seu travesseiro, pois, afinal, aquele velho corpo já estava nas últimas. No país da morte até os ciganos são uns pobres infelizes. Em resumo, acabamos chegando a um entendimento e até prometi que lhe arranjaria uma guimba, desde que parasse de roubar. Prometeu solenemente; mas, só para garantir a guimba, queria dar uma olhada na minha mão para ler o meu futuro. "Chega de brincadeiras! Eu mesmo vou lhe dar uma guimba se deixar de roubar", falei, "e, quanto ao futuro, sabemos muito pouco dele, tanto eu quanto você". Portanto, preferia manter-me longe do seu leito. Então, ele disse: "Você vai voltar para casa". Bom, era o que todos esperavam, embora ninguém quisesse admitir; a regra era não provocar a morte com imagens da vida, pois a morte é uma fêmea vingativa. Perguntei-lhe como estava passando a minha mulher, lá em casa. De repente ele ficou irritado e fez uma careta, mostrando os pelos pretos das narinas. "Não é casado", sibilou cheio de raiva, "e a que você amava já não está entre os vivos". Sim, tinha uma capacidade telepática extremamente desenvolvida, e, mesmo que só tivesse mencionado o que os meus pensamentos lhe haviam sugerido, fiquei contente em saber que mais alguém compartilhava uma parte dos meus segredos. Dei-lhe a tal guimba da qual fazia tanta questão, ainda mais porque sabia que no dia seguinte já não teria de quem roubar, uma vez que o belga na certa morreria. De forma que o cigano, sentado à moda turca

NECRÓPOLE

no colchão de palha como uma tora baixa e larga, tragava a sua guimba envolvendo de fumaça as cilíndricas bolhas dos seus olhos. Passei para a sala ao lado, na qual havia oito leitos, quatro em cima e quatro embaixo. Esses cômodos eram os menores aposentos de todo o *Revier*, mas pelo menos não tinham o cheiro de chagas purulentas que empesteava as acomodações maiores. O setor estava reservado aos casos não diagnosticados, às febres estranhas, inexplicáveis. Até alguns doentes dignos de alguma atenção passaram por aqueles beliches. O procurador da Antuérpia, por exemplo, que os seus patrícios tentavam salvar. Era um cavalheiro idoso, pacato e silencioso; mesmo assim, de vez em quando se percebia, na sua voz, o eco de uma disciplina extremamente rígida e quase irrevogável. Pessoas desse jeito estão acostumadas a mandar e exigem obediência até mesmo da morte. O enfermeiro Jub também estava lá, um varapau magro demais para que os seus pulmões pudessem aguentar: provavelmente, devia ser essa a origem da sua febre. Quanto aos dois franceses, eu ignorava a razão pela qual gozavam da proteção de Robert. Uma vez que a situação era essa, eu esperava poder manter Darko sob os meus cuidados, devido justamente ao jogo das proteções. Não havia sido eu a pedir que o mandassem ali, mas, uma vez que chegara, achei que não me seria muito difícil fazer com que ficasse. Naquela ocasião pude constatar que Robert não tinha um coração de ouro. Darko era um esloveno de 16 anos. Uma bétula ainda muito fina. De manhã, febre altíssima; à noite, nada, ou até uma temperatura baixa demais. Sabe-se lá o que estava acontecendo sob as varetas do seu delgado tórax. Mas ele continuava bem-humorado. Ficava no leito de cima, só de camisa, e conversava alegre, como se estivesse sentado no alto aquecedor de alvenaria de uma aconchegante *izba* [16] tolminense. Contava que no lugar de onde viera também fazia um calorzinho gostoso, quando de repente chegou a ordem de abandonar o campo. Naquele tempo, já estava acamado, doente. Dava para ouvir o trovejar dos canhões russos, e por isso mandaram-no correr na neve, de calças e camisa e nada mais. "Pois é, camisa e tamancos, meus caros! Ainda bem que agarramos na mesma hora os cobertores das camas, para usá-los como capas. Só que, envolvidos num cobertor, não dá para correr direito. O pano fica preso nos tornozelos, e, se deixar os tornozelos livres, o frio sobe pelas pernas até a barriga. Mas, sabe como é, tínhamos de correr! E, além do mais, de tamancos você escorrega, perde-os no caminho o tempo todo, e as SS atiram em quem não consegue seguir adiante. Corremos até ficar escuro. Aí, para passar a noite, trancaram-nos num estábulo vazio. Não havíamos comido nada; na manhã seguinte, lá fomos nós, correndo de novo! Ainda nem amanhecera quando tivemos de sair do estábulo; e, aos que não aguentavam mais, uma SS dava um tiro na cabeça. De forma que corremos mais um dia, e aí mais outro. Como? Sim, isso mesmo, três dias ao todo. Finalmente chegamos ao trem. Nem sei por quantos dias viajamos em vagões abertos. Muitos, de qualquer maneira." Com a neve que caía sem parar, é claro. Sorte dele que conseguiu não

---

[16] Na região de Tolminska (Tolmino, em italiano), o termo *izba* indica a sala de estar, a sala de jantar.

NECRÓPOLE

soltar o cobertor, pois do contrário teria morrido de frio. E sempre voltava a mencionar o frio, enquanto da fome quase não se lembrava; e, quando falava, sorria tão calmo que cheguei a pensar que fosse meio lelé da cuca. Não seria de espantar. Mas só estava aturdido, como que ofuscado pela neve da qual tanto falava e sobre a qual tivera de correr. Quem sabe, talvez não estivesse sorrindo nem para a neve nem para mim, mas sim para o calor que enchia o cômodo e se dilatava até um passado longínquo, na lembrança, sobre toda aquela extensão branca. Além dos tijolinhos de carvão, para nos aquecer também usávamos a lenha trazida por aqueles que voltavam das galerias. Às escondidas, é claro. Prendiam a lenha em volta da cintura. Desabotoavam as calças como contrabandistas, deixando cair ao chão aqueles pedaços de madeira suja, e ficavam ali, de olhos arregalados numa expressão interrogativa, para saber se a sua carga merecia uma tigela da gororoba aguada do meio-dia. Era assim que Ivanček chegava. Claro, eu teria gostado de dar uma porção a todos, mesmo sem aquela lenha, mas só conseguiam a sopa os que se saíam melhor; como sempre na vida. E não creiam que era muita, a lenha: aqueles dois pequenos aposentos não eram lá uma das metas preferidas da morte, e portanto sobrava pouca comida. Certa tarde, quem me trouxe a lenha foi um italiano taciturno. Deitou no chão os pedaços poeirentos e, quando lhe servi a sopa na vermelha tigela redonda, segurou o recipiente com avidez e ternura, como se o novo jejum tivesse reavivado nele os antigos hábitos ensinados pela fome crônica da terra de onde vinha. Percebeu que estava olhando para ele; mirou-me carinhosamente, aí tirou de debaixo do casaco um jornal dobrado: "Aqui está mais

173

Boris Pahor

uma coisa, se estiver interessado", disse. Era a publicação oficial dos trabalhadores italianos na Alemanha. Confiança na vitória final. Notícias da minúscula República Social de Mussolini. Propaganda estereotipada. Papel para acender o aquecedor, junto com os míseros pedaços de madeira até pouco antes escondidos nas calças, em volta da cintura. Mesmo assim, depois de tantos meses, o fru-fru do papel do jornal bastou para criar uma onda de calor, quase uma onda de luz. Nos cabeçalhos dos artigos havia nomes de cidades italianas, que de repente surgiram diante de mim com todos os seus arcos medievais, suas ogivas góticas, os portais românicos, os afrescos de Giotto, os mosaicos de Ravena. Atrás dos caracteres impressos eu via florões, como longínquas luzes litorâneas através da neblina. Quando já ia repelindo a tentação, lá estava olhando para mim o rosto de Alida Valli. Não exatamente igual a como o lembrava na película da minha lembrança, mas sim mais adulto, menos despreocupado. O papel ordinário e a imprecisão tipográfica tinham desfocado seus traços. E aquela imagem iluminada pela lâmpada de acetileno, talvez justamente por ser indistinta, despertou em mim o semblante da jovem que eu amara em vida. O seu sorriso aparentemente sereno, os seus olhos profundos. O seu amor pelos bons livros. O seu piano. E, de repente, lá estava o desejo inexprimível de que ainda estivesse viva, a esperar pelo meu regresso como o regresso de Ulisses do Além. Ao mesmo tempo, porém, tive certeza de que ela me havia antecedido no reino das sombras, de onde não havia volta, e tive a impressão de que a inexorável exterminadora, escondida entre os leitos, estivesse ouvindo e espiando na escuridão. Afastei de mim aquela imagem como se arranca uma concha do recife

NECRÓPOLE

e procurei ouvir, através da porta, o roncar do cigano de cabeça grande. Mas logo a seguir o rosto da atriz surgiu de novo diante dos meus olhos, esplêndido, na capa de uma revista feminina da minha irmã, e iluminou o quarto onde um raio de sol dourava um canto da mesa e a cestinha de costura que nela se encontrava. Podia ver o rosto da minha irmã, os seus traços tão graciosamente marcados quanto os da atriz. Tive de esforçar-me de novo para interromper o fluxo de imagens que me invadia; mas talvez tenha sido justamente aquele esforço a levar-me a recortar, na manhã seguinte, a foto do jornal. Não gostava nem um pouco de ser como o motorista que cola a silhueta de uma atriz dentro da cabine do seu caminhão, nem como o soldado que prende um retrato na lona da sua barraca; mas nem por isso me detive. Até pedi emprestado do escriturário o vidrinho de cola para grudar aquele rosto num pedaço de cartolina; enquanto alisava o papel amarrotado o sorriso daqueles lábios se corrigiu, ficando quase todo nos cantos da boca. Já sei: era a sensação que se experimenta quando se ouve a ressonância de uma tecla desafinada; mas um instinto ingênuo e obstinado levou-me a colocar a cartolina num banquinho ao lado do meu catre. Nunca fizera algo parecido, nem voltaria a fazer mais tarde, embora tenha cometido atos até mais mesquinhos. Resumindo: essa fraqueza banal não queimaria tanto se não estivesse ligada à partida de Darko. Naquela tarde o médico-chefe estava particularmente loquaz, e tudo dava a entender que passaria rapidamente entre os catres, como de costume. Era alto, loiro e robusto como um daqueles jogadores de futebol americano, de ombreiras, capacete e tudo mais, que às vezes se veem na capa de revistas desportivas. Vinha andando ao lado do doutor Robert, alegre e ruidoso como cascalho que rola pela encosta. As colchas dos leitos estavam bem esticadas, de forma que a morte se escondia melhor sob a lisa fazenda branca e azul e se modulava no comprimento de onda do bom humor que se desprendia do médico-chefe do campo. Como quando, por exemplo, chegaram a comentar a situação do velho belga: "*Gestorben*", disse Robert. O médico-chefe baixou a cabeça confiante e, como entre colegas, concluiu que o sujeito era incurável, que além da erisipela sofria de um montão de outros achaques."*Selbstverständlich*",[17] assentiu Robert. A conduta dele me deixava terrivelmente irritado. Sim, claro, tinha de mostrar-se obviamente cortês para conseguir alguns comprimidos de sulfas do ambulatório das SS; mas qualquer bajulação a mais era odiosa. Quando se detiveram ao lado de Darko, o gigantesco corpo do médico-chefe ficou ainda mais animado. Com voz solene e cheia de empáfia falou novamente da febre alta de manhã e da sua ausência à noite. "*Já, klar!*",[18] confirmou Robert enquanto o Stabsartz, admirando a própria habilidade, concedeu um surpreendente reconhecimento a si mesmo, exclamando de novo: "*Klar!*", e, na atmosfera agitada que ele mesmo criara, propôs examinar Darko. Que favor excepcional! Darko se virava de um lado para o outro, incerto, pois não entendia se o que estavam dizendo era a favor ou em detrimento dele. O seu rosto de criança tinha olhos de adulto. Logo a seguir estava diante dos dois

---

[17] "Nem precisa dizer; isso mesmo."

[18] "Sim, claro!"

NECRÓPOLE

de camisa curta, e o seu traseiro bem-moldado tinha um viço incomum naquele ambiente de corpos em ruínas. O médico do comando do campo plantou-se de pernas abertas e dobrou a cabeça sobre os ombros de Darko, apalpou várias partes com o estetoscópio, de forma apressada, e logo foi dizendo com o seu vozeirão: "*Klar! Es ist vollständig klar!*"[19] Os 16 anos de Darko deixavam-no um tanto inseguro diante daquela comissão tão rumorosa, e o rapazinho sorria de forma vaga. Percebia que eram exclamações desafinadas naquele cemitério. Quando Robert se aproximou, obviamente exclamando "*Klar!*", ele também, o médico-chefe, resmungou satisfeito: "*Klar, nein?*" E, enquanto Darko escalava novamente o seu catre, o médico-chefe disse que o enviaria a Dora. "Como o senhor achar melhor", concordou Robert na mesma hora, com um imperceptível toque de constrangimento pelo fato de Darko ser (como ele bem sabia) compatriota meu. Então falei: "Há quatro leitos vazios, temos lugar de sobra, pode ficar aqui." Mas o médico-chefe, gesticulando com a sua manzorra, replicou: "*Nein, nein!* Em Dora vai ficar muito melhor; por lá eles têm um setor específico para este tipo de doentes." Robert mantinha-se calado, aí mudou de assunto. Naquela hora amaldiçoei a sua subserviência de Arlequim; e, uma vez que aqueles dois não pareciam ter a menor vontade de sair para continuar alhures a sua comédia, galguei o beliche de Darko para ajeitar de novo o seu lençol. Os dois palhaços vociferavam como se inconscientemente estivessem competindo para superar um ao outro. De repente, o médico-chefe perguntou:

---

[19] "Claro! Perfeitamente claro!"

"É a mulher dele?", e murmurou mais alguma coisa a Robert, que desenhou no próprio rosto um sorriso maroto. Pois é, apesar de o canto ser escuro, o médico-chefe não deixara de reparar no retrato colado no pedaço de cartolina que agora, com as suas palavras, ele estava emporcalhando. Tudo isso era infinitamente mesquinho; e ainda mais mesquinho era o fato de Robert também rir, logo ele, que fora incapaz de se opor à decisão de mandar partir Darko para o desconhecido só para abanar o rabo diante do amo, só para bajulá-lo; mas a coisa aviltante, para mim, não era tanto aquele risinho de escárnio nas minhas costas quanto a consciência de tudo aquilo estar acontecendo devido à minha consternação com a partida de Darko. Deveria ter dito que o deixassem ali por mais alguns dias, para que pudéssemos ter a chance de conversar mais um pouco. Talvez funcionasse. Talvez eu realmente conseguisse; deveria ter tentado. Mas preferira confiar em Robert, que era um médico. Se tivesse falado com ele antes, quem sabe as coisas teriam sido diferentes; mas quem poderia imaginar que mandariam Darko embora enquanto ali havia o procurador, Jub e os dois franceses, e nenhum deles estava com febre. Jub sim, aliás, mas menos que Darko. O único culpado, entretanto, era eu, que ficara cuidando só dos doentes, que não me aproximara dos chefes, que não procurara fazer com que reparassem em mim. Não tinha qualquer ambição, qualquer orgulho. Estava tão imbuído do horror do ambiente e da atmosfera em que vivia que nem passava pela minha cabeça portar-me conforme as regras de algum tipo de política pessoal. Agora posso me avaliar, posso ver exatamente como era então; e percebo que, infelizmente, eu poderia ter sido muito mais útil aos meus semelhantes se tivesse

NECRÓPOLE

conseguido fazer com que os outros fossem forçados a contar comigo, a depender da minha concordância. Darko certamente teria ficado se Robert soubesse que não podia decidir sem antes falar comigo. Mas, ao contrário, teve de ir embora. Sim, claro, é óbvio que o agasalhei direitinho para que não ficasse com frio no caminhão, sentado naquela caixa, na plataforma de carga. Dei-lhe até um recado para Stane, pois do contrário ninguém tomaria conta dele em Dora, perdido na multidão de doentes. Depois, no caminhão, Darko ficou com um sorriso indefinido, como se soubesse o que havia na caixa embaixo dele; mas procurava ser cordial e quase corajoso, e fazia isso por mim. E foi justamente porque ele teve de ir embora que aquela bobagem do recorte de jornal me deixou tão sentido. Como pude ser tão bobo de introduzir entre os mortos o retrato de uma pessoa viva! Um morto, entre os vivos, até que pode ter o seu lugar, mas um vivo entre os mortos nunca. O esquelético morador de um campo de extermínio não pode chegar-se aos vivos nem mesmo em pensamento! Precisa abandonar de uma vez por todas tudo que vive numa invisível ilha de sonho, fora da atmosfera terrestre, e nunca mais aproximar-se dele com a imaginação ou com a lembrança. E não pode colocar o retrato de uma pessoa viva entre os túmulos. Naquela ocasião, de qualquer maneira, entendi como era feito Robert: deixei de ver nele o médico e passei a considerá-lo um calculista que só pensa em si. É óbvio que não posso saber se ficar em Herzungen teria sido realmente melhor para Darko; o procurador da Antuérpia foi levado pelos seus homens, que o carregaram nos ombros da estação de Celle até os quartéis vazios de Bergen-Belsen: de forma que, talvez, eu mesmo pudesse ter conseguido um lugar para Darko no nosso carro, onde pelo menos ficaria tranquilo e abrigado. Como saber? Daquela vez fui antecedido pelo médico-chefe com a sua alegre palhaçada. Hoje em dia eu seria um enfermeiro totalmente diferente. Claro! Hoje o mundo da negação extrema ainda me impediria de pensar no futuro, mas também exigiria a necessidade de uma atividade organizada. Naquele tempo, entretanto, parecia estar a ponto de realizar-se aquele fim que havíamos percebido tão perto desde a hora em que acabara a Primeira Guerra Mundial, quando o mundo interior de nós eslovenos começara a turvar-se na fumaça das fogueiras fascistas. O nosso sentimento de angústia dolorosamente inesgotável havia sido expressado em nome de todos por Srečko Kosovel, mas ele, o poeta do Carso, não era o único a carregá-lo dentro de si. Aquele presságio de catástrofe que o próprio Ionesco menciona. Cada um a resolvera do seu próprio jeito, aquela angústia: alguns com a arte, outros com a combatividade. Eu tentara escorraçá-la dos meus pensamentos sem, no entanto, conseguir substituí-la; exilava-a no subconsciente, de onde ela cada vez voltava. E ali, no mundo crematório, no mundo onde a catástrofe se tornava realidade, procurava mais uma vez desviar-me dela, mas desta vez recorrendo ao trabalho. Quase sem perceber, mantinha os pensamentos e as lembranças longe de mim e procurava ocupar-me o tempo todo com as minhas tarefas, a cada hora, a cada momento. Eu era aqueles gestos, era aquele dedicado trabalho em prol dos outros. E assim como daquele cuidado era excluído não só todo pensamento, mas também qualquer presságio acerca do meu futuro, da mesma forma todo pensamento acerca do futuro dos outros era excluído do meu zelo por eles. Uma vez que, desde criança, eu fora privado de qualquer visão do futuro, esse apego à nua manifestação momentânea do existir tornou-se definitivo perto dos fornos que nunca paravam. O mal, que aqui superava qualquer dimensão imaginável, já estava presente em mim havia muito tempo, como a sombra de um monstro à espreita. E agora chego muitas vezes a pensar que, devido justamente a essa minha união com o terror, no meu íntimo eu já não passava, naquela época, de uma insensível máquina de filmar, só capaz de registrar, sem participar. Eu sei, não é uma metáfora adequada, pois não se tratava de indiferença, mas de um sistema de defesa que não deixava penetrar os sentimentos até o âmago no qual se concentrara o instinto de sobrevivência. A máquina de filmar, imobilizada e congelada pelo medo, acabava sendo privada até da lembrança, sem qualquer acesso ao passado, como se um ácido inexorável tivesse consumido toda a emulsão da fita de celuloide montada sobre velhos rolos. Não me lembro de ter repudiado conscientemente os vínculos que me prendiam à vida de antes; afastara-me dela em algum momento indefinido, mas de forma radical. As reações dos outros, no entanto, eram mais normais. Alguns se alheavam tão completamente do presente que só viviam no passado. Željko, por exemplo, tocava o barco graças a uma imagem fabulosa e onírica do amor; uma imagem que renovava, desenvolvia e aprofundava sem parar. E certamente não lhe faltavam as palavras para isso! Além do mais, era loquaz até mesmo no físico: compridão como um holandês, mas mais elástico e vivaz, com um rosto estreito e bronzeado. Um verdadeiro representante do povo dinárico. Não propriamente orgulhoso, apenas ciente da sua dignidade, como lhe impunha o sangue dálmata. Estava no trem comigo, quando nos levaram de Dachau a Dora. Éramos somente dez, dez enfermeiros que acabavam de ser confirmados; de forma que viajávamos num trem de passageiros. Estávamos sentados com outros viajantes num grande compartimento onde uma lourinha brincava com a gente sem se importar com as SS. Virando-se para mim, disse que com aqueles uniformes parecíamos estar de pijama, e eu, uma vez que era tão gentil, limitei-me a sorrir. Teria tido coisas até demais para contar a respeito daqueles uniformes listrados; mas ela, com a sua alegria, só queria deixar entender que os dias daqueles panos listrados estavam chegando ao fim; em Munique, ficara com deportados como a gente num refúgio antiaéreo, entre pessoas que olhavam atônitas. Então Željko se levantou e plantou-se diante de mim. Queria que lhe deixasse o lugar. Quando viu que eu não tinha a menor intenção de sair dali, fincou o pé; mas no fim foi forçado a dar marcha a ré e voltar ao seu assento entre a maranha de joelhos. "O cara não é de nada", resmungava sacudindo os ombros. Enquanto a jovem ria, e até as SS faziam o mesmo, todos pareciam pessoas normais, naquele compartimento. Mesmo mais tarde, quando já nos entendíamos como irmãos, a sua primazia no amor era um fato incontestável. Vinha me ver à noitinha, quando eu ainda estava na pequena sala dos doentes de disenteria. Estava de casaco listrado mas, no lugar das calças zebradas, usava um moletom azul-escuro que lhe apertava os tornozelos, de forma que as suas pernas pareciam ainda mais compridas. "Em Spalato não há uma única

NECRÓPOLE

moça que não conheça estas pernas" dizia, enquanto o seu rosto delgado continuava sério e as suas narinas só tinham um leve frêmito. Aí, seguia andando pelos becos perto das docas de Spalato. Certo dia subira no penhasco, como um pescador querendo avistar a chegada dos atuns. Estava mal-humorado e sentia a necessidade de ficar sozinho. Naquele momento não se importava minimamente com o mundo. Mas lá de cima vislumbrara os corpos de duas moças que se bronzeavam na praia logo abaixo. Um espetáculo único, uma sensação inigualável: o rochedo a pique no mar de safira e as formas cor de chocolate de duas jovens, duas ninfas marinhas na pequena praia encastoada entre as pedras. Incapaz de refrear a sua galhardia, arremessara um seixo que, depois de descrever uma ampla parábola, caíra na água não muito longe da arrebentação. As duas lourinhas haviam pulado de pé para, então, sair correndo ao longo do recife! Mais tarde, ainda tomado de mau humor, fora sentar numa cadeira de vime na frente de um bar; nenhuma jovem conseguia acalmá-lo, até que uma falou um bom tempo com ele, baixinho, e o convenceu a levantar-se e a acompanhá-la. Não perdia uma, eram todas dele, mas não se deixava enredar. As coisas, no entanto, mudaram quando as tropas italianas invadiram a Dalmácia. A prisão tornou-se pequena demais para todos os rapazes de Spalato. As moças enviavam recados para a sua cela: "Bateram muito em você, Željko querido?" E como conseguiam esconder tão bem as mensagens na bainha das roupas de baixo, para que os carcereiros não percebessem? Quando então não puderam mais visitá-lo, mandavam à prisão uma irmãzinha, e a menina soletrava conforme havia sido instruída: "Ba-te-ram mui-to em vo-cê, Že-lj-ko que-ri-do?" Algum tempo depois, houve em Spalato um grande processo: toda a juventude da cidade, rapazes e moças, estava no banco dos réus. Os juízes faziam perguntas, mas as jovens, em lugar de responder, davam risadinhas. Foram todos transferidos para um navio; na hora de zarpar, Spalato inteira acudiu ao cais para levar-lhes o que a cidade tinha de melhor, para que não tivessem de passar fome durante a viagem; e eles no convés, cantando canções da resistência. Continuaram cantando até Veneza, onde foram desembarcados. As pessoas olhavam atônitas para aqueles pedaços de mulheres que haviam sido descritas como bandidas e facínoras, e que na verdade eram as mais lindas jovens dálmatas. O cárcere acabou ficando cheio com esta carga. Ele tivera sorte, pois a sua janela dava para uma estreita *calle*.* Uma sorte e tanto, pois bem em frente da sólida grade havia uma janela diante da qual se penteava uma morena miúda que, alisando os cabelos, olhava de soslaio como se soubesse da fama que ele tinha em Spalato no que dizia respeito ao amor. Normalmente, ali em volta o silêncio era total, e ela, que o amava, toda vez que se penteava, descobria o seio para ele. Mandara até uma mensagem pelo carcereiro e depois fora visitá-lo; nem precisa dizer, quando uma mulher ama supera qualquer obstáculo; e, além do mais, corromper os funcionários italianos é fácil. Quando foram levados embora ela chorou. E depois, então! Também na Itália meridional, no começo, o pessoal acreditou que fossem bandidos; mas,

---

* Nome com que são chamadas as ruelas venezianas. (N. T.)

NECRÓPOLE

uma vez que era um contínuo apitar de sirenes devido aos ataques aéreos, os moradores buscavam abrigo junto do muro da prisão porque ali estavam a salvo das bombas. E também havia moças, é claro, para entreter-se com eles durante as incursões, sob as janelas com as grades. Contava tudo isso sentado na baixa beirada do meu catre, esticando no chão suas longas pernas. O seu relato era um conto de fadas que levava ambos fora daquele mundo sem eco. Pois é: ele encontrava a salvação no fascínio do amor, conseguia sugar sempre nova linfa daquela luz. Graças àquela miragem, que nunca se punha, livrava-se da atmosfera desolada, enquanto eu me sentia incapaz de sair daquele ambiente, seja olhando para diante, seja olhando para trás. Essa diversidade de atitudes e de tendências veio claramente à tona na hora de deixarmos o campo. A ordem era que todos os homens válidos teriam de partir de manhã bem cedo; mas Željko, como enfermeiro, podia ficar com os enfermeiros; Robert tinha até insistido para que ficasse. Mas ele, ao contrário, partiu. Fiquei magoado: acreditara que ficaria em nome daquela amizade que nos unia, uma vez que passávamos juntos todos os momentos de folga: mas tive de reconhecer que a camaradagem só penetra até certo ponto dentro de nós. Tudo isso acontecia na época em que eu enfraquecera devido à hemorragia, depois daquela manhã em que o sangue, subindo do peito, me enchera a boca. Não conseguia andar e, logo que podia, deitava. Željko, por sua vez, esperava impaciente o momento de correr atrás da sua luminosa visão. "Se estiverem com pressa, irão bombardear os barracões com todos os corpos podres dentro deles", disse. Talvez até fosse verdade, mas para mim, além da tosse que me sacudia o peito a ponto

Boris Pahor

de arrancar minhas entranhas, também havia um confuso instinto de solidariedade que me forçava a permanecer com os enfermos. Não sei ao certo. Agora, pensando melhor, acho até que, ao contrário de Željko, me sentia mais seguro continuando a ser parte do *Revier*. Como se quem trabalha para a comunidade fosse menos vulnerável, devido ao fato de o seu trabalho livrá-lo do anonimato, o que levaria então a morte a ter por ele algum tipo de respeito a mais. Quer dizer, em resumo, que talvez eu ficasse mesmo se não estivesse doente; e, vejam bem, ficar num campo abandonado até que era arriscado, com toda aquela matéria humana em decomposição! As operações de carga que se seguiram foram a imagem daquele fim que apavorava Željko; eu, por minha vez, já havia assistido, justamente aqui onde me encontro agora, ao abandono de um campo; de alguma forma, a minha solicitude em relação aos doentes representava uma espécie de defesa contra os micróbios do mal, mas só porque quem se vê diante dos corpos em decomposição dos seus similares enxerga a vulnerabilidade dos outros, mas não a própria, permanecendo psicologicamente imune a ela. No mais, a imunidade é uma ilusão, como demonstra claramente o fato de eu ter sido contagiado, e como demonstra ainda mais o fim que teve Mladen, ao qual assisti justamente devido às péssimas condições dos meus pulmões. Robert, com o seu estetoscópio, não conseguia entender que parte do meu tórax havia sido afetada, se era a esquerda ou a direita: disse que não se ouvia coisa alguma e enviou-me a Dora para tirar uma chapa. De forma que viajei junto com as caixas que tinha enchido com Vaska e que tantas vezes enfureciam

NECRÓPOLE

o *kapò* da enfermaria: de fato, com a sua meticulosidade toda alemã, ele não tolerava que a ponta amarela do pé de algum cadáver despontasse debaixo da tampa; nós, no entanto, nada podíamos fazer se os ossos, particularmente os ossos holandeses, eram tão compridos. Se, além disto, numa caixa são metidos à força três corpos, não se pode pretender que a tampa fique horizontal. O *kapò* já estava no campo havia onze anos, e tinha portanto o direito de ser irritante, ainda mais porque, sendo comunista, detestava ter de examinar os dentes de cada cadáver antes que o corpo fosse enfiado na caixa. A gente colocava as macas no chão, atrás do barracão, e ele examinava as mandíbulas escancaradas. Quando tirava um dente destinado às reservas áureas de Hitler ficava pensativo e sombrio; então, resmungava contra mim e contra Vaska. Mas era um homem compreensivo e simpático, com aquele seu rosto magro e comprido. Às vezes brincava com um rapazinho russo de quatorze anos que estava internado no grande aposento de Janoš porque tinha uma chaga, a essa altura cicatrizada, numa perna. E também tentava ofuscar o seu desconforto interior com o álcool do ambulatório e muitas vezes zanzava como uma sombra pelo barracão; quem mandava no *Revier,* na verdade, eram outros. Robert mandou-me para Dora, aonde fui principalmente para ver Stane e Zdravko; me pegava imaginando por que cargas d'água devia caber a mim o privilégio de tirar as chapas radiográficas do tórax, quando havia mais três sujeitos deitados enviesados em cima de duas compridas caixas que os solavancos do caminhão sacudiam no escuro. Obtivera a chance de refletir acerca daqueles corpos que estavam acima e dentro das caixas, como se estivesse na margem oposta de uma grande e impassível correnteza. Graças a o quê? Eu tomava conta dos doentes, é verdade; iriam sentir-se mais sozinhos sem a minha presença. Mas quantos outros estariam de bom grado dispostos a tomar meu lugar, mostrando-se igualmente prestativos e desvelados? Ainda criança, eu sonhava em escrever um livro no qual um homem ficaria conhecido graças à sua bondade; mas isso não bastava a resgatar-me diante dos milhões de mortos. A explicação, como sempre, é muito simples. Aquele esloveno que, em Dachau, me incluíra na lista dos enfermeiros tentara salvar alguém que, talvez, pudesse tornar-se útil à sua gente (ou, pelo menos, essa era a impressão dele). Não sei quem era, mas dentro das minhas forças fiz o possível para não decepcioná-lo; ou, se ele tiver morrido, para não decepcionar as suas cinzas. Mesmo assim, durante aquela viagem a Dora, sentia-me culpado. A lona do caminhão se agitava no vento e a SS atrás de mim praguejava contra o motorista que lhe fazia perder continuamente o equilíbrio. Não tinha vontade de prestar atenção no que o guarda dizia e imaginava se havia um bom motivo para, logo ele, continuar vivo. Porque era um bom verdugo? Hum, nem isso. Talvez fosse apenas um sujeito obtuso, como tantos outros. Uma boca que mastiga, um estômago que digere, um sexo que funciona como um pistão. Alguns homens, além disso, também precisam de um sargento que os mantenha na linha. A SS resmungava porque, nas curvas, corríamos o risco de cair; mas se alguma luz se acendesse na sua cuca não teria ficado ali, vigiando uns esqueletos num caminhão que corria rumo à central

NECRÓPOLE

da morte. Mas a sua cuca se encontrava tão escura quanto a noite em que a sua pátria mergulhara; uma noite na qual tudo era possível: as fileiras de tuberculosos que você precisa vestir, no chão, e o radiologista de uniforme e acessórios: avental de couro e luvas de borracha. Na extremidade de um barracão, no fim do corredor, havia um quartinho onde o tal radiologista examinava cada tórax, enquanto na encosta logo atrás ardia uma grande pilha de corpos. Médico solícito que, num submarino a esta altura fadado ao abismo, continua a examinar os alvéolos pulmonares da tripulação. Não sei o que encontrou em mim, só sei que me despachou logo; aí fiquei alguns dias esperando o caminhão que me levaria de volta a Herzungen. Era a época das grandes migrações das províncias orientais, Dora estava cheia de veículos motorizados que vinham da estação ferroviária. No mais, tudo corria como em dezembro, quando a gente chegara. Os barracões espalhados pela encosta de barro, barro marcado por degraus e caminhos onde a neve se misturava com a terra lamacenta. Havia barracões nas depressões e outros nas saliências, tanto assim que por um momento dava para pensar em refúgios alpinos isolados. Mais embaixo, no entanto, na planície, os barracões estavam bem-alinhados, conforme o estilo dos campos. No meio havia uma rua bastante larga, talvez mais larga que a de Dachau, que levava a uma imponente saída para, em seguida, perder-se ao longe, dando a impressão do infinito. Na entrada, como dos lados de uma ponte levadiça, ficava o posto de guarda. Por ali, a qualquer hora da noite e do dia, transitavam a passo as colunas, em ordem-unida. Quando olhava para elas do barracão empoleirado na encosta, tinha a impressão de que na planície se movimentavam tropas fantásticas, às quais as listas cinzentas e azuis das roupas acrescentavam um ritmo quebrado só delas. Perto da entrada, uma fanfarra acompanhava aquela longa procissão, com marchinhas de estímulo ao trabalho de manhã e de honra ao trabalho à noite. As colunas eram como um rio de lama azul-cinzento traçado com a régua, enquanto os que sopravam nos clarins à sua passagem eram almas perdidas. Os músicos, é claro, tinham todo o direito de salvar a própria vida recebendo um pouco de comida a mais em troca daquelas marchinhas; afinal de contas era o ofício deles; mesmo assim, aquele era um concerto deveras penoso, e dos instrumentos só saíam notas estrídulas. Todos os dias os caminhões que chegavam ao campo traziam pilhas de ossos que primeiro haviam sido cobertos pela neve e aí, depois de o degelo derretê-la, ficavam brancos de cal. Paravam na encosta e jogavam tudo na lama; assim, para os carregadores, o caminho até o topo da colina era mais breve. O motorista militar fumava um cigarro, cuidando para não sujar os sapatos no lodo espesso. Dois jovens de uniforme zebrado se encarregavam de completar a operação; usavam luvas de borracha preta até os cotovelos; um subia na plataforma para puxar um montão de ossos que ficara num canto. Movia-se apressado porque outro caminhão já estava chegando. Era quase como se aquelas ossadas borrifadas de cal revivessem sob as suas mãos, como se quisessem facilitar o trabalho esgueirando-se agilmente até deslizar para baixo, onde mais luvas pretas as apanhavam para levá-las aos carregadores providos de padiolas de madeira com rede metálica.

NECRÓPOLE

E, enquanto o motorista insistia para se apressarem, pois tinha de partir logo, os carregadores deitavam a padiola no chão e a enchiam com a carga dessecada. Bocas riscadas de cal, costelas que pareciam varetas de vime de uma cesta: aos carregadores nem passava pela cabeça que, num tempo nem tão distante, aquela carga ainda estava de pé como eles e vestia os mesmos trajes zebrados que eles usavam agora. Já fazia um bom tempo que haviam se acostumado àquele trabalho sem sentir horror. Pareciam ajudantes de obra que riem de uma piada enquanto amontoam os tijolos num carrinho de mão. Ao longo do aclive gritavam contínuas advertências e subiam em diagonal para não derramar a sua estranha carga. Pareciam lenhadores que levam suas toras aos carvoeiros prestando atenção para firmar os pés no escorregadio terreno barrento; ou contrabandistas que atravessam a fronteira com mercadoria, no entanto, sem valor, erva daninha que volta a crescer todos os dias, enquanto a fronteira era aquela linha entre a vida e o nada que a mercadoria sem valor há muito tempo já superara. E quando voltavam para baixo pareciam enérgicos operários que se apressam rumo a uma reserva inextinguível. Alguns até começavam a correr pela descida segurando a padiola com uma só mão, de forma que ela quicava nas corcovas do solo e a rede metálica no meio estalava vibrando. Pois é: foi então que, numa atmosfera insolitamente inquieta, apareceu Mladen. Tínhamos falado dele justamente na noite anterior, no ambulatório, como se tivéssemos o presságio de alguma coisa errada. E também faláramos do campo de Dora. Zdravko contou como se havia desenvolvido: no começo, ao sopé na colina, haviam sido levados homens de uniforme listrado providos de pás e picaretas; os buracos que iam cavando na encosta do morro serviam de abrigo e dormitório. Aí haviam começado a ampliar aqueles buracos com minas. Para agilizar o trabalho, enquanto metade dos homens dormia, a outra metade fazia explodir as minas, investindo com fragmentos de rocha os que estavam deitados. O número de recém-chegados superava o dos mortos: foram cavadas as galerias das quais saíam as bombas voadoras V1 e V2, que, passando por cima do canal da Mancha, levavam a morte às cidades inglesas. Os engenheiros e os técnicos alemães haviam recorrido à ajuda de mui capazes técnicos de casaco listrado, entre os quais alguns eram realmente brilhantes, especialmente russos e franceses. Os franceses (pelo que se contava no campo) tinham até montado uma estação de rádio clandestina: não muito antes da minha chegada as SS tinham começado a procurar febrilmente alguma coisa, a ponto de esvaziar os colchões de palha. Os técnicos franceses e russos que trabalhavam com os foguetes cuidavam do jeito deles daqueles mecanismos complicados e delicados. Contavam que os russos tinham injetado urina nos finos encanamentos: os foguetes, que haviam sido levados à França e colocados nas rampas de lançamento, haviam simplesmente se recusado a partir. Numa outra ocasião, os canos haviam sido entupidos com papel; obviamente, foi necessário trazer as bombas voadoras de volta. Um trem inteiro delas. Os encarregados da montagem foram enforcados. Quinze. Num trilho levantado de viés no meio de uma galeria. E para aquela galeria não tinham empurrado somente os deportados, mas também todos os civis, todas

NECRÓPOLE

as funcionárias e as datilógrafas. Elas gritavam ao ver enforcar os quinze russos, daquele jeito, nas entranhas da terra, à luz das lâmpadas, enquanto a toda volta havia guardas armados. "Uma das moças, mais tarde, tornou-se tão atrevida que me trouxe um pedaço de pão no barracão", disse Zdravko. Mas, com aquele pão, com aquele seu gesto de caridade, não iria certamente se remir, e muito menos mudar alguma coisa! Nós não concordávamos e dizíamos que não deveria ter recusado aquele pão, pois a jovem correra um grave risco para chegar até ali, no barracão subterrâneo onde ele enfaixava os feridos; dizíamos que deveria ter aceitado aquele ato generoso, uma vez que a visita poderia custar a vida da jovem, se alguém a descobrisse. Zdravko não replicava, permanecia calado, pensativo. Justamente naquela hora a sirene uivou e ficamos às escuras, como diante da grande incógnita da existência humana. Zdravko continuava mudo; ouvia-se somente o eco dos seus passos no piso, enquanto os uivos das sirenes ecoavam na noite, sem parar. Parecia o grito de 100 mil seres, soltando-se das entranhas da terra para explodir através de uma estreita fenda. Foi então que Stane, no escuro, badalou os tamancos e perguntou quem, entre nós, tinha notícias de Mladen em Nordhausen, que fora bombardeada uns poucos dias antes. E foi justamente então que Mladen nos surpreendeu com a sua chegada; estava tão pálido e abatido que mal conseguia manter-se de pé. "O que é que você tem, garoto?", perguntamos. Tampouco conseguia ficar sentado no banquinho, e Stane o sustentou segurando seus ombros com um braço. "Aqui tudo é fácil, para vocês", Mladen murmurou quase consigo mesmo, "este aqui é um paraíso; em Nordhausen o ambulatório fica numa fábrica com grandes canos que passam em cima dos catres, e o *kapò* é um veado que dá em cima de todo o mundo, até o enfermeiro tem de ficar longe dele". Aí a sua cabeça ficou pendurada de lado, como se tivesse quebrado o pescoço. Nós permanecemos ali, incertos e cheios de atenções, enquanto ele ciciava que era a barriga, que era o tifo. "Pare com isso, tifo coisa nenhuma!", disse Stane num tom paternal. Mladen ficou calado, assim como também ficou calado mais tarde, deitado na pequena sala onde o médico polonês examinava os doentes e na qual eu também dormia naqueles dias. O polaco colocou o estetoscópio em cima do coração de Mladen e disse que havia algo errado; Mladen, como que aceitando uma sugestão escondida ali mesmo, no coração, confirmou que havia algo errado. Logo a seguir berrou que os aviões estavam chegando e começou a agitar os braços. "Rápido, não está vendo que o muro está desabando?", gritou. No corredor, o doutor disse: "Se também pegar pneumonia, está acabado." Chegávamos perto do seu catre, íamos embora, aí voltávamos, como sombras. Ficava o tempo todo deitado de costas; a camisa branca tornava o seu rosto ainda mais delgado e salientava a forma do nariz, um tanto achatada. Tinha uma expressão concentrada e ausente, como em Dachau. Contavam que era um profundo conhecedor de música, e talvez fosse verdade, pois ouvia-nos como se estivesse escutando alguma coisa que não estávamos dizendo, algo impalpável que acompanhava as nossas palavras. Aproximamo-nos do seu leito em silêncio, esperando que de repente ele se recuperasse e nos contasse a lorota que inventara para safar-se de Nordhausen.

NECRÓPOLE

Mas não falávamos, também porque havia meses que víamos os homens morrendo aos montes à nossa volta, mas sempre achando que aquela mortandade não nos afetaria. Como quando, no caso de um incêndio ou de uma catástrofe, somos levados a excluir instintivamente, parentes e amigos do número das vítimas; na nossa mente, afastamo-los para algum canto seguro, para uma ilhota etérea e invisível onde, apesar de tudo, poderão permanecer invulneráveis. Por isso nós enfermeiros ficávamos abobalhados diante de um enfermeiro moribundo: a morte já não nos ameaçava vindo de fora, mas sim se introduzindo dentro do nosso meio; e realmente acreditávamos numa resposta milagrosa, ainda mais com a secreta esperança de a cura de Mladen poder ser um salvo-conduto para nós também. Na penúltima noite, embora praticamente inconsciente, deixou-se escorregar da cama e arrastou-se até a latrina para fazer as suas necessidades. Mais tarde amaldiçoei a mim mesmo por não ter acordado para agasalhá-lo e protegê-lo do frio; mas todos nós, enfermeiros, conhecíamos muito bem aquele gorgolejo particular no peito de um doente e estávamos a par do que pressagiava. Não sabíamos o que fazer; abrimos a sua carteira, visível sob o travesseiro. Desejávamos ingenuamente encontrar alguma coisa que pudesse dar-lhe alívio, algum talismã que reanimasse em seus olhos a luz que se apagava. Acabamos segurando entre as mãos a foto de uma jovem loira; no verso, numa letra bonita, estava escrito: "*Tvoja Mimica*", a tua Mimica. Passou pela nossa cabeça que nenhum dos deportados tinha consigo uma carteira, nenhum tinha uma foto, e que a presença daquela jovem entre os leitos era realmente um milagre, um milagre que iria salvar Mladen. Ao mesmo tempo, no entanto, diante daquele bonito rosto de moça, esquecemo-nos dele: éramos como uma tribo de bárbaros para os quais uma foto é uma aparição mágica. Acho que nos demos conta disso, e pareceu-nos vislumbrar no rosto de Mladen uma longínqua sombra de amargura. "Mladen", sussurrou Miran, mantendo o retrato diante dos seus olhos, "veja, Mladen, é Mimica... Olhe para Mimica" Mas ele continuava calado; só um leve tremor, quase imperceptível, ondeou sob as pálpebras fechadas como o movimento de um mar cada vez mais calmo, num horizonte distante, cada vez mais imóvel. Aí aquele nome pareceu despertar alguma coisa dentro dele, já mergulhado no vascolejar da eternidade. Os olhos permaneceram fechados, o rosto tranquilo; os lábios sorriram e murmuraram baixinho: "O lago de Bled, sabe... ela, no lago..." Logo a seguir Stone saiu correndo à cata de coramina, mas a esta altura a injeção já era inútil. Ficamos olhando atônitos, andando na ponta dos pés, como se nunca tivéssemos assistido a outra morte que não fosse aquela. Senti-me culpado, pois, enquanto estava ali para uma visita praticamente formal, Mladen morreu. Mais uma vez eu fora poupado, sem qualquer razão, sem qualquer motivo; e sem motivo, na rude economia do cosmos, ele tinha sido apagado. O que mais me dava pena era pensar que, enquanto ele estava deitado, eu tentara levá-lo a beber e ele me mandara embora, pedindo para não atormentá-lo. Delirava, é claro, e talvez nem soubesse quem ele estava tentando mandar embora; mas eu tivera a impressão de que, mesmo em coma, ele

NECRÓPOLE

intuíra que com aquela tigelinha eu estava procurando ganhar a simpatia do destino. Não era verdade. Nem um pouco. Mas ninguém pode negar que, no fundo do nosso ser, sentimo-nos inconscientemente aliviados quando um perigo ameaça outra pessoa, e não a gente. No gesto fraternal de oferecer de beber ao condenado existe, além da bondade, um pingo de gratidão pelo fato de ser você quem serve a bebida a ele, e não ele a você. Apesar disso, não podíamos nos resignar: portanto, Miran e Stane pediram que o *kapò* fizesse a autópsia de Mladen; como se não estivéssemos plenamente convencidos da sua morte e ainda esperássemos encontrar uma fagulha de vida no mais secreto recanto do seu coração. De forma que escalamos a pirambeira pela qual os rapazes de luvas pretas transportavam as ossadas descarregadas pelos caminhões. O terreno recalcitrava sob os nossos pés, tentávamos nos segurar nos cotos das árvores cortadas na encosta lamacenta. Os padioleiros, por sua vez, não escorregavam, talvez porque a carga que levavam estabilizava o seu avanço. Quando chegamos lá em cima, no começo não enxergamos coisa alguma, devido à densa fumaça que o vento desfiava numa neblina fuliginosa. Aí apareceu uma pirâmide lambida na base por longas línguas de fogo. Os padioleiros jogavam a sua carga naquela pilha, enquanto uma figura provida de um comprido tiçoeiro futricava o montão para ajeitar um braço ou uma perna que havia ficado pendurado. Paramos um momento diante daquele fogo que lambia crânios e saía de bocas escancaradas. Perto daquela pirâmide éramos, é claro, testemunhas sensíveis, mas também continuávamos sendo um grupo de pessoas acostumadas àquele tipo de espetáculo, uma espécie de comissão reunida para encontrar uma solução ao mistério do qual éramos prisioneiros. De certa forma, como burocratas, nos encontrávamos calmos, como se Mladen fosse um de nós, vivo entre vivos, e não o objeto da nossa visita. Então entramos numa cabana de troncos. O primeiro aposento lembrava um refúgio alpino, a não ser pelas vasilhas de barro que se pareciam com altos vasos de flores: os recipientes para as cinzas dos alemães cremados. Mas, pelo que dava para ver, nem eles podiam mais gozar desse privilégio, uma vez que os vasos alinhados no chão estavam vazios. Na saleta ao lado, Mladen foi deitado numa mesa de pedra. Um jovem francês estava vestindo luvas rosa às quais faltava a ponta do polegar direito. Era baixo e robusto, o rapaz, e falava sem parar, como se quisesse desviar a atenção de alguma coisa. Mal chegamos a reparar naquela sua tagarelice meridional: mantínhamos o olhar fixo em Mladen, nos seus olhos, para não ver o sulco que chegava até o queixo. Estava calmo, Mladen, e parecia esperar pacientemente o resultado da operação. Dava a impressão de ter-se rendido à obstinação dos colegas enfermeiros; mas também estava sozinho com seus pensamentos, e nos cantos da boca guardava furtivamente a sombra de um sorriso cansado. Quando o pequeno triângulo que é o coração humano se abriu sob o bisturi como um minúsculo estojo, o seu segredo esgueirou-se de mansinho, desaparecendo, e o próprio coração ter-se-ia esgueirado como coisa viva se uma mão rápida não o tivesse pegado na mesma hora. "Vício cardíaco", disse o jovem, começando a remexer nas

NECRÓPOLE

válvulas com o bisturi. Eu olhei primeiro para o coração, aí para o emboço não pintado da parede atrás da mesa de pedra. Poderia pensar na pilha fumegante que ardia lá fora, mas em vez disso observava cada pequeno grão daquele emboço úmido e cinzento. O rosto pálido de Mladen sobressaía naquele pano de fundo como o semblante de uma jovem que tivesse parido um pequeno ser natimorto, tendo portanto sido vão todo o seu sofrimento. Quando o rapaz deixou de lado aquele pequeno feto e se dedicou aos pulmões, quase houve um momento de alívio; mas logo começou a espremer uma tinta densa com as suas mãos largas e disse: "Pneumonia." Olhei Mladen, que me pareceu estar calmo: não sentia dor alguma e não podia ver o que estava acontecendo, uma vez que o jovem, falando conosco, dava-lhe as costas. Naquela hora entrou o médico-chefe, um holandês muito alto, de olhar irônico; o rapaz ficou menos tagarela, ainda mais depois de afirmar alguma coisa acerca do fígado, e de o médico-chefe rebater, com um lampejo nos olhos, que era justamente o contrário. O jovem francês começou a gaguejar, e eu tive certeza de que não passava de um estudante de medicina que se autoproclamara anatomista para salvar a pele. O médico-chefe certamente sabia disso, mas não admitia que na sua presença se falasse bobagem. Pediu para ver o coração e os pulmões e não desmentiu o diagnóstico; então o estudante de medicina fincou as tesouras no intestino, descosturando-o ao comprido, como o lojista que corta a fazenda mantendo as tesouras entreabertas; aí parou para examinar uma mancha. "Não", disse o médico-chefe; o outro seguiu em frente, mas logo a seguir se deteve de novo

Boris Pahor

O médico-chefe disse: "Tifo", e acendeu um cigarro. Achei uma falta de respeito que o acendesse de forma tão prazerosa; e mesmo assim era um homem que despertava a minha simpatia, alto e muito digno, apesar do uniforme listrado; e também gostava dele porque tinha vindo em pessoa, prestando uma homenagem a Mladen; ao mesmo tempo, preferia não pensar na expressão de Mladen quando ficasse só. Mas o gesto realmente feio foi o do francês, que jogou num balde as entranhas e nem se deu ao trabalho de costurar a abertura, como ao contrário fazia o doutor Blaha, em Dachau. Lembrei que Mladen havia se recusado a assistir à autópsia no fim do breve curso ministrado aos enfermeiros pelo cirurgião esloveno, o doutor Arko: "Não quero ver", dissera. Agora, falando comigo mesmo, o repreendia. Você estava errado, Mladen; deveria ter feito um esforço; talvez tivesse conseguido contrastar melhor a morte. Percebi na mesma hora quanto aquele meu monologar era pueril; mesmo assim, continuava a dizer-lhe que agira errado, que deveria ter lembrado o que diziam os nossos pais quando voltavam da frente de batalha do Isonzo: "Não pode ter medo da morte, porque, se tiver medo, então tropeça, e então a morte pula em cima de você; precisa permanecer lúcido, todos os seus gestos devem ser naturais." Percebia que estava repetindo palavras insensatas, como um esconjuro que tinha a finalidade de confundir e de eliminar todos os pensamentos. Mesmo assim, ao sair, contei a Stane também que, em Dachau, Mladen não queria ver a autópsia, e agora tinha sido justamente ele a sofrê-la. Sabe-se lá por que eu tentava conectar de qualquer maneira fatos que não tinham nexo algum entre si.

NECRÓPOLE

Teria sido melhor permanecer calado. Ao descermos pelo declive, tive a impressão de que nós todos caminhávamos com cautela, como se a encosta inteira estivesse coberta de órgãos vivos e, a cada passo, corrêssemos o risco de pisar num coração humano, no coração de Mladen e nos seus olhos. As macas passavam ao nosso lado sem parar, levando para cima novo combustível; uma delas tinha, pendurada, uma mão ossuda que se arrastava na subida, como se os dedos ressecados tentassem inutilmente agarrar-se à terra para livrar-se das chamas.

Voltei à escadaria, para então subir de novo para a esplanada superior. Os estreitos talhões lembram os que se sucedem no íngreme litoral triestino, do mar até o começo do planalto do Carso; ali, no entanto, os patamares, escondidos entre acácias e espessas moitas de arbustos, acompanham, sinuosos, a linha da costa; tem de passar por eles para entrar nos vinhedos, ora à esquerda, ora à direita, onde antigas videiras enfrentam o sol forçando-o a enobrecer em negros cachos o sumo cor de cobre da terra. Mas, quando estou aqui, nunca me aparece, nem apareceu, a imagem das magníficas escadinhas que ligam o mar de turquesa ao céu azul nem as vinhas enfileiradas nos longos degraus escuros. Aqui a morte encenava a sua vindima em todas as estações, uma vez que para um corpo tornar-se árido e perder os sucos vitais qualquer época do ano era boa. Ainda assim, quando os meus olhos se fixam nos nomes gravados nas baixas colunas, obliquamente cortadas, digo a mim mesmo que em outros lugares o extermínio foi muito mais aterrador. Buchenwald, Auschwitz, Mauthausen. Os testemunhos vindos daqueles lugares são revelações monstruosas mesmo para quem chegou a ser internado num *Lager*. A imagem da escadaria na mina a céu aberto de Mauthausen, por exemplo. Cento e oitenta e seis degraus. Dez patamares. Os corpos zebrados tinham de subir seis vezes por dia até o topo da escadaria, com uma pesada pedra nas costas. E aquela pedra devia ser realmente pesada, uma vez que lá em cima uma estreita passagem margeava um precipício, onde ficava o *kapò* que, com um empurrão, jogava para baixo quem, no entender dele, estava carregando uma pedra pequena demais. Aquele barranco era chamado "a parede dos paraquedistas". Mas dava para cair na própria subida, uma vez que os corpos eram magros e as pedras bem grandes, e os degraus eram formados por seixos desiguais e enviesados. Quando, além do mais, aos guardas dava na telha, empurravam para trás do topo da escadaria aqueles que se haviam arrastado até lá a duras penas, fazendo-os despencar em cima dos que estavam chegando, e o que então desmoronava era uma mistura de pedras brancas e corpos estriados. Claro, este extermínio não era afinal muito diferente do que acontecia na nossa pedreira, mas o horror que aquela escadaria provoca é todo particular, mesmo em quem teve experiência pessoal de campos de concentração. Já faz tempo que percebi isto: as minhas vicissitudes são, na realidade, bastante modestas quando comparadas às descritas por outros em suas recordações. Blaha, Rousset, Bruck, Ragot, Pappalettera. E além do mais eu ligava o que via aos meus fantasmas juvenis. Um mundo vazio,

NECRÓPOLE

o meu, que cada vez ia se povoando com as sombras dos infelizes que eu acompanhava com os olhos. Somente com os olhos? Isso mesmo, pois não permitia que aquelas imagens me penetrassem a fundo. E nem precisava recorrer à força de vontade; acho que desde o primeiro contato com a realidade do campo de concentração toda a minha estrutura espiritual mergulhou numa neblina parada, que filtrava todo e qualquer fato tirando dele a eficácia da sua força expressiva. O medo entorpecera toda a trama dos receptores nervosos, todo o retículo dos mais finos capilares; mas, ao mesmo tempo, o medo me protegia de um perigo bem mais grave, o de uma total adaptação à realidade. Eis o motivo da minha total falta de curiosidade e do fato de nem passar pela minha cabeça aprender os nomes dos mandachuvas, ou saber a qual facção pertenciam os maiorais, ou seguir a política interna do campo. Dei-me conta disso tudo quando li os testemunhos dos demais sobreviventes. Seja como intérprete, seja, mais tarde, como enfermeiro, permaneci perdido na multidão, célula assustada e atônita de um silencioso terror coletivo. Terror que, sem aviso prévio, grudou em mim desde a primeira manhã, quando, após desembarcarmos dos vagões de carga, entramos nos grandes banheiros de Dachau. E não era um sinal de fraqueza: depois de quatro anos de vida militar e de guerra já estamos livres dos hábitos que tínhamos na vida civil, não ficamos mais surpresos diante de manadas de corpos nus, nem do corte dos cabelos, nem dos fantasmas que parecem palhaços em suas roupas curtas ou compridas demais. O contato com a casta dos cabos e dos sargentos já deu ao recruta uma ideia muito clara acerca de quão abstrato seja o valor da civilidade e da cortesia. Mas, se a maldade dos cabos se devia à sua pobreza mental ou a algum complexo de inferioridade, os gritos que ecoavam nos banheiros surgiam de um insano desejo de destruição, que naquele momento a minha mente não colheu, mas que o meu corpo assimilou de uma vez por todas. De nada adiantaria, portanto, salientar o mísero espetáculo do corte dos pelos nas axilas ou no púbis, e a insuportável ardência provocada pelo líquido com o qual, depois, os desinfetavam. A morte estava no ar. Você podia respirá-la. E, antes mesmo de o dia raiar, os nossos corpos depilados, lavados e pincelados de desinfetante já estavam nus na neve de fevereiro. Pois é: agora me parece quase pueril o espanto experimentado naqueles momentos, pueril aquela intuição orgânica de estar caindo numa cilada que queria acabar com a minha vida; se o espetáculo se repete por meses a fio, a gente acaba se acostumando; se você não morrer, primeiro, é claro. Não é que você se conforme com a ideia de morrer, mas sim com a ideia de tudo estar planejado de tal forma que irá levá-lo a morrer muito em breve, com certeza quase absoluta. A força dessa tomada de consciência, feita quando o corpo ainda está saudável, é muito mais entristecedora do que se fosse feita mais tarde, quando o organismo enfraqueceu e os tecidos, pelo menos em parte, ficaram atrofiados. Claro, quem já tivera de se ver com os nazistas sabia que os seus campos de concentração não deixavam esperar nada de bom; ainda assim, o primeiro trauma, logo na entrada do mundo crematório, é decisivo. A própria economia do extermínio exige que seja decisivo. Andar e correr descalço na neve, a longa espera no barracão em plena

NECRÓPOLE

corrente de ar, e aí mais corridas na neve depois de ter sido forçado a despir para sempre as roupas de baixo feitas de lã, os trajes invernais e o sobretudo. Agora já não saberia dizer se o meu olhar ficou surpreso ou perturbado. E tampouco saberia definir como me sentia quando, de calças militares que chegavam pouco abaixo dos joelhos, fiquei de meias e tamancos diante do barracão, onde então esperamos uma eternidade, na neve, em pé. Estava com frio, é verdade, porque nem tinha um suéter e as minhas panturrilhas estavam nuas; mas isso parece nada em comparação com quando, aqui nestes patamares, dia após dia, ficávamos na neve durante horas intermináveis, juntando-nos em grandes cachos para não deixar dispersar as calorias que ainda nos restavam. Aquele era um frio diferente; e aqueles cachos balançavam como se os corpos magros exprimissem a exigência de uma cálida e narcótica oscilação cósmica. Talvez fosse também a fome que procurava ser esquecida naquele ondear; mas os corpos unidos se moviam lentos, com o balanço leve e reconfortante de uma superior e invisível benevolência maternal. Em resumo, o frio de Dachau era um frio de principiantes, embora pudesse certamente levar-me a morrer se eu não conseguisse, como consegui, arrumar um agasalho de lã. Era um pequeno pulôver sem mangas, mas mesmo assim as suas malhas protegiam o meu tórax. Através da camisa eu percebia a existência daquelas malhas e sentia que eram de lã. Tudo graças aos maços de *Morava*[20] que, apesar dos berros,

---

[20] Maços de cigarro iugoslavos, muito apreciados, que atravessavam a fronteira de contrabando.

das lavagens, dos olhares à espreita e do corpo nu, eu conseguira trazer comigo depois do chuveiro. Os maços e o lenço no qual os envolvera. Mija trouxera para mim na prisão, e o diretor, ou quem por ele, mos entregara antes da partida. Devia ter sido, certamente, muito bem-pago para mostrar-se tão prestativo; ela, no entanto, não sabia que iriam levar-me embora, e muito menos imaginava onde iriam acabar os seus cigarros. Durante a viagem fumamos muitos deles, mas ainda me sobravam três ou quatro maços no lenço, enquanto corria nu, na neve. Dez *Morava*, talvez quinze, já não me lembro, por um pulôver. Isso queria dizer que, usando todo o meu tesouro, eu poderia arrumar umas meias compridas e um par de calças não tão curtas quanto as que tinha. Não havíamos chegado, ainda, ao ponto de desejar de todo coração a sopa aguada do meio-dia (Pavle ainda cedia uma parte ao filho Ljubo), quando tivemos de nos despir mais uma vez na neve e esperar diante do almoxarifado que nos entregassem os uniformes zebrados. Era de tarde, e um vento assassino soprava sob um céu de nuvens baixas. Já fazia alguns dias que eu não digeria. Não estava com fome. Virava e revirava o meu corpo como se fosse melhor, para ele, receber as rajadas invernais de viés em lugar que de frente. Passei toda a viagem até a Alsácia sem a menor fome e continuei na mesma durante a permanência em Markirch. Isso tornou o meu encontro com a Alsácia ainda mais miserável do que já era devido ao frio, pois a juta que me cobria era fina demais. Claro, parecia-nos ter chegado a um país conhecido quando, na estação, vimos uma escrita em francês, riscada com cal para dar lugar àquela em alemão. Ficamos no meio de um povo que não

NECRÓPOLE

tinha repudiado as leis do coração, porque, enquanto a nossa coluna marchava no deserto das primeiras horas matutinas com os estalos ritmados dos tamancos nas pedras da rua, atrás das janelas das casas vislumbramos mulheres que levavam o lenço aos olhos. Era a primeira vez que víamos uma coisa dessas desde que começara a nossa danação; e assim aquele nosso companheiro que alguns dias depois nunca mais iria acordar no seu leito foi-se embora levando em suas fibras a aparência de um liame com a comunidade humana. Três semanas haviam sido suficientes para mandá-lo ao outro mundo. Os que saíam de cena primeiro eram justamente os mais robustos, normalmente não resistiam às consequências do primeiro choque. Uma sopa que mais parecia água suja e doze horas de trabalho nas galerias. Correntes de ar na mina; e neve lá fora. Mas o pior não era isso. O que realmente matava era o ritmo. Frenéticas as saídas; frenéticas as voltas; aquele engolir a comida depressa, entre as interrupções provocadas pela gritaria que empurrava a manada para a chamada de controle. O sono pesado mas inquieto, quebrado pelos berros que nos acordavam ao alvorecer. E nada mais de alvorada ou pôr do sol: o ritmo febril misturava começo e fim, luz e escuridão. O corpo perdia o equilíbrio natural, já não tinha a sensação do eixo vertical quando você estava em pé, nem da posição horizontal quando estava esticado no colchão de palha. Ficávamos tortos mesmo quando deitados, escorregávamos de pernas para a frente, com a sensação de balançar e cair, mas ao mesmo tempo também de dormir. E o coração, que vivia na angustiante espera de sobressaltos devidos a repentinos gritos, só conseguia entregar-se ao repouso por uns poucos momentos fugidios. Não parávamos de correr mesmo quando íamos às latrinas e aos banheiros. Levantando as tábuas do piso daquela fábrica abandonada havia sido encontrado um regato. A gente se deixava escorregar lá embaixo, para a água corrente com a qual nos lavávamos e onde também encontrávamos alívio para as nossas necessidades grandes e pequenas; mas depressa, porque também tínhamos de lavar a tigela e correr de novo para nos perfilar na neve. Não, não estava com fome e não havia mérito algum em eu deixar a minha ração de pão aos companheiros do Carso. Eles ainda estavam bastante conscientes para conseguir não devorá-lo com os olhos; a expressão deles, portanto, deixava transparecer o seu pesar por considerar-me um caso perdido. Achavam que eu não tinha a menor chance. Opinião que até eu partilhava com eles, pois, quando tombei ao solo, exânime, decidido a nunca mais entrar nas galerias, pareceu-me estar realmente partindo para o desconhecido. O comandante, passando por perto, deu um pontapé naquele embrulho zebrado encolhido no chão, sem contudo despertá-lo da sua infinita apatia. Então o caminhão trouxe-me aqui. Levava um corpo num caixão e a mim em cima do caixão. Na visita vespertina, Leif deu-me dois comprimidos de aspirina e esbravejou porque eu estava com apenas trinta e oito graus de febre. Pois é: estava certo. Não podemos esquecer, no entanto, que, uma vez que não tinha fome, eu era um verdadeiro doente. Curou-me a tranquilidade que reinava no pavilhão dos inaptos ao trabalho. O *kapò* dava-nos umas boas sovas com o cassetete, mas só quando era preciso correr para atender à chamada aqui

NECRÓPOLE

nos patamares; no mais, deixava-nos tranquilos. Tranquilos por longas horas no frio, tranquilos por longas horas no pavilhão. Famintos. Continuamente famintos. Cada vez mais famintos e mais tranquilos. A única perturbação podia ser provocada pela disenteria, que exigia umas duas dúzias de saídas por dia. Alguns de nós passavam praticamente o dia inteiro sentados no vaso. Afinal de contas, a própria disenteria levava à tranquilidade. A fome sumia e o corpo se tornava cada vez mais dócil. Então o pão da ração, que os outros aguardavam com todas as suas células tensas, fazia o mesmo efeito que um cubo de barro, um torrão de azeda massa argilosa. Naquelas horas você chegava a desejar a fome, embora sabendo que era uma dor impossível de ser dominada. Francamente, não sei: quando me deixei cair neste solo que agora é cascalho, talvez não desejasse nem pão nem qualquer outra coisa. Pois é: é no contato com a terra que o homem descansa melhor, mesmo quando se encontra no mundo crematório. Mas, quando me deixei cair pela terceira vez, pensei realmente que o repouso seria definitivo. Ao contrário, safei-me mais uma vez, como um cão duro de morrer. Então o que me ajudou foi a *Weberei* com seu trabalho de corte, bobo e tranquilo. E o abscesso na palma da mão, perto do mindinho esquerdo. Aí chegaram a quarentena e Jean. E comecei a escrever por ditado as anamneses e os diagnósticos para Leif. Tornei-me intérprete e secretário do médico-chefe, também prisioneiro. O meu, no entanto, não chegava a ser um cargo oficial no campo e, francamente, não sei com que raio de qualificação estivesse inscrito na enfermaria, se como escriturário, como ajudante ou como *Pfleger*.[21] A minha posição era singular, como aconteceu várias vezes na minha vida. Mais cedo ou mais tarde acabo, de alguma forma, fora das classificações normais; mas daquela vez isso significava ficar fora do caos para inserir-se numa tranquilidade ordenada. O desmoronamento continuava de ambos os lados, seja no caos, seja na tranquilidade ordenada; mesmo assim o homem se livra do anonimato quando lhe é oferecida a possibilidade de empenhar-se: a consciência da despersonalização é pior que a fome, e a fome fica pior ainda quando visa o mais terrível dos objetivos: a dissolução da personalidade. Junto de Leif, ao contrário, eu ajudava os doentes e, assim, com a sensação de ser útil, dava um sentido aos meus atos e, pelo menos em parte, justificava a minha separação da multidão que continuava a acotovelar-se nos pavilhões. Pois é: era de fato uma posição singular, que mudou na hora em que fomos transferidos para outro campo. Leif se foi com seus amigos noruegueses e despediu-se de mim com a justificativa de que chegara a hora de os nossos caminhos se separarem. De forma que tive de ir a Dachau com o *Revier*; mas, enquanto isso, ao passo que os médicos e os enfermeiros mantinham a sua posição, eu voltara a ser meramente um número. Devo reconhecer que a responsabilidade deste isolamento se deveu principalmente à minha alergia a estabelecer sólidos vínculos com qualquer um. O meu relacionamento com os outros pode ser muito cordial, mas nunca evolui a ponto de tornar-se completa intimidade. Parte do meu

---

[21] Enfermeiro.

NECRÓPOLE

caráter fechado decorre, provavelmente, dos elementos cársicos que trago em mim; herdei boa parte deles da minha mãe, mas o selo final foi-lhe dado pelos anos caóticos que se seguiram à Primeira Guerra Mundial. O trauma mais grave aconteceu quando os professores eslovenos foram escorraçados das escolas de Trieste. Uma língua que lhe é imposta no lugar da materna e a consciência de pertencer a uma raça condenada. Um negro. E então você se fecha. Obviamente esse meu afastamento, cordial mas inequívoco, fez com que Leif e eu fôssemos muito próximos e ao mesmo tempo muito distantes. Aquele homem ativo, extrovertido, devia instintivamente sentir que tinha ao seu lado um sujeito indefinível e escorregadio com o qual nunca conseguiria criar alguma familiaridade, porque o tal sujeito não só não procurava a familiaridade como também automaticamente fugia dela. É o que posso pensar agora; na época, no entanto, fiquei zangado com Leif porque me descartara daquele jeito; mais tarde reconheci que aquele médico norueguês, tão idoso e de cabelos brancos, bem que devia ter seus contatos, talvez até alguns encargos especiais. De qualquer maneira, entreguei-me ao trabalho. Às vezes, quando leio os relatos de outros sobreviventes ou fico pensando a respeito, parece-me ter sido, neste mundo de fogueiras perpétuas, uma testemunha principalmente do seu aspecto funéreo; como, nos hospitais, os encarregados dos ambientes subterrâneos, ou da capela mortuária. Trata-se de homens que têm, da vida, uma imagem bastante alterada, embora as suas experiências sejam reais. Aqui também os dias de trabalho se desenvolviam nos depósitos, nas cozinhas, nas fábricas e nos escritórios. Mas toda essa atividade transformava-se, pouco a pouco mas inevitavelmente, em cinzas. É, portanto, verdade que seria totalmente incompleta a experiência de um homem que, na cidade dos homens, só conhecesse as câmaras-ardentes e os cemitérios. O ritmo das cidades é vital, são lugares em que os adultos indicam às crianças os caminhos do futuro. As cidades crematórias, ao contrário, são construídas para o extermínio; por isso não faz diferença em que setor você está trabalhando. Um barbeiro escanhoava a morte, um almoxarife a vestia, um enfermeiro a despia, um escriturário anotava datas e números depois que, para cada um deles, a alta chaminé soltara com fartura a sua fumaça. Resumindo, quando na *Appelplatz* de Dachau tiramos dos colchões de palha restos humanos que ainda respiravam, fui forçado a afastar-me do pessoal da enfermaria, misturando-me à multidão do pavilhão fechado da quarentena. Àquela altura, senti-me desanimado, mais ainda que quando me vira diante dos corpos destruídos, porque aquela destruição, pelo menos, era definitiva. O pânico que me dominava, por sua vez, decorria do fato de sentir-me perdido no meio daquela massa humana que refluía, sem rosto e infinitamente vulnerável. Essa onda nebulosa envolveu-me mais ainda ao entardecer, quando tivemos de nos deitar e, para dormir, nos foram entregues sacos de papel em lugar dos cobertores. Sacos que reduziam ainda mais o espaço porque o papel não se amoldava ao corpo como os cobertores, mas sim ficava duro, com saliências rígidas, e o ruge-ruge daqueles embrulhos alongados durava um bom tempo antes que o conteúdo encontrasse a posição certa. Éramos como mercadoria

NECRÓPOLE

empacotada, colocada em prateleiras sobrecarregadas, que, no entanto, podiam esvaziar-se num piscar de olhos. Percebi o terror que se aproximava justamente enquanto ia esticando as pernas naquele invólucro rumoroso e estremeci na ansiedade de deslizar para fora daquela couraça coaxante e ficar sentado para livrar-me do cativeiro. Contive-me e tentei afastar os pensamentos bobos. Disse a mim mesmo que, sim, claro, dentro do saco o corpo fica como que embrulhado, mas também isolado, e portanto mais independente; disse a mim mesmo que os sacos, não tendo sido usados antes, estavam limpos, muito mais limpos que os cobertores. Mas o que me acalmou, afinal, foi o fru-fru proveniente de um catre num canto. Sabia que era o atrito de um saco de papel pardo contra o saco vizinho, mas lembrou-me o barulho de alguém triturando bagaços ou folhas de milho. Bagaços e folhas que eu não tentava de forma alguma colocar em algum panorama campestre conhecido; talvez nem estivesse pensando no ranger, sob o meu peso, das folhas de milho na cama do tio Franc, em Mrzlik; a única coisa que soava em minha cabeça era: folhas de milho folhas de milho folhas de milho... como num exercício de memória ou numa terapia de autossugestão. Cada um se arranja como pode. E ainda, mais outra verdade: nem sempre é bom que o homem esteja plenamente consciente. Em muitos casos, é melhor para ele encontrar-se num estado semiletárgico. Letargo: é a palavra certa. Claro, no campo também havia pessoas (principalmente médicos) que tinham tarefas específicas que deviam ser respeitadas; outros organizavam sabotagens e até estavam em contato com o mundo exterior, como conta o doutor Blaha

Boris Pahor

em seu livro *La medicina traviata*. Mas tratava-se de pessoas que ficaram muito tempo naquele ambiente; pessoas às quais, apesar de tudo, havia sido concedido sobreviver e nas quais, portanto, começava a desabrochar de novo, furtivamente, o rebento da vida. Mesmo assim, até em sua psique devia haver forçosamente alguma letargia. Na sua rotina. Na rotina do seu trabalho. Na sequência dos gestos. O fato de estarem completamente acordados iria minar o seu núcleo vital como uma explosão atômica interna. De qualquer maneira, afinal o pavilhão da quarentena também teve de se mudar. Antes de mais nada, devido aos ataques aéreos, durante os quais até a fome ia se esconder enquanto os nossos olhos acompanhavam as aeronaves abatidas; e também devido às transferências para Munique, onde era preciso livrar a cidade dos escombros. Não, eu não fui mandado para lá. Talvez a mão amiga que mais tarde me incluiu entre os enfermeiros já soubesse desde então da minha presença. Ou pode ter sido simplesmente por acaso. Os coitados que partiam para Munique saíam de manhã bem cedo, quando ainda estava escuro; voltavam esgotados e, logo que caíam num sono profundo, já tinham de se levantar de novo. Ainda bem que, de vez em quando, conseguiam acalmar pelo menos a fome. Daquela vez, por exemplo, que uma bomba acertou em cheio uma coluna de mantimentos, deixando à disposição deles a comida da tropa. Tiraram os casacos listrados, ataram as mangas na altura dos pulsos e as encheram de uma sopa densa. Breve interlúdio, pois em seguida mandaram-nos desenterrar as bombas não detonadas. Mas a essa altura eu já trabalhava na enfermaria. No pavilhão n. 15, o *Scheissereiblock*.

NECRÓPOLE

Os barracões da merda. Aquele pavilhão era, em grande escala, o que viria a ser mais tarde a minha pequena sala em Harzungen. Duzentos enfermos em cada dormitório. Os dormitórios eram quatro: um lazareto densamente povoado por doentes de disenteria. Um lazareto de ar infecto que você tentava em vão espirar pelas narinas, enquanto penetrava continuamente em você pelos poros da pele. De forma que, pouco a pouco, todos os tecidos o absorvem, e você acaba se mexendo numa atmosfera com que quase se confunde. Só ficando algum tempo fora do pavilhão você percebia, ao voltar, que estava imbuído de miasmas que pareciam emanar de uma fossa sanitária. Mas era cada vez mais raro que a gente pudesse sair; o trabalho aumentava cada dia mais, com os enfermos deitados em seus próprios excrementos. Talvez, sei lá, seja devido às minhas origens populares, mas acontece que não me sentia (e não me sinto até agora) tão mal no meio daquela podridão feita de fezes e de sangue. Enquanto lavava os corpos emporcalhados, só pensava em fazer o possível para que pudessem deitar-se de novo, limpos, como se um corpo lavado e deitado direitinho também fosse capaz de consertar-se internamente. Inocente obsessão. Algo parecido com a lavação litúrgica da qual o pecador sente uma instintiva necessidade. Da mesma forma, a necessidade, própria do povo alemão, de uma rigorosa ordem externa é parte da aspiração a um remédio capaz de compensar a sua alteração interior. Tudo isso é verdade, mas os doentes percebiam que a minha assistência não era somente uma coisa automática. Com efeito, o doente (embora, muitas vezes, não percebamos) possui uma sensibilidade extremamente

Boris Pahor

aguçada. Resumindo: com o doutor André sentia-me à vontade, e o cuidado com os esgotados quase se tornava um trabalho profícuo e eficaz. André era um daqueles raros médicos que sabem juntar os conhecimentos profissionais a uma amigável familiaridade, a séria competência a uma juvenil cordialidade. Naquele tempo, sentia-se mais tranquilo, pois já se afastara a possibilidade de ele ser transferido a Breslau,* onde já haviam requerido a sua presença nos dias em que a gente saiu daqui, destes patamares. Só foi salvo pela falta de meios de transporte. Breslau era um mistério. Contavam que as condenações à morte eram levadas a cabo com um machado de dois gumes, por um carrasco em trajes cerimoniais e luvas brancas. No meio-tempo, as duas frentes de batalha se aproximavam, e André começou a esperar que o tivessem esquecido. Dedicava-se aos doentes de corpo e alma e eu era, para ele, o enfermeiro mais devotado. A nossa amigável convivência só era angustiada pelo *kapò* do pavilhão, o *Volksdeutscher*[22] polonês Josef Becker. Um beberrão que botava para fora até oitenta doentes de cada vez. André tinha problemas com ele até não poder mais, mas na sua condição de médico conseguia opor-se a ele. Para Becker teria sido mais fácil desabafar em cima de mim, mas aí teve de se ver com a minha obstinação do Carso. Como naquele dia em que encontrou um paralítico todo sujo de excrementos. Eu estava ocupado com outra coisa e decidira terminar o serviço antes de dedicar-me à nova tarefa. Pois bem: Becker ficou

---

* A atual Wroclaw, em polonês. (N. T.)
[22] Neste caso: polonês considerado, ou que se considera, de origem alemã.

NECRÓPOLE

uma fúria. Alto, magro, de rosto fino e lúgubre, ordenou cerrando os dentes que eu cuidasse do paralítico. Tudo bem, foi o que fiz, mas bem devagar, minuciosamente, como se fosse o corpo paralisado do meu avô. E sem dizer uma palavra sequer. Herdei de minha mãe este mutismo duradouro, indesatável. Ele, de fato, teria gostado de ouvir uma réplica, um protesto qualquer, só para poder desabafar. Eu me calava e enquanto isso pensava em quão pobre é o gênero humano quando quem pretende educar você ao espírito de caridade é um sujeito capaz de escorraçar da enfermaria, sem nem piscar, corpos que não conseguem ficar em pé e que, para não sujarem o chão, se arrastam até o vaso com um dedo enfiado no ânus. Com um *kapò* como aquele, obviamente, eu não tinha lá muito futuro como enfermeiro. Aí os companheiros me repreendiam dizendo que, se eu fosse um tiquinho mais maleável, acabaria ganhando a parada e seria confirmado como encarregado daquele dormitório. Mas era impensável (como continua sendo até agora) que eu violentasse a mim mesmo, qualquer que fosse o motivo. E menos ainda por causa daquele Becker. De forma que acabei na lista dos enfermeiros a serem enviados a Dora. O doutor Arko organizou para nós um curso de formação, de maneira a sermos mais instruídos não só do que a maioria dos enfermeiros destinados a Dora, como também de vários pretensos médicos e cirurgiões dos campos de concentração. Sem dúvida mais do que aquele, por exemplo, que incidira um edema na panturrilha cortando o músculo de través. O doutor Arko também nos levou ao setor de autópsia do doutor Blaha para aprendermos a anatomia do corpo humano como

217

os estudantes da faculdade de medicina. E foi assim que acabei entrando no barracão diante do qual, de manhã, deixávamos os mortos do meu dormitório. Transporte que acontecia antes de o dia ficar claro, quando o sol ainda custava a aparecer, bem fraquinho. No carrinho de mão havia uma longa caixa semicilíndrica de estanho, provida de tampa. De forma que, de manhã bem cedo, naquela longa caixa de estanho, eu levava restos humanos para o seu derradeiro descanso. Os fantasmas sem rosto da minha juventude assumiam agora feições visíveis e palpáveis. De vez em quando uma daquelas rodas rangia baixinho, de vez em quando a tampa também chiava; mas eu só ouvia o silêncio no qual estavam mergulhados os dois corpos fechados no metal, o silêncio que me dominava enquanto empurrava daquele jeito, entre os barracões, o rangente carrinho.

Ravensbrüchk. Orianenburg. Não conhecia. Belsen. Este, sim, eu conhecia. Nós, entretanto, estávamos nos prédios militares, não víamos o lugar onde eram dissolvidos os despojos humanos. Mesmo ficando bem perto. Pois é. Mas, de qualquer maneira, trabalho não faltava. Anne Frank só foi conhecida pelo mundo no pós-guerra. Mas houve dezenas de milhares de Annes. Como a nossa Zora. Zora Perello,[23] com rosto de Madona, tanto

---

[23] Estudante do secundário processada e encarcerada por antifascismo, ativa na luta contra o nazismo, morta no campo de concentração de Ravensbrük. Em 2005, uma biografia sua foi publicada.

assim que fascinava a nós todos. Mas nós eslovenos somos preguiçosos demais para juntar as cartas de Zora, os seus diários de quando, antes de tornar-se hóspede das prisões alemãs, o fora das italianas, porque se rebelara contra a condição de escravidão que o reino da Itália impusera aos eslovenos. Nós não sabemos mostrar Zora ao mundo. O nosso espírito honesto ainda não consegue livrar-se da maranha de dor na qual nos fechamos. Claro, entusiasmamo-nos com os guerreiros de assalto, com os heróis caídos no campo de batalha: depois de tantos séculos de vida subordinada, pareciam-nos um fogo milagroso que renasce das cinzas. Mas uma explosão tão violenta, apesar da sua heroica grandeza, é fadada a ficar como algo irrepetível, como algo limitado no tempo, se não for acompanhada por um mergulho profundo nos elementos mais escondidos da alma de um povo. Talvez sejamos mesquinhos demais, pequenos egoístas que nem sonham poder-se ensimesmar no destino de uma jovem como tantas outras, de uma bonita estudante de liceu. Como todos os pobres coitados, tentamos compensar nossos defeitos com a aspiração ao gigantesco, ao desmedido. No que me concerne, quando voltei a Trieste e soube que Zora estava em Belsen justamente na época em que eu também estava, fui mais uma vez tomado por aquele desespero que me obcecara aqui, na hora em que mandaram as jovens sair do *bunker* para levá-las ao crematório. Estava mais que certo de que, se tivesse tido a chance de cuidar do corpo ressecado de Zora, poderia ter mantido viva a chama da sua vida, por mais fraca que estivesse. Sentia que, de alguma forma misteriosa, poderia ter tido influência sobre ela e talvez, até mesmo com a minha mera presença, poderia ter detido a luz moribunda das suas pupilas. Lampejos ingênuos de um sentimento juvenil, é claro, furtivas tentativas de rebelião diante da incontestável consciência de quão extrema fosse a minha impotência na luta contra a opressão. Afinal de contas, eu tinha entendido muito bem até que ponto havia sido pueril ao ficar com a minha seringa diante do X ossudo do quadril de Ivanček. Não sei, vai ver que o meu desespero ao lembrar Zora era tão grande, apesar de tudo por que já passara, justamente porque não tinha aproveitado a oportunidade de salvar uma mulher. A consciência da chance perdida transferia-se ao passado e de lá trazia de volta ao presente a maldição de uma falta absoluta. Ainda assim, saber da presença de Zora quando eu estava lá de nada me adiantaria. Nunca conseguiria encontrá-la naquele mar de corpos femininos exaustos. Ali a gente aguardava a libertação, e os nossos ouvidos só estavam atentos ao estrondo que se aproximava como um rolo com quilômetros de extensão, ao qual a terra resistia com um rumorejar surdo; aí aquele fragor mergulhava num abismo, e um silêncio incompreensível e infinito invadia o espaço. Foi por isso que o grito da maré zebrada foi tão selvagem, quando a hora de renascer chegou. Já fazia algum tempo que tínhamos parado de acreditar nela, de forma que o berro profundo que se levantou da multidão era a voz da fome e da felicidade, do terror mais denso e de um hosana inconsiderado; era o grito de um animal ainda incapaz de formular palavras, ou melhor, o uivo do homem que luta para dominar a animalidade. Justamente naquele momento, no meio da emoção daquela atmosfera e de tudo aquilo de novo que tínhamos diante

NECRÓPOLE

dos olhos, despertou mais uma vez no meu peito o perigo traiçoeiro. Era de tarde, eu voltava ao "hospital" pela estrada de terra. Caminhando, deixava na poeira atrás de mim um rastro vermelho, como um animal ferido que não se rende. Iam nos levar embora a qualquer momento, e teria realmente sido o cúmulo do azar se parasse de respirar justamente quando estava a ponto de entrar em contato com o ar da liberdade. Não lembro quais eram os meus sentimentos, já não sei. Talvez tenha começado a correr, ou pelo menos a andar mais depressa; ou talvez não, vai ver que continuei com a mesma passada, de lenço na mão, como já fizera no banheiro de Harzungen. Não estava nada bem, tanto assim que mais tarde, enquanto nos levavam para a fronteira holandesa, fiquei praticamente deitado, apoiado na borda do caminhão inglês. Belsen! Um nome grande demais para este pequeno patamar. Ou talvez não, pois o sentido do destino de um aposento num barracão vale tanto quanto o de vinte ou trinta barracões todos juntos. No barracão que antigamente existia aqui, neste patamar, ficavam os convalescentes, uma multidão deitada, apinhada, à cata de notícias, que explicava, interpretava, e que principalmente e sempre aguardava com ansiedade uma ração de comida. Tentavam preencher desta forma o tempo interminável entre a alvorada e a colher do meio-dia e depois entre esta e o pedaço de pão da noite. Mas, na verdade, a espera começava logo após a distribuição do pão, uma fatia do tamanho de uma mão, e durava até a concha de sopa do dia seguinte. Ao anoitecer, contudo, até que as exigências do estômago ficavam, de algum jeito, mais brandas; o escuro amenizava os estímulos, que depois o sono se encarregava de reprimir. Reprimia para a consciência, é claro; o corpo, por sua vez, quase continuava em coma, quase em estado cataléptico, lutando por aquilo que não tinha. E, na escuridão, aquele amontoado de indivíduos apinhados, insatisfeitos com a crosta de pão lambuzado de margarina que já haviam engolido, entrelaçava palavras e gestos. As células que compunham os seus corpos, após começarem a aproveitar a delícia de uma satisfação a essa altura esquecida, eram de repente forçadas a passar sem ela e permaneciam de tocaia, inquietas e tensas como bicos escancarados de passarinhos num ninho. O fato de o nosso número ser tão grande, além do mais, tornava quase visível o cego tatear daquelas células; de forma que o tempo livre antes do toque de dormir se tornava um intervalo no qual confluíam, somando-se reciprocamente, a agitação gerada pelo pânico e a busca obtusa. Nessa atmosfera híbrida surgiam facilmente discussões sobre as listas da comida, febris permutas de um quarto de pão, de meio pão, de um pão inteiro em troca de *mahorke*;[24] pagavam-se contas, com palavras ou em silêncio. Naquela noite, entretanto, o silêncio era acompanhado pelo tropel de pés nus nas tábuas do chão e por respiros abafados. Um esforço coletivo que se fechava e avolumava em si mesmo, enquanto as paredes eram apenas divisórias que impediam a dispersão das energias. Os corpos estavam muito fracos, mas as pernas e os braços magros produziam uma afiada pressão, encadeavam-se numa massa hirta, num conjunto cortante, desenvolviam um força centrípeta

---

[24] Cigarros russos bastante ordinários.

orientada para o centro mas mesmo assim repartida e multiplicada sobre toda a área. Tratava-se certamente de algum *kapò* alemão que, no trabalho, acabara com alguém a pauladas; e agora lá estava ele também, num canto, agonizando. Sentença rápida, sem qualquer traço de vingança pessoal. Uma forma de repressão coletiva, como a densidade do feixe humano que, de manhã, ondeava aqui mesmo, no patamar, no escuro, quando o frio penetrava os ossos como uma broca. Assistir a um espetáculo desses não faz bem. Não se trata de estabelecer se alguém merece ou não ser esmagado como um percevejo; de qualquer maneira, eu teria deixado que esticasse as canelas sozinho. É verdade, havia um precioso colchão de palha no qual aquele velhaco agora agonizante se deitara, impedindo que um prisioneiro quase destruído recobrasse as forças ou pelo menos morresse em paz. Por isso mesmo também acontecera (quando uns pobres coitados não podiam ser internados no *Revier* porque todos os colchões estavam ocupados) que um enfermeiro facilitasse a passagem para o outro mundo de algum velho pilantra com uma boa injeção. E aqueles infelizes sabiam disso, sabiam que, se aparecessem no *Revier*, para eles tudo estaria acabado; assim sendo, adiavam ao máximo o pedido de internação. Era um procedimento que tínhamos aprendido à nossa custa com as SS e seus assistentes. Uma injeção de éter ou de benzina diretamente no coração. Ou então, se nada melhor existisse ao alcance, uma imissão de ar na veia de forma a provocar uma embolia. De forma que um corpo que levaria semanas para apagar-se, na manhã seguinte, já estava espichado no cimento da *Waschraum*.

E o colchão de palha ficava disponível para uma das vítimas do valentão justiçado. Tratava-se quase sempre de criminosos comuns alemães, quer dizer, as mais altas autoridades depois das SS. Mas também havia de outras nacionalidades. Certa tarde, por exemplo, um polonês foi processado no pavilhão. Enforcava os prisioneiros condenados. Foi interrogado por um belga e por alguns polacos; Franc era o intérprete. O polonês disse ter aceitado o papel de carrasco em troca de um suplemento de comida. Aí disse que, afinal de contas, quem os enforcava não era ele, uma vez que os próprios prisioneiros eram encarregados de empurrar a tora sobre a qual os condenados ficavam em pé. Mas não havia tempo a perder, não dava para ficar ouvindo muitas explicações; cobriram-no de pauladas, sem conseguir, contudo, quebrar direito o seu pescoço, que ele encolhera e protegera com as mãos. O acaso decidiu fazer com que, logo naquele momento, uma SS aparecesse no pavilhão procurando alguém; perguntou o que tinha acontecido com aquele embrulho amarrotado deitado no chão. O infeliz estava em condições tão lastimáveis que mal conseguia gaguejar; coube aos outros explicar à SS que tinha caído da parte de cima do beliche. Afastamos o perigo, mas para o sujeito o fim chegou naquela mesma noite. Parece que se enforcou. Franc, que estava com eles o tempo todo, contou muita coisa acerca da turva vida no escuro daquele longo barracão dos convalescentes. Aquele italiano, por exemplo, que tinha na manga as três marcas amarelas em campo preto dos cegos, mas que provavelmente enxergava muito bem; sentado na frente do pavilhão, tricotava fazendo meias de lã. Ou aquele russo que, em condições

NECRÓPOLE

de extrema exaustão, já se enrijecera, de forma que o padioleiro francês pensou que estivesse morto, e aí acordou já deitado no cimento, quando ninguém esperava. O próprio Franc assistira pessoalmente a um espetáculo desses certa vez que decidira ajudar no transporte de um morto para o depósito embaixo do forno. Para colocá-lo no topo do cúmulo, o padioleiro russo agarrara o seu pescoço com as longas tenazes, enquanto Franc o segurava pelas pernas. Aí, de um dos esqueletos amontoados, o ar residual dos pulmões, comprimido sob o novo peso, fugira da boca escancarada como se o falecido exalasse o seu último suspiro. "*Ciort!*",[25] exclamara o russo, e ambos haviam dado no pé, apavorados. Sabia das coisas, o Franc. Certo dia, sabe-se o que dera na cabeça dele, surrupiou um fraque do depósito das roupas. Não consigo imaginar quem pudesse ter sido trazido para cá vestindo um traje como aquele. Então Franc, dando uma de louco, vestiu o fraque e foi se pavonear no patamar mais alto, diante da cozinha. Perambulou como um bêbado por aquele platozinho maldito, rindo de si mesmo, agitando os braços à espera de alguma coisa se desencadear, explodir e ficar em pedaços naquele universo. Em lugar disso, no entanto, só aconteceu que uma SS se aproximou, deu-lhe uns pontapés na bunda e mandou-o embora. Sorte dele, se safar daquele jeito: algo urgente forçara a SS a sair dali apressada, contentando-se com aqueles poucos pontapés. Sentado no sofá da sua saleta ao longo da Ljubljanica, Franc contava-me a história rindo nervosamente. "Num filme", dizia, "mostraram

---

[25] "Mas que merda!"

um paciente que veste um fraque, e os espectadores acharam que se tratava de pura invenção. Mas eu me vesti mesmo daquele jeito! Claro, o nosso ambiente, com os patamares da morte, era bastante diferente daquele do filme. A coisa teria sido outra, se tivessem filmado a história nos nossos patamares". Ele estava certo; mas seria preciso povoá-los, esses patamares, pois esta terra coberta de cascalho, assim como está, não diz coisa alguma. É verdade, Resnais soube fazer com que os objetos do campo falassem. Mas o seu *Noite e neblina*, apesar de excelente, continua sendo mesmo assim bastante limitado. Deveria ter se aprofundado mais nesta vida. Isto é, nesta morte. Deveria tê-la vivido. Viver a morte. Mas sabe-se lá se depois teria conseguido enxergá-la, encará-la, olhar dentro da morte com olho cinematográfico. Em suma, os homens são capazes de tudo. Houve um tempo em que se tomava vinho no crânio do vencido, ou se comprimiam os seus ossos até deformá-lo ou reduzir seu tamanho. A Europa do século XX, por sua vez, preferiu escolher a caveira na escrivaninha, mas uma caveira, nem é preciso dizer, com dentes sãos e robustos. O doutor Blaha conta que, em Dachau, peles humanas eram penduradas como panos a secar. Eram usadas para se obter um couro muito fino, perfeito para calças de montar, pastas e carteiras, pantufas macias e encadernações de livros. Não era aconselhável, brinca o doutor Blaha, ter pele bonita. O livro dele é uma revelação com mais de trezentas páginas. Achei que sabia muita coisa acerca dos campos, mas diante de testemunhos como o dele, sinto-me realmente um novato. Volto a repetir: quando estava lá, não fazia a menor questão de penetrar os mistérios

NECRÓPOLE

do *Lager*. Evitava-os como se fossem um invisível raio letal. Não estou bem certo, mas acho que nessa limitação instintiva, nessa minha fuga diante do conhecimento definitivo, havia certamente a falta de maturidade. Era como um pueril medo do escuro levado adiante além de qualquer medida; e também havia nele a capacidade de esquecer típica das crianças. Quando estava bem-humorado, Leif se dava conta disso e olhava para mim quase com carinho. Não conseguia entender aquele meu alheamento e então queria saber da minha terra. Era provido de muito realismo, Leif. Como naquele dia de verão em que, justamente neste patamar, tinha reunido todos os prisioneiros para avaliar se estavam aptos ao trabalho. Sentado a uma mesinha militar, mandava desfilar diante de si uma longa fila de corpos nus que dividia em categorias. À terceira ou à quarta pertenciam os fracos demais ou, de qualquer maneira, incapacitados. Desta forma o alistamento para os grupos de trabalho não ficaria mais por conta do acaso. Assim sendo, quem estava sofrendo por causa de algum abscesso, de um edema mais ou menos volumoso, ou até mostrava sinais de disenteria nas nádegas pontudas, vivia um momento de alívio no sol estival. Os coxos e os estropiados iluminavam-se numa breve faísca de alegria ao preverem que poderiam ser incluídos entre os enfermos. No caso deles, Leif nem encostava o estetoscópio nos peitos macilentos, nem esperava que eu, o intérprete, perguntasse se sofriam de algum mal. As dificuldades só começavam quando algum istriano mais ou menos idoso tentava explicar até que ponto estava fraco. A duração da lenga-lenga só fazia irritar Leif Poulsen, docente norueguês de medicina na Universidade de Oslo; considerava-a um exemplo da choradeira italiana. No começo, esquadrinhava-me de cima a baixo quando me esforçava para explicar que os croatas da Ístria haviam sido abandonados a si mesmos durante séculos e que era duplamente injusto considerá-los de sangue latino; finalmente se rendeu. Sem mais esperar pelas minhas objeções, perguntava de antemão: "O que vamos fazer com este aqui? De onde ele é?" Não que a nacionalidade influísse na determinação das categorias, mas é sabido que a disposição psicológica do médico, até em condições normais, é muito significativa da avaliação das condições de um doente. Ali podia revelar-se um fator decisivo, quando Leif estava em dúvida entre arrolar alguém na segunda ou na terceira lista. Era questão de um momento, é claro, mas suficiente a incluir um corpo nu diante da mesa entre os incapacitados. Mesmo que isso não fosse de forma alguma uma garantia para o futuro, desse jeito Leif conseguia que não fossem os comandantes de pavilhão a enclausurar o rebanho humano dentro do qual escolher, aos murros e pontapés, os destinados ao trabalho. Totalmente diferente era, por sua vez, a situação no mundo crematório no verão de 1944. Dava para sentir a presença da segunda frente de batalha. E todos os dias Leif (antes de começar a ditar anamneses e diagnósticos) entrava no escritório do *kapò* e dava uma olhada na posição das linhas no mapa preso à parede. Nessas horas, alto daquele jeito, de cabelos brancos, roupa listrada e estetoscópio pendurado no pescoço, parecia o comandante de uma frota encalhada ainda confiante, no entanto, de poder retomar a navegação pelos vastos mares da humanidade.

NECRÓPOLE

Esses eram mais uns casos em que eu permanecia fechado em mim mesmo, com algum ceticismo protetor no coração ou onde, porventura, se encontre a sede da desconfiança e da dúvida, do eterno quem está lá e da cilada inesperada. Mas eu estou errado: Leif não sentava à mesinha militar neste patamar, mas sim no outro onde eu estivera antes. Aqui já estou quase no topo: posso ver lá em cima a armação da forca. Pois é: naquela estranha tarde de fim de março o nosso olhar não podia chegar até ali. Estávamos muito mais embaixo. Já não havia neve, mas de vez em quando caía um pé d'água, de forma que de nada adiantava ficarmos apinhados uns em cima outros, pois os trapos ficavam ainda mais colados nas costas. A manhã tinha passado igual a muitas outras, sem que nada de especial acontecesse. Uma SS podia perfeitamente enforcar alguém no gancho atrás do forno sem a notícia chegar ao barracão. Vez por outra um chefe de pavilhão empurrava até a *Weberei* um sujeito nu que não se dera conta a tempo dos ataques da disenteria. Naquela manhã fora a vez de um jurista de Lubiana, um varapau de óculos espessos. "*Verfluchtes Dreckstuck!*"[26] esbravejava, empurrando-o aos pontapés para o *Waschraum* onde havia grandes pias redondas. "*Pass mal, wie er stinkt, der Verfluchte!*"[27] Um soco deixara sem fôlego o pobre infeliz, enquanto os seus óculos voavam longe no cimento. As brancas escleras dos seus olhos reluziam perdidamente na penumbra do local. "*Bleib da stehen!*",[28] berrara o algoz,

---

[26] "Seu maldito cagalhão!"

[27] "Sente só como fede, o maldito!"

[28] "Fique parado!"

e o culpado se agarrara com as mãos na borda cinzenta da bacia de cimento de fundo plano que cercava uma coluna com uns furos na ponta, dos quais de manhã bem cedo jorravam finos jatos sob os quais era preciso enfiar a cabeça e os ombros nus. Só que agora, daqueles furos, não jorrava coisa alguma; então, o chefe de pavilhão pegara um balde de água gelada e derramara-o sobre aquele corpo nu, que estremecera, com a espinha que se curvava como o dorso de um animal exausto sob o golpe de uma chicotada. "*So Mensch.*"[29] E mais um balde, com a água que escorria pelas costas e pela escadaria das costelas como ao longo da grade de uma janela na qual se pendurara um pergaminho; e depois até o meio daquela borboleta ressecada, de onde a sujeira escorria até o chão cinzento. "*So Mensch, so stinkst du nich mehr.*"[30] Pois é, não eram tão raras, cenas como essa. Uma lavagem dessas podia acontecer com qualquer um. Mas o que mais nos assustava era a chamada do meio-dia, porque no topo da colina deslizavam nuvens fuliginosas, elefantes sem patas de corpo cinzento e traseiro escuro. Logo a seguir, aqueles animais começaram a gotejar, para então derramar chuva de verdade. Quando acabamos de formar nossas fileiras, estourou um verdadeiro dilúvio, como se fôssemos investidos pelo jato de uma mangueira de bombeiros. O chefe de pavilhão passou de uma fileira a outra, espiou de lado para verificar quão impecável era o nosso alinhamento, dando pontapés nos tornozelos adiantados ou recuados; depois de dar

---

[29] "Pronto!"
[30] "Pronto, já não fede mais."

NECRÓPOLE

a volta na formação inteira, soltou um murro nas costas de um sujeito da primeira fila e só esqueceu a sua amabilidade quando uma SS apareceu para nos contar. Aí, grandalhão e pesado como ele só, empertigou-se como o tronco de uma árvore e gritou: "*Mützen ab!*"[31] Longas fileiras de mãos fizeram estalar os bonés nas calças molhadas. O vento fustigava com seus borrifos de chuva as fileiras daquelas espécies de caveiras plantadas em cima de estacas listradas, e a SS de capa impermeável marrom tomava nota numa tabuleta que segurava nas mãos; enquanto isso, na ponta da formação, o chefe de pavilhão, de peito estufado como um desengonçado gorila em pé, apertava o boné contra as calças. E todos estavam daquele jeito, rígidos na vertical, para a contagem e mais ainda para que o pano não aderisse às costas e a água pudesse escorrer na superfície externa do casaco de juta. A consciência se defendia com todas as suas forças da aniquilação e afastava a imagem do forno; o coração implorava o milagre de poder voltar, mesmo só por um momento, ao mundo dos homens. Isso mesmo: naquela hora eu rezei. Era uma repetição rítmica de preces, como as contas de um rosário, como gotas de calor que caíssem no estojo protegido pelos arcos das costelas molhadas. Uma oração sincera, nascida do irradiar-se de um terror infinito. Quando o gorila recomeçou a berrar, as mãos derramaram os bonés encharcados nas cabeças cadavéricas, os corpos começaram a mexer-se no lugar para evitar a chuvarada, embora pernas e braços, a essa altura, parecessem calhas pelas quais

---

[31] "Tirar chapéus!"

a chuva escorria até os tamancos e o chão. Acima de nós, a abóbada negra da cinza molhada desfazia-se preguiçosa, deixando, dessa forma, a parede da montanha envolvida na escuridão, a escuridão do fim do mundo que se aproximava bem no meio do dia. Isso acontecia no nosso patamar, lá embaixo, e em outros patamares mais acima. Apesar de tudo, os olhares continuavam tensos, virados para o topo à espera de que as fileiras superiores se mexessem para voltar, cada uma ao seu pavilhão, e que a comida começasse a chegar das cozinhas. Cada pavilhão fazia jus a duas marmitas de sopa aguada, mas quente; e, de qualquer maneira, capaz de enlouquecer de desejo os capilares e de catalisar a volúpia das pupilas fascinadas pela nuvem branca de vapor que exalava do caldeirão. O corpo encolhia os ombros para diminuir a superfície exposta à chuva, contraía o pescoço e fechava os punhos para resistir às investidas do frio e da umidade. Um abismo de vazio dentro de você, a ponto de engolir (você sabe disso, pode sentir) o último fragmento de razão. As fileiras mais acima, no entanto, não se decidiam a sair de lá; a abóbada baixa tinha achatado ainda mais a escuridão contra a parede da montanha. Talvez alguém estivesse faltando, talvez tivéssemos de esperar naquele dilúvio até ele ser encontrado e, quem sabe, até mais, até ele ser trazido de volta ao *bunker*, desfalecido. Mas aí a SS subiu a escadaria, movendo depressa suas botas afuniladas de um degrau para o outro, enquanto as fileiras paralelas dos olhos acompanhavam o esvoaçar da sua capa de borracha através do retículo das gotas de chuva. Vai ver que acabara de dar uma olhada no *bunker* e no forno crematório; quando chegasse ao topo, iria provavelmente

NECRÓPOLE

dar a ordem para a gente se dispersar. As fileiras no patamar acima do nosso, no entanto, permaneciam no lugar, assim como as de todos os demais, apesar de as pesadas botas terem certamente chegado ao cume. Só um murmúrio meio abafado passou imperceptível pela tropa, e talvez nem mesmo um murmúrio, mas sim apenas o cicio de panos molhados que roçavam em mais panos molhados. Enquanto isso, o aguaceiro abrandara e, junto com as raras gotas de chuva que o vento ainda turbilhonava no ar, chegavam de cima os surdos baques de uma marreta (era o que parecia) que golpeava alguma viga. Pouco a pouco, a abóbada escura do céu começou a rasgar-se e, através daqueles farrapos, um grande polvo negro foi se espreguiçando: com o seu ventre inchado iria encobrir a encosta e impregnar de restos humanos a terra e os bosques. Mais baques? O pensamento começou a errar assustado pela cavidade craniana, os olhares fugiam à esquerda e à direita, mas no fim os olhos foram forçados a deter-se de novo nas costas da fileira no patamar logo acima. Aquelas costas também estavam incertas, tensas e inquietas, pois, mais para cima, esbarravam na parede de uma idêntica fileira. Alguém disse alguma coisa. O quê? Mas o corpo estremecia nos canos de juta molhada e, ao saber da confusa notícia, não foi sacudido por arrepios, como no contato com as gotas de chuva que agora desciam fartas pelo pescoço; tornou-se, em vez disso, ainda mais profundo o cansaço, que os abismos da fome tragavam para o centro da terra. Verdade? Um rapaz russo? A formação do patamar superior enrijeceu, como se a SS de capa de borracha tivesse voltado a contar as fileiras; agora o polvo que nos dominava, cada vez mais inchado, tinha perdido os tentáculos e voltara a ser um elefante fuliginoso que se arrastava morro acima sobre patas cortadas, rastejando sobre o ventre, como se, apesar daqueles cotos, fosse forçado a subir até o topo, chamado por palavras que de vez em quando chegavam até nós, parecidas com obscuros e chiantes lapíli arremessados pela invisível cratera de um vulcão. Os olhos estavam fixos na fileira superior: aquela tropa havia estremecido, assim como estremecera a de cima, e também estremecera aquela ainda mais para cima. E o que os olhos pareciam tentar decifrar, naqueles mínimos movimentos, era o reflexo da sensação de um fato, e tentavam decifrá-lo passando de uma fileira a outra até chegar àquela do patamar mais alto, testemunha do que estava acontecendo. Mas, afinal, continuavam sendo homens de costas plantados no chão, em posição de sentido. Imóveis, com seus crânios raspados; e, mesmo assim, como que penetrados por uma onda: o tremor leve pelo qual havia sido agitado o corpo pendurado, antes de enrijecer numa tensão imóvel. No céu, as nuvens reduziram-se a asas de uma negra ave de rapina que, no topo da montanha, bicava o osso de uma caveira de madeira. Mais uma vez os baques surdos. Então as fileiras começaram a mexer-se. Primeiro somente no patamar mais alto e, pouco a pouco, até nos inferiores; moviam-se devagar, para que os panos molhados não roçassem na pele. As cabeças estavam todas viradas à direita: no degrau mais alto da pirâmide deserta, um corpo jovem oscilava solitário, como que pendurado na baba solta pelo bico da ave rapace quando comprimira as nuvens negras com suas asas. Balouçava devagar, como um para-raios giratório, enquanto atrás dele o pessoal já tirava das cozinhas as marmitas a serem levadas escadaria abaixo. Os rostos viravam-se para o corpo solitário, mas instintivamente acompanhavam o vapor que subia das marmitas e atraía as fileiras para os pavilhões, primeiro lentamente, quase sem mexer os pés, e aí cada vez mais rápido, à medida que se aproximavam do barracão; no fim, entravam correndo, agarravam as tigelas vermelhas, sentavam às mesas, acotovelavam-se apressados. De juta molhada colada na pele, olhávamos com desejo aquela colher que por dezoito horas seguidas havia sido o centro do nosso respiro e que era agora mergulhada na marmita que avançava entre as mesas. Então, finalmente, o nosso rosto ficava diante do recipiente e a boca começava a devorar o caldo quente e ralo. Um sujeito que esperava a sua vez disse que os pés do jovem tocavam na tampa do alçapão, e que, portanto, tiveram de tirá-lo de lá e enforcá-lo de novo. O aposento estava cada vez mais escuro devido às nuvens diante da janela, mais uma vez parecidas com elefantas grávidas, enquanto o rapaz continuava a balançar lá em cima, entre a nuvem e a marmita, todo envolvido pelo quente vapor. O tal sujeito que ainda não havia sido servido acrescentou que o jovem russo sorrira quando colocaram o laço em volta do seu pescoço; e pareceu-nos que, com aquele sorriso, de muito longe e através de uma densa neblina, também chegasse para nós o perdão por acharmos tão boa aquela comida aguada mas quente, e tão agradável o vapor, a ponto de quase não sentirmos mais a umidade nas costas, nas coxas e nos cotovelos, e pelo fato de a colher de madeira procurar com tanta esperança um pedacinho de batata raspando o fundo metálico da tigela.

Boris Pahor

* * *

Agora a forca está diante de mim e estica avidamente o seu bico de madeira para o céu estival. Logo embaixo há uma caixa quadrada cuja tampa se inclina quando se pressiona o pedal atrás da estaca vertical. Se o sapato pisa de leve, os pés do condenado escorregam na tampa que se abaixa devagar enquanto, mais para cima, o laço vai paulatinamente apertando. Agora percebo por que ficamos tanto tempo de pé. Era uma forma de agonia prolongada; assim como era uma agonia prolongada o enfraquecimento sem fim dos corpos famintos. Ao que parece, o alemão precisa do ritmo de um lento, refreado sadismo com que torturar a si mesmo na expiação dos antigos crimes da sua raça. Nesta funérea loucura, os desvios sexuais tinham um papel bastante importante, considerando o zelo com que o regime se dedicava a esterilizar e castrar. Nas experiências de esfriamento em água gélida, Himmler insistia para que o prisioneiro à beira do congelamento fosse aquecido pelo corpo quente de uma prisioneira nua. Veio pessoalmente a Dachau para assistir à cena e achava a maior graça quando, num prisioneiro que sobrevivia à prova do gelo, o calor feminino despertava o instinto sexual. Mas agora lembro que este apetrecho de madeira é igual ao erguido durante a Primeira Guerra Mundial perto do Piave, quando os patriotas tchecos eram enforcados junto com os soldados italianos. Penso nas fotos contidas em *Sui campi insanguinati*, de Matičič: fileiras de rudimentares forcas que o general Wurm mandara levantar desde o Piave até o Tirol para várias centenas de legionários.

NECRÓPOLE

Os sapatos militares dos enforcados quase roçavam no solo, enquanto as pessoas em volta olhavam apatetadas; qualquer um, com efeito, poderia ir ver. Macabro espetáculo de advertência e de medo. No livro de Matičič também há uma foto na qual se vê um carrasco que está ajeitando o laço em volta do pescoço de um tcheco. O tcheco, de mãos atadas atrás das costas, está em pé sobre uma caixa, perto de uma árvore na qual haviam sido pregados dois pedaços de madeira para formar um triângulo. O corpo robusto e tranquilo; a face quase adolescente, recolhida, ausente. As pálpebras fechadas escondem sabe-se lá qual solitário pensamento. Talvez um voo até a pátria para uma derradeira despedida dos seus bosques, do rosto da mulher; mas os traços já parecem distantes; mescla-se neles uma muda e viril tristeza, um alheamento rebelde. Nunca poderia ter imaginado que o seu puro amor pela liberdade iria concluir-se atrás do cercado de um pomar italiano, entre mãos rapaces que cuidariam com fervor do seu pescoço. Seu rosto é um véu escuro que desceu sobre tudo que é humano. O mundo que o cerca já não o alcança e nem se dá conta daquele soldado austríaco que, com a mão direita apoiada no tronco da árvore, mantém os olhos fixos na caixa que sustenta a vítima e espera impaciente o momento de desferir um pontapé. O jovem que balouçava aqui na hora da comida, por sua vez, escarnecera a chamada das autoridades do campo; e quando o desataram (da primeira vez o enforcamento não surtira efeito) foi tão atrevido que chegou a cuspir nos representantes da nova ordem europeia. Anne Frank diz que, apesar de tudo, nunca deixou de acreditar que o homem é fundamentalmente bom.

Pois bem: concordo com ela; o problema, no entanto, é saber quando a sociedade será organizada (e quem a organizará) de tal forma que já não sejam a corrupção e o sadismo a expressar-se livremente, mas sim a bondade.

O guia, apoiado em seu cajado, está trazendo o seu grupinho para cá, para o qual explica a técnica da lenta sufocação. Eu me afasto, fico no meio do patamar, onde há um pedaço de trilho de bitola estreita, um vagãozinho virado e um cúmulo de seixos de granito. Objetos simples e solitários, porém mais eloquentes que um longo relato acerca dos corpos enfraquecidos que lutam com o granito na mina a céu aberto. Luta que não experimentei pessoalmente; sei que, se tivesse sido forçado a transportar aqueles grandes amontoados de pedras, agora não estaria aqui, contemplando os trilhos e o vagãozinho. Continuo devendo isso ao meu mindinho. E a Jean. A proximidade dos visitantes, contudo, torna-me inquieto; parece-me não ter chegado do mundo externo, esta tarde, mas sim de ter sempre estado aqui à espera deles, e tenho a impressão (como, aliás, todos os prisioneiros) de que toda notícia seja um fragmento da vida real. Reaproximo-me, então, do guia para ouvir o que diz. Está contando a história de um atleta profissional tcheco, um campeão de salto em altura, que tinha encontrado sabe-se lá onde uma longa vara com a qual, do patamar mais baixo, conseguira voar por cima do arame farpado eletrificado e cair, livre, entre as árvores. Obviamente, foi quase de pronto recapturado. O murmúrio dos turistas não me deixou entender como. Talvez tivesse machucado o tornozelo, ou então fora farejado pelos cães. Chego mais perto do grupo. O homem

NECRÓPOLE

apoiado no cajado conta que o jovem tcheco foi levado na presença do comandante do campo que, pasmo diante de tamanha destreza, disse: "Se conseguir pular de novo, estará livre." O jovem, na certa, deve ter ficado desconfiado, mas o que mais poderia fazer? Mesmo não acreditando na promessa, devia tentar livrar-se daquele inferno; com a mesma vara superou com um pulo o arame eletrificado. Se apenas roçasse nele, morreria fulminado. Mas toda essa habilidade não o livrou da forca. "Era assim que o comandante alemão cumpria com a palavra!", comenta o guia que, agora, com aquele seu cajado, parece apenas um ingênuo velhinho. É claro, só falou desse jeito para impressionar o seu público, mas uma frase dessas estragou a atmosfera que ele mesmo criara com a cena tirada das suas lembranças. Enquanto isso, volta à minha mente um estudante universitário, ele também tcheco, mencionado no livro de Matičič. Haviam-no capturado no Piave; aos pés da forca falara em liberdade e no fim da Áustria madrasta; então, recusando com orgulho qualquer ajuda, pusera sozinho o laço em volta do pescoço. A corda, no entanto, se partira: aí o corajoso legionário, ficando em pé, dissera que, segundo a lei austríaca, o condenado à morte está salvo se a corda arrebentar. A resposta fora seca: *"Noch einmal aufhängen."*[32] O estudante, então, repelira novamente quem estava em volta, não querendo ser tocado por nenhuma daquelas mãos, e dissera: "Ixe, deveriam se envergonhar, seus trapaceiros!" Passou um quarto de século entre aquele "ixe" e a cusparada do nosso enforcado diante do

---

[32] "Enforquem de novo."

comandante da SS; os caracteres dos atores dessas duas tragédias, no entanto, não mudaram absolutamente em nada. Mas como é maravilhosa a imagem do saltador em altura do qual hoje ouço falar pela primeira vez! Demonstra-nos que alguém, até naquelas condições, tentou quebrar o círculo mágico da impotência e do lento apagar. As árvores além do forno serviram de chamariz. Um atleta e o seu pulo para a liberdade. Para a liberdade! Deveríamos meditar um pouco mais sobre esse fato. Porque é verdade que um homem saudável e equilibrado é perfeitamente capaz de escolher sozinho o próprio comportamento; mas pode não dar conta do recado quando sofre um transtorno fisiológico e espiritual. A única solução possível, nesse caso, é a rebelião coletiva, que junta numa onda, numa rajada de vento, todas as sobreviventes fagulhas de energia. E as raras tentativas das quais estou a par foram coletivas. A de Mauthausen, por exemplo. Um pavilhão inteiro pulou da cama, à noite, jogando os colchões de palha nos fios de alta tensão. Claro, poucos conseguiram fugir dos dentes dos cães, mas todos os caídos salvaram pelo menos a própria dignidade de homens. Mas agora é inútil meditar sobre estes fatos. Totalmente inútil.

Esperei que o grupo se afastasse para aproximar-me de novo do instrumento de morte. Não sei o que levou a minha perna a dobrar-se sobre o pedal; talvez uma tendência automática para a imitação, lei fundamental para todos os seres vivos. Talvez

NECRÓPOLE

eu quisesse pôr à prova a resistência do alçapão, até que ponto ele cedia à pressão. Talvez quisesse averiguar se o aparelho, depois de vinte anos, ainda funcionava. Enquanto o meu pé se levantava, dentro de mim surgiu uma espécie de oposição total àquilo que estava a ponto de fazer, de um fundo invisível veio ao meu encontro uma parede nebulosa, a mesma que aparece toda vez que me vejo diante de uma ação atrás da qual obscuras sanções estão de tocaia. Disse a mim mesmo que precisava vencer aquele fetiche de madeira, que só queria averiguar quão dobrável era o pedal, de quanta força o pé precisava para empurrá-lo. Mas aquele esconjuro de nada adiantou, e, durante a rápida tentativa em que senti que o pedal cedia, também percebi que já não me importava minimamente com a tal verificação; fui, então, invadido pela turva consciência de que o que estava fazendo era tentar forçar às cegas uma atmosfera por si só já profanada até demais. Afastei-me do tronco daquele guindaste de madeira e limpei automaticamente a sola da sandália nos fragmentos quebradiços de cascalho branco que cobrem a clareira. Passando ao lado do vagãozinho e dos trilhos, meio confuso devido aos meus gestos mesquinhos, pensei que havia sido um pé humano como o meu a acionar a tampa para deixar escorregar os pés do enforcado. Não, não era uma justificativa para os meus gestos ingênuos, mas somente o amargo descobrimento que, mais cedo ou mais tarde, na pegada deixada por um pé culpado poderá algum dia pisar outro pé até então totalmente inocente.

Agora eu deveria dirigir-me à saída: mas demoro-me mais um pouco, como já fiz lá embaixo, quando não me decidia a subir a escadaria. Olho em volta, observo a encosta, e já me parece perceber a irracional saudade que tomará conta de mim quando estiver longe daqui. O silencioso cemitério do qual já fui inquilino deixou-me sair, mas só de licença, e agora estou de volta. É aqui que eu moro; nada tenho em comum com aquelas pessoas que se encaminham à saída e que muito em breve estarão mais uma vez ocupadas a enumerar os fatos, a dividir as horas e esmiuçar os minutos. Esta é a praça-forte de um mundo perdido que se estende a perder de vista sem nunca poder se encontrar com o mundo dos homens, pois entre os dois mundos não há qualquer ponto de contato. Por isso fico arraigado aqui, exatamente como me aconteceu no deserto do Saara, onde viramos chama entre as chamas e mesmo assim nos sentimos tão envolvidos pelo vazio desmedido e pela imensidão aniquiladora que mais tarde, quando já estamos longe, ficamos divididos e à mercê de um único desejo: voltar... Só que o fogo do deserto é puro, os grãos de areia inocentes; aqui, ao contrário, mãos de homens atiçavam o fogo nos fornos: a terra deste mundo é impregnada de cinzas humanas. Ou talvez eu não consiga dizer adeus a estes patamares pela razão oposta: por conseguir abraçá-los com um só olhar justamente por estarem tão fechados sobre si mesmos. Não existe o desmembramento de outros campos, não há coisa alguma que se saliente numa ou noutra direção. Dá para ver tudo. Tudo tem a sua ordem ajuizada. Para a exigente patroa foram

NECRÓPOLE

delicadamente esculpidos degraus ao longo da encosta, de forma a poder descer até a sua ara ardente. Não sei. Não sei o que me falta. De qualquer maneira, eu também acabarei saindo pela porteira de madeira, como os demais, e levarei comigo esta atmosfera para a banalidade cotidiana. E talvez a causa da minha hesitação seja justamente a necessidade de guardar em mim alguma coisa que supere o silêncio desta atmosfera. Algo que não eliminaria a imagem, mas que anularia a sua força quase onírica. Mas não há o que guardar, não há o que tirar daqui. E, além do mais, até esta minha visita com a qual dei uma migalha de sentido aos meus dias vazios de homem vivo está a transformar-se, apesar de mim, num ato misericordioso um tanto piegas. Que seja. Que seja, então, uma homenagem aos manes dos meus companheiros mortos. Mas aqui não há qualquer coisa viva que eu possa levar comigo. Não há revelações. No máximo, a confirmação de que não pode haver uma divindade boa e onipresente que tenha permanecido como testemunha muda diante desta chaminé. E diante das câmaras de gás. Não: se houver alguma divindade, é uma divindade que não conhece nem pode conhecer a diferença entre o bem e o mal. Isso, de novo e mais uma vez, significa que somente o homem pode dar ordem ao mundo no qual vive e mudá-lo de forma a realizar nele as ideias boas em lugar das más. Assim, pelo menos em escala humana, seria possível mudar o mundo. O homem aproximar-se-ia da ideia de bondade com que sonha desde que se tornou consciente das próprias capacidades. Aproximar-se-ia da divindade boa que o seu coração concebeu.

Boris Pahor

Pois é: mas agora preciso sair: não há realmente coisa alguma que eu possa levar como viático desta cerca mágica de arame farpado que o tempo está enferrujando.

Aqui estou eu, diante dos quarenta e cinco metros de monumento que dominam as densas fileiras de cruzes brancas. Todo francês que se tornou poeira no mundo crematório alemão tem aqui a sua *Nécropole nationale du Struthof*. O monumento é realmente majestoso, uma demonstração de amor de um grande povo por seus filhos. A parte esquerda do cilindro é sulcada em diagonal: uma linha tortuosa bastante inclinada que, na base, se arredonda para dentro. A parte direita foi absorvida pelo vazio: sobrou apenas uma aguda aresta vertical. Dentro deste grandioso símbolo de vida decepada está gravada a figura de um corpo raquítico inexoravelmente preso à pedra branca, assim como no passado ficou preso às flamejantes tenazes da bocarra impiedosa. A cúspide aguçada do monumento é uma lança triangular apontada contra o céu, de perfil virado para o Donon: diante das suas olheiras vazias descortina-se todo o anfiteatro dos Vosges. Foi uma sábia ideia construir uma necrópole nacional num campo de concentração ainda cercado de arame farpado, como se fosse uma rede capaz de protegê-lo da labilidade da memória humana. Mais ainda que a admiração pela maturidade e o piedoso orgulho de um grande povo, no entanto, sinto novamente despertar em mim a indignação pela maneira como — é história

NECRÓPOLE

de ontem — nós eslovenos descuidamos daqueles que voltaram dessas colônias de extermínio e, pior ainda, dos que não tiveram tal sorte. Como se alguém tivesse decidido que o aviltamento experimentado aqui teria de acompanhá-los pelo resto da vida, gravado a fogo em suas testas como os números tatuados no antebraço esquerdo das nossas mulheres em Auschwitz. Mas por quê? Por que a auréola de heróis para aqueles que tombaram de arma na mão ou agarrados a uma metralhadora, e uma lembrança só vagamente acenada, para não dizer o silêncio absoluto, para os que foram consumidos pela fome? Por que se livraram de forma tão arrogante de um hóspede incômodo? Quem, na retaguarda, tornava possível que o combatente lutasse na frente de batalha não era, afinal, tão heroico quando o rebelde armado? Não era até mesmo mais heroico, sabendo que, uma vez capturado, só poderia contar com a própria força de caráter, enquanto o herói que agora é coroado de glória tinha entre si e o corpo do inimigo uma arma de fogo com que sustentar a própria coragem? Por que dois pesos e duas medidas? E se, na verdade, alguns se portaram mal, e até colaboraram com os exterminadores, por que uma sombra maligna deveria recair sobre toda a multidão dos mortos e dos poucos sobreviventes? Mas nós também somos culpados, nós que voltamos, porque não reagimos. Decepcionados com o mundo do pós-guerra, encolhemo-nos sobre nós mesmos e afastamo-nos na ponta dos pés para plagas abandonadas onde a terra ferida só gerava discórdia. Deveríamos ter falado não só em nome dos companheiros transformados em cinza e da nossa honra, mas principalmente para salientar a importância da nossa abnegação que pertence, mais até que a abnegação na frente de batalha, ao tesouro da experiência humana.

Percorro a pé a estrada tortuosa acima do campo. Leva à pedreira, mas não tenciono chegar até lá. À esquerda continua havendo o bosque; à direita, alternam-se moitas e a encosta pedregosa. De vez em quando, de trás de uma curva, aparece um carro, e os olhos dos viajantes se fixam no andarilho que o crepúsculo vai confundindo com a paz montanhesa. Pois bem, em qualquer outro lugar os viajantes também ficariam surpresos vendo um homem que anda sozinho no asfalto com a calma de quem não tem rumo nem finalidade. Na rua de Dutovlje as pessoas também me olham do mesmo jeito, antes que eu entre no parque perto da escola. Mas agora, provavelmente, para esses viajantes devo parecer a sombra de um morto que, por engano, botou os pés numa grande via de comunicação enquanto errava pelos amplos campos sem tempo. Por um momento, o motorista não sabe se deve tirar o pé do acelerador ou pisar com mais força. Em suma, vaguear assim talvez não sirva para nada; mas é mais forte do que eu, não consigo deixar de acreditar que, mais cedo ou mais tarde, os homens se acalmem, se cansem de construir como alucinados cidades gigantescas, de correr até perder o fôlego pelos seus labirintos salpicados de verdes e vermelhos olhos arregalados. Entraremos (acredito) numa longa época em que a humanidade se espalhará e procurará novamente o verde,

NECRÓPOLE

os bosques, os rios; então, na paz e no silêncio, avaliará com calma todos os erros do passado. Isso não quer dizer que recusaremos como um todo a evolução conseguida; mas nos daremos conta de que as enormes aglomerações das cidades não representam absolutamente uma solução para a nossa maneira de viver; e aí recomeçaremos a travar conhecimento com a nossa pátria terrestre desde que, antes, nos nossos devaneios neuróticos, não a aniquilemos com a energia que liga os átomos. Pois é, a incógnita é essa. O homem é tão extravagante e curioso que talvez sinta vontade de transformar o nosso planeta num belo fogo de artifício. E, vejam bem, deveriam bastar-lhe as paisagens que podemos evocar com a fantasia observando as fotos de Hiroshima. Quando voltei para cá pela primeira vez, dois anos atrás, não pensava nessas coisas; mas, durante o passeio solitário na estrada fui tomado por uma angústia inesperada. Pouco antes, assim como hoje, andara pelos velhos degraus, parando em todos os patamares: mero deslocamento entre objetos conhecidos, numa atmosfera familiar. Mas quando fiquei diante do bosque sombrio percebi uma leve mas inegável descarga elétrica correr pela minha espinha. Como se tivesse acordado de repente no meio da natureza livre; como se, apesar dos longos meses passados aqui, apesar de anos inteiros de lembranças que pairavam em volta, eu acabasse de descobrir naquele mesmo instante as tetras figuras que esta montanha abrigava. O efeito de um lampejo dentro de uma câmara escura. Dei-me conta de quão profundamente estivesse marcada a encosta que deixara para trás, que de repente me pareceu oprimida por uma treva de chumbo capaz de rachar a sua crosta ao mais leve sinal de terremoto; e tive a impressão de que o gelo de um abismo sem fundo estava a ponto de engolir a montanha, tragando-a em sua voragem. Ao mesmo tempo, parecia que a terra já se rachara, deixando os mortos saírem, como obscuros embriões de fetos que se rebelavam contra a interrupção forçada do seu desenvolvimento. Não, não conseguirei dar uma ideia, nem mesmo de forma aproximada, da perturbadora revivescência daquela atmosfera. Era como se todos os mortos estivessem aqui, na estrada encastoada nesta garupa escura de árvores magníficas, em lugar de lá embaixo, nos patamares. Mais que espíritos em movimento na sombra espessa dos troncos silenciosos, no entanto, evocavam antes o ataque de uma massa compacta que defendia o seu território da curiosidade de um homem que simplesmente passeava, decentemente trajado, com suas leves sandálias estivais. Hoje não voltei a experimentar essa impressão. Claro, mesmo agora estou pensando nas longas fileiras que vão à pedreira ou voltam de lá e digo a mim mesmo que, dois anos atrás, deve ter sido a improvisa sensação de poder encontrar a qualquer momento, logo adiante, a cambaleante multidão zebrada a provocar aquela horrenda aflição. Ficara com medo de encontrá-los? De encontrar os que haviam estado lá comigo, e eu com eles? Não, sou levado a pensar, antes, que no profundo silêncio do anoitecer fui arrebatado por um clarão de clarividência, daqueles que acontecem com artistas ou ascetas; era o despertar do entorpecimento em que nos mergulhara a morte. Por isso é mais apropriado falar de fetos que reviveram em mim, no escuro, despertando de sua imobilidade eterna; e o aspecto impressionante

NECRÓPOLE

da sua proximidade hostil, aqui, fora do reino do arame farpado, nascia justamente da consciência de que o extermínio coletivo deles se ligara ao infinito alheamento em relação à natureza e ao universo, e se manifestara como uma monstruosa antítese da minha existência. Isso mesmo, era o contato direto com a esqualidez cósmica, a experiência do vazio absoluto, um contato com o nada, com a essência do nada, que nenhum olho humano chamara à ressurreição, que nenhum sentimento humano enobrecera.

Struthof. A quinhentos metros do campo de concentração, na estrada que leva a Schirmeck. Aí mais um breve trecho de terra batida, quase uma vereda que se alarga diante do grande hotel de montanha, parente distante do *Planinski orel* do vale Trenta. Vim até aqui devido ao baixo edifício à esquerda, construído como um *bunker* no leve declive; através da porta escancarada, os ladrilhos brancos das paredes poderiam levar a pensar num estabelecimento termal no campo. Mas, mesmo que eu nada soubesse deste cômodo branco plantado ali, no meio da clareira, bastaria uma olhada para perceber que quem o arquitetou não tinha em mente ideias benfazejas. E, mesmo que eu não reparasse de pronto na ausência de banheiras e de chuveiros no teto, sentir-me-ia esmagado pela onda de vazio que sopra lá de dentro e envolve todo o edifício, quase o alheando do ambiente montanhês que o cerca. Diante de umas termas de verdade ficamos nos lembrando de esguichos deliciosamente quentes e das

Boris Pahor

pegadas deixadas pelos pés úmidos; é uma impressão que se experimenta ainda que se trate de banheiros abandonados ou desenterrados depois de séculos inteiros passados sob cinzas vulcânicas. Naquele tempo, eu nada sabia de preciso acerca deste aposento; pensava que se encontrasse sei lá onde dentro do campo. Era cercado por um mistério que não me intrigava; pertencia às imagens das quais, instintivamente, procuro manter-me longe. Agora sei, pelos livros que li, que ao professor Hirst foram entregues oitenta corpos, homens e mulheres, que o comandante do campo Kramer tinha matado com o gás entre estes ladrilhos brancos depois de recebê-los de Auschwitz. O professor Hirst guardava-os com todo o cuidado no Instituto Anatômico de Estrasburgo para estudar, neles, as particularidades somáticas do homem "inferior". Estava especialmente interessado nos comissários judeu-bolcheviques. Quando os aliados se aproximaram de Belfort, todos aqueles corpos conservados em álcool de 55 graus foram despedaçados e queimados; de forma que o professor Hirst não teve a chance de realizar os seus modelos de hominídeos nem de desossar os corpos para ficar, pelo menos, com os esqueletos. Berlim percebia que o avanço dos aliados não se deteria. Joseph Kramer, no processo, contou que as mulheres tinham de entrar aqui dentro completamente nuas; aí Hirst, através de um cano, introduzia no local os sais voláteis e ficava apreciando o espetáculo por uma janelinha. Seu testemunho está agora pendurado na parede, à esquerda da entrada. Isso acontecia em 1943. No ano seguinte, quando eu estava aqui, o local era usado (pelo menos na medida do que

NECRÓPOLE

eu pude constatar) principalmente com os ciganos. Vi-os no quinto pavilhão, quando cheguei ao *Revier* como intérprete de Leif. Antes daquela época, a câmara de gás só adentrara o território da minha fantasia como imagem vaga e indefinida. Na correnteza e nos meandros do rio dos famintos mantivera-se nos bastidores, muito mais distante que a chaminé e a sua fumaça. Pois é: naquela tarde, quando os istrianos voltaram ao pavilhão, o mal invisível passou muito perto de nós. Se aqueles prisioneiros idosos e de baixa estatura não tivessem voltado e não tivessem contado a sua aventura, nós teríamos ficado completamente ignaros a respeito da coisa. Não me lembro de onde foram tirados por uma SS, talvez tivessem sido pegos dentro do próprio pavilhão. Enfileirados diante do escritório da administração, como animais pressentindo a aproximação de uma tempestade ou de um tremor de terra, foram tomados por uma inquietação diferente daquela que sobe do vazio do estômago, diferente até do leve tremor que tomava conta de nós quando éramos acordados para ir ao trabalho. Os istrianos, ainda mais infelizes que os demais eslovenos, tinham aprendido com a história a interpretar todas as nuanças no amplo leque dos presságios. Começaram a agitar-se e a estropear como cavalos que cheiram a fumaça de um incêndio; e a SS era de fato um antigo moço de estrebaria acostumado a praguejar, a gritar e a bater na cabeça do animal, entre os olhos, a dar pontapés na sua barriga. Berrou alguma coisa contra os ciganos dos diabos; mas eles reagiram como camponeses calejados diante de um agrônomo inexperiente. "Não somos ciganos", disseram apontando para o grande I maiúsculo marcado com lápis indelével no meio

Boris Pahor

do triângulo vermelho. *"Italiener und Zigeuner, gleich!"*,[33] berrou
o homem, juntando novamente, aos pontapés, aqueles pequenos
seres inferiores que haviam se dispersado para mostrar a inicial
que traziam no peito. Eram letras tortas, traçadas por uma mão
não acostumada a escrever, mas claramente visíveis e, portanto,
talvez capazes de salvá-los. Àquela altura, depois de ficarem novamente agrupados e a ponto de serem levados embora, de repente,
como um pássaro que pressente a chegada do terremoto das
longínquas entranhas da terra, um daqueles homens definhados
sentiu vibrar em si um nervo escondido e gritou: *"Wir sind
Oesterreicher!"* [34] Aí o moço de estrebaria estufou o peito como
se estivesse diante de um oficial. *"Was?"*,[35] perguntou devagar,
pronto a agredir aquelas criaturas zebradas. Mas elas já estavam
falando animada e confusamente para explicar a frase milagrosa.
Pois bem, falavam um alemão que, desde o fim a Primeira
Guerra Mundial, se deteriorara a tal ponto que o homem de botas
se viu enredado numa maranha da qual tentava destrinchar-se
da única forma que a alma alemã conhece para resolver os seus
complexos irresolutos: berrando. Acabou, de qualquer maneira,
dirigindo-se ao escritório do intérprete, um jovem de Lubiana,
que logo se juntou ao grupo vociferante: mas ele tampouco
conseguia entender direito. Uma vez que não paravam mais
de se proclamar austríacos, não achou outra solução a não ser

---

[33] "Italianos ou egianos, dá na mesma!"
[34] "Não somos austríacos!"
[35] "O quê?"

NECRÓPOLE

levantar a voz, seguindo o exemplo da escola alemã. Finalmente, pouco a pouco, conseguiram explicar que haviam sido cidadãos austríacos até 1918. Assim, a SS escorraçou-os aos pontapés, e eles puderam voltar ao nosso pavilhão. Essa prova só conseguiu deprimi-los ainda mais: seus olhares pulavam de um rosto para outro, como se buscassem em nós a explicação daquilo que roçara neles como uma rajada gélida movida pelas asas de um pássaro noturno. Entretanto, só compreendi de que destino os velhos istrianos haviam se livrado quando vi no *Waschraum*, no quinto pavilhão, o primeiro cigano deitado no chão com a baba azulada que coava da sua boca. Nunca quis saber onde a câmara se encontrava; procurava cuidar, antes, dos jovens ciganos aos quais o professor administrara uma dose mais fraca, a fim de avaliar melhor a eficácia do novo gás. Ainda posso ver diante dos meus olhos aquele jovem, quase um garoto, que parecia um velho asmático pela maneira com que tentava, a duras penas, puxar o ar para dentro dos pulmões. Era capaz de apostar que desmoronaria a qualquer momento, enquanto entreabria a boca como um peixe fora d'água, ou que sucumbiria a um colapso cardíaco. Mas nada disso. Ao contrário: aquela tortura durou dias, semanas. Quando passava diante do seu leito, o seu bonito rosto oval e bronzeado sempre me acompanhava. Sabia, sem dúvida, que não podia ajudá-lo em nada, mas com aquele olhar implorante talvez só esperasse atar-me ao seu destino, para que se fixasse em mim, para que eu o vivesse em toda a sua inexorabilidade, fazendo-lhe companhia na sua viagem rumo ao nada.

Boris Pahor

Agora, diante deste *bunker* que abriga a triste câmara de ladrilhos brancos, revi o rosto daquele cigano ainda garoto; e fico pensando se no meu olhar, quando passava diante do seu catre de madeira, realmente havia um conluio secreto com o seu terrível mistério ou se, ao contrário, os meus gestos deixavam transparecer uma pressa só em parte justificada pelos meus afazeres, quando na verdade podia ser fruto daquela dedicação automática e despachada com que procuramos nos salvar de um atormentado e imbele constrangimento.

Enfim, aqui estou eu de volta ao camping. Venci mais uma vez a tentação de pernoitar numa casa de alvenaria e de dormir numa cama de verdade nesta Schirmeck ajuizadamente aninhada na encosta da nossa montanha. Não sei qual estranho desejo de contraste, de contraponto, tomou conta de mim já na primeira visita, ao entardecer, vendo uma pequena casa toda certinha e bem-cuidada. Imaginei até como poderia passar a noite no bonito hotel não muito longe da câmara de gás. Antes de dormir, pensei, entraria em contato com as sombras dos nossos mortos que viriam andando pela subida. Mas só levei um momento para perceber quão monstruosa e desprovida de sentido era a ideia: transformar-me por uma noite num turista qualquer, desejoso de experimentar novas emoções. Evitei, portanto, a emboscada sentimental. Fui ajudado pelo aparecimento de um pelotão de ciclistas nas ruas de Schirmeck. Não sei se era o Tour de France ou alguma competição mais modesta, em nível regional. As pessoas

NECRÓPOLE

apinhadas ao longo das calçadas aguardavam os corredores como se fossem o messias; surgiu, em vez disso, um pequeno carro empoeirado, dentro do qual fiquei olhando atentamente diante de mim para não perder de vista o ponto em que a fatal estrada de montanha se separava da rodovia principal. Não me sentia zangado (é claro) com o pessoal que se entregava a ninharias como aquelas no sopé de um Calvário do século XX; nada disso: sou fautor de uma vida feliz e serena. Mas a lembrança daqueles corredores fez com que eu, hoje assim como dois anos atrás, decidisse virar e pegar o caminho do camping. Parei num local afastado das barracas e dos outros carros. Tinha espaço suficiente para ficar sozinho na margem do gramado. Molhei as sandálias com o orvalho do capim espesso enquanto tirava o assento anterior direito e enchia o colchãozinho Pirelli onde iria dormir. Repeti inúmeras vezes estes gestos, nos últimos anos: deixar na horizontal o assento posterior, botar no meio um banquinho dobrável no qual deitar o colchão, esticar e dobrar cuidadosamente nele os lençóis, de ambos os lados, e aí repetir a operação com os cobertores de lã. Pois é: repeti estes gestos nos crepúsculos dos Alpes e de Amsterdã, nos de Amiens e de Tübingen; mas somente aqui esse automatismo de viagem tornou-se um ritual consciente. Na fraca luz da lâmpada sob o espelhinho retrovisor preparei o meu ninho naquele espaço apertado, saboreando quase com ciúme a liberdade reconquistada. Reconheço que aproveitei muitas vezes essa delícia; e agora, aqui, no sopé da encosta com os patamares, estou acordado com todas as fibras do meu ser. Percebo agora que o meu nomadismo é uma herança do mundo do *Lager*; mas ao mesmo tempo sei que, com o nomadismo, eu não me esquivo da comunidade — confirmo, aliás, que o homem tem direito a uma esfera de ação pessoal na qual não é justo que a comunidade ponha o nariz curioso e as suas unhas venenosas. Depois de voltar, transmiti aos vivos do melhor jeito que pude a mensagem daqueles que foram reduzidos a ossos humilhados; seja-me concedido, agora, tornar-me um livre romeiro. O meu isolamento estival, afinal de contas, transforma-se numa silenciosa união com todos aqueles homens que, distantes de toda crueldade, tentam evolver de objetos a sujeitos da história.

Sentado ao lado da minha cama de fortuna, após esquentar o leite e passar manteiga numa fatia de pão abiscoitado, tento reencontrar o sabor que tinha a camada de margarina espessa um dedo: mas o perfume do leite dos Vosges que fumega na panelinha rechaça os vislumbres do passado. Deixei que os rechaçasse. Enquanto tomo o leite quente, no entanto, volta diante dos meus olhos a choça montanhesa no sopé do Krn, onde bebericávamos o suco morno recém-ordenhado dos Alpes Julianos. Talvez estivéssemos errados, mas nos parecia saber a *nigritella** e sentíamos que a linfa dos nossos montes nos reforçava na luta contra o terror negro. Não podíamos nem de longe imaginar por quais

---

*Espécie de orquídea montanhesa, típica dos prados e dos pastos alpinos. (N. T.)

montanhas trocaríamos os cumes em volta de Tolmino. Isso mesmo: estou novamente lá. Penso em André. Comprei o seu livro na banca de jornais em frente ao campo. E a surpresa de segurar nas mãos o testemunho de um querido companheiro foi tão incrível que não achei nem um pouco desagradável voltar para o vale. Mas sob a foto na qual André é retratado em seu uniforme zebrado, no dia da libertação de Dachau, reparei numa pequena cruz com a indicação do ano 1954. Você se foi, André, depois de ter escapado tantas vezes aos passos silenciosos da perseguidora invisível. Nove anos. Foi-lhe reservado um período curto demais para que pudesse imbuir-se do esplendor dos seus campos, não teve tempo para satisfazer a avidez que enche os nossos olhos inquietos a partir do momento em que eles voltam ao reino das cores e da natureza que se renova. Por que não respondi àquela mensagem com que me convidava a visitá-lo em Sens? Enviou-a ao sanatório de Villiers: um minúsculo pedacinho de papel, daqueles que vocês médicos usam para escrever as receitas. Como homem prático, respondeu-me sem dúvida no primeiro papel que estava ao seu alcance; um papel, porém, encabeçado pelo seu nome, para confirmar a sua vitória sobre o anonimato da noite e da neblina. E foi assim que intitulou o seu livro: *N.N. Nacht und Nebel*. As iniciais que você tinha nas costas, traçadas com tinta a óleo vermelha. Como, no começo, só os holandeses e os noruegueses, mas depois os franceses e os belgas também. Dois grandes N nas costas; significava que não podiam ir trabalhar fora do campo e que o seu fim tinha de acontecer no terreno cercado pelo arame farpado. Provavelmente, conta no livro, as duas palavras simbólicas foram tiradas da ópera de Wagner. *Nacht und Nebel gleich!*[36] E no lugar onde havia uma pessoa apareceu uma coluna de fumaça. Sei lá, seria preciso averiguar. De qualquer forma, sei por experiência quanto os alemães gostam de juntar o monstruoso com a música. A bandinha em Dora, a orquestra nos nossos patamares mortos. As notas agem neles como um narcótico todo especial. Uma espécie de haxixe, que primeiro suscita visões fantásticas e depois excita o organismo até o furor e a loucura. Seria de fato oportuno procurar a origem desta desumanização, pois as explicações econômicas e sociológicas não bastam; e tampouco a teoria das raças de Gumplowitz ou os livros de Friedrich von Gagern. Você, André, no começo do livro cita como lema, por exemplo, as frases de Nietzsche segundo as quais não pode ser grande quem não sente a vontade de infligir um grande sofrimento. Sim, claro, toda mulher pode sofrer, assim como todo escravo; mas a primeira condição de grandeza é, ele diz, a de não dobrar-se diante dos ataques do aviltamento interior e da angústia da dúvida quando, infligindo dor, ouvimos gritar. Os criadores são inflexíveis, afirma, e será preciso alcançar a beatitude da inflexibilidade se quisermos imprimir um selo nosso que dure milênios. Nessas frases há o germe de todo o mundo crematório, apesar de Nietzsche, com sua elite, com o seu tirano-artista aristocrático, talvez não pensar em heróis como os que foram gerados pelo nazismo. Bertrand Russell, porém, afirma que a Nietzsche nem

---

[36] Noite e neblina de repente!

NECRÓPOLE

passou pela cabeça que o super-homem possa ser um produto do medo; quem não receia o próprio vizinho não sente necessidade alguma de destruí-lo. E aqui talvez esteja o embrião da explicação correta a respeito do insano êxtase ao qual se entregaram os alemães. Um medo primordial. Para a elite, medo de perder o momento histórico no qual expressar as próprias qualidades. Para a multidão, medo da elite, um medo que logo se transforma em adoração da autoridade, da ordem impecável, da disciplina absoluta. Até o irracionalismo e Rosenberg podem ser explicados pelo medo: o medo de o capital alemão não conseguir criar um espaço próprio, depois da derrota na Primeira Guerra, na luta pelas zonas de influência e pelos domínios coloniais. Portanto, André, você está errado quando, no prefácio, pergunta ao leitor se não seria o caso de aniquilar a estirpe que gerou Nietzsche, Hitler e Himmler, além dos milhões de executores das suas ideias e das suas ordens. Está errado porque, sem se dar conta, sofre a influência do mal que o contagiou. Não se porta como médico, em sua ira sacrossanta. É verdade que o cirurgião elimina as partes afetadas pelo tumor para impedir a metástase e também procura cortar fora o tecido circunstante porque potencialmente nocivo; mas, quando temos a ver com uma sociedade humana, precisamos proceder com muito mais cuidado. É necessário modificar o ambiente, e não simplesmente acabar com o assassino que foi estragado pelo ambiente. É por isso que o homem do pós-guerra ficou decepcionado nem tanto com aqueles que não destruíram o povo alemão (ideia monstruosa), quanto com aqueles que, para realizar seus planos de conquista, tornam possível a perpetuação das antigas perversões; com aqueles que confiam a pessoas infectas a criação de uma nova sociedade europeia, com quem permite a realização de processos de opereta que mais parecem uma gozação pública — e juridicamente enfeitada — que escarnece 10 milhões de europeus reduzidos a cinzas. Como diz o professor Mitscherlich, nenhum dos acusados pronunciou em sua defesa a simples frase: "Sinto muito." Entendo, André: a experiência da monstruosa calamidade abalou-o tão profundamente que gostaria de sufocar na origem a possibilidade de que ela aconteça de novo; absorveu o fedor da decomposição, da podridão e da diarreia dentro do qual trabalhávamos e dormíamos, e com todo o seu ser se rebela contra a piedade por uma raça que tanto envenenou e infectou a Europa e o mundo inteiro. Pois é, eu entendo; mas ao mesmo tempo sei que perdeu o rumo, e sinto muito que você já não esteja entre nós, pois do contrário amanhã apareceria no seu consultório, também devido à quarta edição do seu livro. Para mim, você também é André Ragot, médico em Sens; mas, principalmente, continua sendo aquele jovem de tamancos e uniforme zebrado, quase um estudante com a sua camisa desabotoada, um médico altruísta que não tem medo do tifo, amante da própria pátria e da liberdade do espírito. Sinto-o mais chegado a mim do que aqueles que estão fisicamente por perto, mas permanecem alheios ao nosso mistério.

Já faz algum tempo que apaguei a luz sob o espelho retrovisor, decidi dormir, mas gosto de observar as barracas por mais

NECRÓPOLE

uns momentos. Quase todas foram engolidas pela escuridão; só de uma ainda escapa uma larga faixa luminosa que me faz lembrar o espesso rabo de uma raposa que passou diante do meu farol esquerdo na encruzilhada de Stanjel. É tarde e ninguém brinca entre as tendas como ontem à noite em Tübingen. A barraca mais próxima está à minha esquerda; cinco ou seis pessoas sentadas em banquinhos dobráveis em volta de uma mesa de piquenique. Falam baixinho, não consigo descobrir a sua nacionalidade, mas afinal de contas não me importo em saber se são noruegueses ou holandeses. Talvez tenham sido trazidos para cá pela necessidade de encontrar, neste canto da Europa, a comunhão com a terra, e agora, no silêncio, devem estar ouvindo a secreta transmissão da natureza. Talvez eles também saibam o que significam as iniciais *N.N.* e tenham visitado os patamares lá em cima; durante a noite visões incríveis visitarão seus sonhos. O liame com a natureza será quebrado; irão encontrá-lo de novo à beira dos fiordes, junto das tulipas ou sob as asas dos moinhos de vento. Agora, no escuro, permanecem em respeitoso silêncio diante do mistério da terra e da parede da montanha que, invisível, abriga um acampamento de nômades do século XX.

Não acho que sonhei. Provavelmente as impressões da visita de ontem entrelaçaram-se na sonolência com as sombras que a noite de Markirch trouxe até mim antes que adormecesse. E não me parece ter dormido mal ou ter acordado, como aconteceu no camping de Tübingen onde passei a noite inteira me virando de um lado para o outro, entregue a um sono agitado. Talvez tenha voltado a pensar em tudo antes de estar totalmente adormecido; agora, que a noite passou, no entanto, diviso as imagens através do espesso véu de uma lembrança recém-redescoberta. Tenho como que a sensação de ter me escondido, ontem à noite, numa barraca do *Lager* e de ter esperado que o vigia trancasse a porta daquela espécie de choça deserta. Como poderia ele suspeitar que alguém tinha a intenção de passar a noite naquele espaço surdo? Não é um vigia do Louvre, onde estão guardadas pinturas famosas. Ali não há quadros capazes de tentar algum mal-intencionado. Pois é: é como se na calada da noite eu tivesse saído da barraca e me dirigido ao patamar. À minha direita, a escuridão envolvia o bico da forca; embaixo, figuras estriadas juntavam-se na encosta, uma turma após a outra nas estreitas esplanadas. Uma vez que não há mais barracas, dos lados só havia o vazio, e as fileiras se apertavam, como sempre, para se esquentar. Sem balançar para a frente e para trás, no entanto. Permaneciam sombras imóveis, cobertas por um pano grosseiro que não aderia a seus corpos, mas sim ficava pendurado em seus ombros como nos dentes de um ancinho, como num cabide de madeira que se percebia claramente sob o rude tecido. Não havia encarregados de revistar as fileiras perfiladas nos patamares. Só eu estava lá. Ficava afastado; percebia que não era eu o motivo daquela forçada formação deles. Mesmo assim, desenvolveu-se em mim um indistinto sentimento de culpa; antes que pudesse me concentrar para distinguir a sua origem, Leif apareceu ao lado da longa mesa, vi as fileiras de corpos nus no sol, à espera da visita, como se fosse

NECRÓPOLE

uma seleção decisiva. E eu era o intérprete, não decidia coisa alguma, não fazia mal a ninguém. As decisões clínicas tomadas por Leif também eram, afinal, determinadas por um rápido diagnóstico visual; o número não permitia qualquer outro método. Por que, então, aquele gélido mutismo da tropa ao meu respeito? Afinal de contas, não estavam certamente reunidos ali por minha causa, pensei. Vai ver que fazem isso todas as noites, depois de os visitantes vivos abandonarem os patamares. Juntam-se para reconstituir o valor da terra que os vivos pisaram com seus leves sapatos de verão. E ficam empertigados, em silêncio, olhando fixamente diante de si como derrelitos santos bizantinos. Pelo menos alguns deles poderiam virar-se, mostrar com um sinal da cabeça que me viram, ainda que com uma expressão de censura no olhar vítreo. Tudo seria melhor que esta fria indiferença. Mas do que estão me acusando? Por que me deixam passar ao seu lado, pela escadaria, como um estranho? Até vocês que estavam no meu barracão. Por quê? Não estávamos, afinal, sentados e deitados na poeira todos juntos, diante do barracão? Fazíamos aderir o corpo ao chão, na esperança de absorver a mais tênue onda reparadora proveniente de um longínquo mineral, uma onda misteriosa capaz de vencer as espessas camadas da pedra e do estéril terreno do campo, até penetrar os nossos tecidos atrofiados. Ficávamos ou não deitados todos juntos? Claro, aquele nosso estar deitados talvez fosse apenas a manifestação de um extremo abandono, de um automático desejo de repouso, e a união com a terra representasse o simples e definitivo aplacar-se de todos os contrastes, o afastamento de todos os sons. A nossa

263

imobilidade era parecida com a inércia de velhinhos de veias ressecadas e músculos murchos. Mas não, nada disso: os velhos não são tomados por uma sensação de vazio tão total, a percepção do eterno descanso que se aproxima não é tão consciente neles; os nossos olhos, por sua vez, quando estávamos deitados na poeira, acompanhavam os movimentos dos grupinhos que se afanavam no estreito espaço diante do barracão. Não era isso? Não estávamos todos atentos e vigilantes, no nosso íntimo? Até alcançar um certo grau de intensidade, com efeito, a fome não cansava nem paralisava, levava, antes, à ação irrefletida, à agitação cega. O ardente desejo do estômago transferia-se para a vista e a audição, excitadas, de tocaia, prontas a interceptar o mais leve e estimulante lampejo ou murmúrio. No fundo do coração, é claro, todos sabiam perfeitamente que mudança alguma poderia ou iria acontecer, que não haveria qualquer surpresa; mas, obviamente, o mero fato de estar de tocaia saciava de algum modo a necessidade de um corpo insatisfeito. Era o que se dava, por exemplo, quando os olhares acompanhavam as negociações na troca de pão por cigarros. O pedaço de pão, a inteira ração diária, tinha o tamanho de um cartão-postal e a espessura de dois dedos. Parecia a quarta parte de um velho tijolo e estava seco, gasto nas bordas, porque o dono o guardara escondido no peito, sob a camisa, de forma que ninguém lho roubasse durante a noite. Ainda assim era um verdadeiro pedaço de pão, e os olhos à espreita não conseguiam entender como alguém pudesse se desfazer dele em troca de uma dúzia de cigarros ordinários. Os olhos eram incapazes de compreender o fumante contumaz e acompanhavam os movimentos convulsos

NECRÓPOLE

dos seus dedos, enquanto o pontudo pomo de adão dançava da garganta porque o sujeito já estava com água na boca. Essa desaprovação por quem estava prestes a desperdiçar a única, tênue possibilidade de sobrevivência não impedia que os olhares famélicos acompanhassem o novo proprietário que apertava no peito aquele meio tijolo desbeiçado e, abrindo caminho, encontrava um canto onde saborear em segredo cada mordida. Não sucumbíamos, afinal, todos juntos, aos gritos abafados das nossas entranhas? Não éramos, afinal, todos igualmente vulneráveis? Parado nos degraus, na altura do nosso pavilhão, as minhas perguntas pareciam escritas com néon, brilhantes no ar noturno da montanha; as fileiras perfiladas diante delas, no entanto, permaneciam, mesmo assim, mudas. Por que não se mexiam? Por que nem uma única palavra? Vamos deixar para lá, melhor assim. O movimento de uma multidão descontrolada é, na certa, igualmente perturbador. Então, de repente, murmurei: "Eu sei, entendi, estão distantes e indiferentes devido àquele pedaço de pão que, logo que cheguei aqui, ganhei em troca dos cigarros." Terei, então, de confessar o meu pecado diante de vocês todos? Ora, foi uma só vez, só uma. Sim, sei o que estão pensando: que depois daquela vez nunca mais consegui cigarros. Pois é: não tenho como provar que a fome não iria me vencer de novo. A unicidade do ato não diminui o crime e basta para imprimir uma marca indelével na alma de quem o cometeu. Pensava que aquele pedaço de pão quadrado, se não ficasse comigo, acabaria, de qualquer maneira, nas mãos de mais alguém; e ficava em dúvida entre a magnanimidade de oferecer aqueles poucos cigarros para satisfazer o vício de algum fumante e a fraqueza induzida pela língua e o paladar que já sentiam o gosto do pão; pão que, de outra forma, a minha saliva só iria embeber à noitinha se não tomasse uma decisão de pronto, naquela mesma hora. O dia acabava de começar, eu ainda estava me recuperando da disenteria, as minhas mucosas tinham finalmente parado de escoar líquida podridão. Estava recomeçando a gostar do pão; durante a doença, cedera-o aos outros porque me parecia ter sabor de barro. Não, não estou procurando atenuantes. A consciência daquela fraqueza já me perturbou no exato momento em que o prazer do paladar deveria ter prevalecido. Isso mesmo: dava-me conta da minha mesquinharia, da minha miséria. Foi por causa daquele pão que decidiram ignorar-me? Foi por causa daquele pão que mantiveram o olhar fixo e distante? Alguém, pelo menos, poderia virar-se. Quem sabe vocês, que remexiam nas latas de lixo à cata de cascas de batatas. E vocês que se engalfinhavam para raspar o fundo dos caldeirões. Ouçam: mais tarde, quando me tornei intérprete... Mas por que me forçam a humilhar-me ainda mais mencionando esse outro fato? Sim, eu sei, desta vez não estava tão faminto quanto da outra, e quem doa sem sofrer as mordidas da fome não tem qualquer merecimento. É verdade. Mas também é verdade que só pode ser útil aos outros quem tem forças para agir. Pois, do contrário, não consegue dar conta. Sim, já sei. Estão querendo dizer que todos nós, enfermeiros ou que de algum modo tínhamos a ver com os doentes nos pavilhões, vivíamos do pão dos nossos mortos. A padiola os levava lá para

NECRÓPOLE

baixo, ao depósito, mas o quadrado de pão ficava na mesa. E nós o comíamos, nos alimentávamos dele. Isso mesmo, comíamos. E já posso intuir o que estão pensando. O mal não era comê-lo, era o fato de a gente contar com ele. E sabíamos perfeitamente quem iria nos deixar a sua ração. Já não éramos como vocês, continuamente, ininterruptamente famintos; os nossos afazeres absorviam-nos de tal forma que, na hora da comida, não estávamos presentes com todos os nossos sentidos. Não aceitávamos o pão de vocês como fiéis que vão se comungar. Não estávamos intimamente recolhidos diante do seu legado. Portávamo-nos como quando, depois de ficar por um bom bocado nus na escuridão da noite fria, nos entregávamos com avidez aos jatos cálidos dos chuveiros sem pensar no combustível usado para esquentar a água; só desejávamos que o calor durasse o bastante para esquecermos por algum tempo que dali a pouco, logo em seguida, o nosso corpo nu estaria mais uma vez à mercê do ar dos montes. Inseridos nessa ordem de coisas como ladrilhos num piso, comíamos o seu pão assim como o coveiro engole tranquilamente o almoço que mereceu com o seu trabalho. Mas vocês estão certos. Havíamos nos acostumado a tudo. Tínhamos ficado obtusos. Por isso, pensando bem, é justo que não me suportem devido àquele pão conseguido com os cigarros. Naquela hora ainda não existiam os movimentos automáticos criados pelo hábito. Naquele momento a fome torturava o estômago com suas mordidas rapaces e eu percebia com clareza que tinha ultrapassado o limite, que adentrara o território dos impulsos primordiais. Condenem-me, por aquele pão; pois, se finalmente o corpo daquele

Boris Pahor

fumante cedeu, em parte isso se deveu àquele pedaço de pão que comi no lugar dele. Se lhe tivesse dado de presente aqueles cigarros, ele não teria tido de privar-se daquela fatia de pão e, quem sabe, o seu perecimento tivesse sido mais lento. Mas ele entendera que para o ser humano, mesmo que se salvasse destes patamares, tudo estaria, mesmo assim, perdido; riu na cara da morte, arranjou o que mais desejava e desta forma foi grande, enquanto nós todos entramos no reino da mesquinhez, nós que não conseguíamos tirar os olhos daquele pão seco e desbeiçado. Sim, murmurei, acho bom que fiquem calados. E no meio dos pequenos platôs fiquei sozinho com a minha consciência, sem qualquer outra solução para vencer o silêncio imóvel, a não ser mover os pés e começar a descer lentamente, com todo o cuidado, os degraus. Consegui não fazer barulho porque não estou de tamancos, mas sim de sandálias. E mais uma vez percebi o quanto gosto de sandálias: dei-me conta de que só as sandálias tornam os meus passos leves e elásticos. E, de repente, ficou-me claro que as fileiras perfiladas nos patamares não haviam me ignorado intencionalmente; só não tinham notado a minha imagem viva porque inadequada aos seus olhos sem peso. Ficou igualmente claro que eles também deveriam ter ficado invisíveis para mim, e talvez o fossem, mas era eu a trazê-los aos patamares através da lembrança que revivia no meu sonho. E sabia que estava sonhando; mas ao mesmo tempo estava fora dos sonhos e sentia-me plenamente satisfeito por não estar mais com a consciência nua diante de vários milhares de fantasmas silenciosos. Como já acontecera no *Lager*, dormia sabendo que estava

NECRÓPOLE

dormindo. Mas, logo a seguir, escancarou-se a porta dos banheiros e uma multidão de corpos depilados e lavados espalhou-se na noite. Alcançando depressa os degraus, lançaram-se afobadamente escadas acima. Seguravam nas mãos calças e camisas, enquanto as sombras da noite corriam pelos seus corpos angulosos e as batidas secas, sonoras dos tamancos ecoavam na íngreme escadaria. Alguns, entretanto, não corriam; arrastavam lentamente os pés inchados de um degrau para o outro. Ninguém se importava comigo; olhei para o topo da chaminé; logo mais iria incendiar-se vomitando uma grande papoula vermelha. Mas a chaminé ficou escura e apagada; só dava para ver que o cano estava levemente inclinado. Isso mesmo: porque ali perto uma turma de crianças agarrara o tirante metálico de sustentação, puxando com suas mãozinhas quase até derrubá-lo. Aí, junto delas, apareceram corpos cujos ossos, nos quadris, tinham a forma de um oito deitado, enquanto três nozes secas estavam penduradas na forquilha. Uma garotinha cobriu apressadamente os olhos com a mão; os olhos das demais crianças primeiro ficaram fixos como diante de uma caricatura de Pinóquio multiplicada, aí todos eles se arregalaram.

Não falta muito para o alvorecer. Estou novamente com André. A sua pergunta se não seria melhor suprimir a estirpe que tão profundamente profanou a terra despertou em mim uma dúvida acerca do valor da responsabilidade coletiva. É verdade: cada povo tem o governo que merece, e os seus chefes são gerados

Boris Pahor

pelos ventres das mulheres daquele mesmo povo; mas também é verdade que a maioria dos homens não se dá conta de viver uma vida condicionada pelas leis e pelos imperativos sociais que a cercam. A ordem constituída ofusca a capacidade de colher a realidade; a maioria das pessoas não consegue abstrair-se das alucinações criadas pelos liames hereditários e pelos hábitos consolidados. E os que têm interesse em deixar uma massa tão fechada adormecida derramam conscientemente em cima dela gotas de narcótico. Não é difícil para quem dispõe de todos os meios necessários. Essas considerações certamente não são uma novidade, mas são fundamentais para determinar a responsabilidade coletiva. O indivíduo e a multidão são, sem dúvida alguma, responsáveis pelo mal que fizeram, mas a primeira a ser chamada ao banco dos réus é a sociedade que os educou. O próprio André não é inteiramente coerente. Quando se acalma, lembra que salvou a vida ao alemão Franz, *kapò* do *bunker* e do crematório. As SS costumavam eliminar periodicamente essas testemunhas; uma vez que Franz se portara de forma humana com os prisioneiros, André escondeu-o na enfermaria quando a gente se preparava para abandonar o campo. Na partida do primeiro lote de doentes, foi avistado por uma SS que o mandou ficar no barracão enquanto os outros saíam. André, no entanto, não se deu por vencido: inseriu-o em outro grupo e, quando as SS voltaram, ele já não estava lá. Acho difícil que tenham conseguido encontrá-lo na maré zebrada. Em resumo: André tirou Franz da boca do forno porque ele se portara de maneira humana. O sentimento

NECRÓPOLE

de justiça e solidariedade havia levado a melhor sobre a necessidade de maldição e de anátema. Mas também é verdade que o fato de um alemão mostrar o que costumamos chamar de bom coração era, per se, uma coisa excepcional. Comigo, em quatorze meses, só aconteceu uma vez. Foi quando o nosso comboio parou numa estação desconhecida, ao lado de um trem militar provido de canhões antiaéreos e metralhadoras. Foi logo após enterrarmos os 150 corpos dos dois vagões, depois da morte de Janoš. Os dois carros atrás da locomotiva estavam novamente cheios, mas o número de esqueléticos viajantes era um pouco menor. Não é que desse para reparar facilmente, em trinta vagões, mas em algum lugar alguém talvez estivesse um pouco mais confortável sob o frio sol de abril. Não estando mais tão apinhados, alguns tinham a possibilidade de se sentar e de morrer agachados, cercados por uma parede de listras cinzentas e lilás. De outra forma, aqueles cujo olhar se tornava vítreo tinham de ficar espremidos, mantidos em pé pela multidão. Àquela altura, os grupos que haviam se tornado mais selvagens empurravam para baixo aquele cadáver em posição vertical e ficavam em pé sobre ele, sobre aquele galho seco da morte. Pois é. De qualquer maneira, os que tinham abscessos ou inchaços podiam tentar chegar até a porta escancarada do vagão; portanto, para nós enfermeiros, trabalho certamente não faltava. E não porque aqueles seres esqueléticos desejassem sabe-se lá que raio de coisas absurdas: só queriam uma nova atadura; e até mesmo uma rápida olhada no líquido desinfetante ou na pomada amarela já acalmava um pouco, como

271

uma miragem, a fome de seis dias que estava levando rapidamente a cumprimento o trabalho começado pelo precedente jejum de seis meses. A atenção do enfermeiro os livrava por alguns momentos do anonimato da mortandade geral. Talvez fosse também a necessidade de senti-lo perto, o enfermeiro, de sentir o contato com as suas mãos; era a cega confiança no seu ritual baseado em tiras de papel branco. O trem militar estava parado ali perto. Não dava para ver a estação, embora ela não pudesse estar longe. Naquele dia os raios do sol estavam fracos, humildes e desprovidos de energia, mas possuíam uma espécie de raiva anêmica que se tornava mais viva nos canos das metralhadoras apontadas para o céu. Não lembro se foi antes ou depois da nossa inútil espera em Hamburgo, entre dois trens de prisioneiros de uniforme listrado. Como sempre quando parávamos, nós enfermeiros enxameávamos ao longo dos vagões. Mais uma vez tivemos a confirmação de que havíamos agido bem, na caótica partida de Herzungen, ao escolher para nós um carro fechado e a transformá-lo em ambulatório com tudo aquilo que, no meio daquela confusão, conseguíramos levar conosco: ataduras, Rivanol, esparadrapo, pomada amarela, vaselina; e um montão de bacias, tesouras, bisturis e luvas de borracha. E uma garrafa de álcool proveniente do ambulatório das SS. Misturado com água, podia servir a alguém como tônico, e acender nele uma fagulha de esperança na salvação. As portas dos vagões estavam escancaradas, e, em seu limiar, sentavam figuras sofridas, com as calças arregaçadas até os joelhos. As pernas pareciam paus amarelos cheios de escamas; às vezes dava para ver um pé que mais parecia

NECRÓPOLE

uma maça carnuda. Parei diante de um carro onde havia um único sujeito sentado na beirada, de forma que pude apoiar o recipiente de Rivanol e o rolo de papel no carro, e não no chão, no apertado espaço entre os trilhos, como quase sempre acontecia. Era um francês já um tanto idoso, mas os seus olhos tinham umidade normal, ainda desprovida de reflexos vítreos. Pode acontecer, embora raramente, que alguns organismos permaneçam particularmente vitais apesar de o corpo estar numa condição de extremo esgotamento, o que deixa pensar que levem dentro de si, até além da morte, a sua esperança instintiva. Tinha um abscesso na panturrilha esquerda: ali a pele, alhures amarela e enrugada, estava esbranquiçada e tensa como a de uma cabeça careca. Isso significava que o foco da infecção estava bem fundo, admitindo que ainda fizesse algum sentido falar em profundidade diante daqueles tecidos tão atrofiados. "Está doendo?", perguntei apalpando-o com um dedo. "*Oui*", respondeu com um sinal da cabeça, segurando o joelho com ambas as mãos. É um bom sinal, que doa, pensei: peguei o bisturi, desinfetei-o. Mas, não me sentindo, talvez, muito à vontade com essa intervenção direta num corpo humano, acabei virando a cabeça e percebi ter despertado o interesse de um sujeito loiro que me fitava enquanto limpava a metralhadora num vagão do trem militar. A expressão dele manifestava algo mais que mera curiosidade. Os olhos do rapaz pareciam estar pasmos não só por causa daquelas pernas penduradas, como também pelo fato de seres reduzidos àquelas condições ainda estarem vivos. Ao mesmo tempo, porém, naqueles olhos se lia a silenciosa e discreta consternação de um nobre animal, de um cavalo de raça para o qual tenha sido jogado um pedaço de carniça, e até algum respeito, alguma admiração pelo enfermeiro listrado que apalpa um esqueleto, que o aceita com tranquilidade e simplicidade, como se tivesse sido treinado para uma tarefa tão impossível numa época extremamente longínqua, pré-histórica. O meu primeiro impulso foi esconder a perna pendurada, ocultar a tragédia contida naquele carro assim como no comboio inteiro; como se quisesse negar a realidade daquela humilhação diante dos olhos de um louro deus alemão. Ainda mais porque, justamente naquela hora, um feixe de ossos amarelados começou a deixar-se escorregar do carro, roçando no meu paciente. Claro, já havia uma pequena multidão de descarnados ao longo dos trilhos, em pé ou agachados, e, mais do que aquilo que estavam fazendo, era deprimente a vista das canelas nuas, com as calças listradas enroladas em volta dos tornozelos; ainda mais no caso daqueles tão fracos que nem conseguiam se agachar e ficavam simplesmente encostados na plataforma do carro, apoiando nela o crânio nu. Mas este que se deixava agora escorregar para fora do vagão era mais visível: um impossível ator que descia do palco itinerante de um inacreditável grupo teatral mambembe. E, enquanto se esforçava para apoiar os pés no chão, as calças baixaram até os tamancos, deixando descoberta uma gigantesca borboleta amarela e ossuda. Naquele instante encostei o bisturi na pele dura como couro e cortei profundamente de cima para baixo. Acima da minha cabeça, duas mãos seguraram convulsamente os joelhos. Pode olhar à vontade meu jovem, pensei, lembrando o alemão da metralhadora, veja quão familiarizados estamos com a morte. Aí deixei de me importar com ele. Limpei o ferimento do qual haviam saído umas gotas de resina amarelada, enfiei nele um pedaço de gaze embebido de Rivanol e o enfaixei com uma atadura de papel; aí levei de volta os meus apetrechos para o nosso vagão, pois os outros já tinham acabado os curativos e eu era o último que faltava. Eu estava com frio e não parava de tossir: aninhei-me no meu canto, sob o cobertor. Os soldados tinham recebido uma tigela de arroz e haviam interrompido o trabalho em volta das metralhadoras, mas isso nada tinha a ver comigo. O nosso comboio inteiro deve estar olhando para os que comem, eu pensava, e enquanto isso, aos pés do carro, dedos ressecados arranhavam a madeira como garras de animais pré-históricos. De forma que não ouvi René, diante da porta, dizer: "Está dizendo que é para aquele que incidiu o abscesso." Ora, todos nós incidíamos abscessos! Finalmente René, ali fora, conseguiu fazer-se entender e pediu que me aproximasse da porta. O suboficial louro, que estava comendo a tigela de arroz, sentado embaixo de um pequeno canhão, apontou a colher para mim. Só a duras penas consegui anuir, quase a contragosto; então, voltei ao meu canto segurando o copo de papelão. Estava cheio de arroz até o meio, aquele copo branco. Achei engraçado que um jovem Siegfried pensasse que poderia resgatar-se com um copinho de arroz, e ao mesmo tempo me parecia que aquele recipiente descartável fosse a reverberação de uma aparição ilusória. Sentado no cobertor, apertava entre as mãos o papelão que amolecia devido ao calor. Não estava com fome, desde que começara a tossir o meu apetite sumira, o cheiro que subia do copo me enjoava.

Boris Pahor

Preciso entregá-lo a alguém, pensei; e estava chateado por ter aceitado o presente: o rapaz louro o mandara para mim em sinal de respeito, é claro, ao ver-me cumprir uma tarefa como aquela, mas no seu respeito por mim não havia qualquer consideração por aquele pessoal destruído. E, segurando o papelão redondo e quente, esforçava-me para ver com os olhos do jovem louro a longa fileira de cariátides dobradas sobre si mesmas, fazendo as suas necessidades embaixo dos vagões, sustentando com seus crânios um mundo em putrefação: múmias estriadas a ponto de virar poeira quando suas bandagens se desfizessem, puídas. Tentava colher seus pensamentos: mas, apesar da inutilidade dos meus esforços, tive a impressão de ter nas mãos uma terna criatura viva, um coelhinho branco. Conhecia aquele calor que, das mãos, subia lentamente até os antebraços e fechei os olhos para forçar a lembrança a me socorrer.

Os vidros do carro brilham no sol como se eu estivesse dentro de uma esfera de cristal cercada pelo retículo prateado do orvalho noturno. Já faz algum tempo que acordei, mas não estou interessado em começar a dirigir bem cedo, para aproveitar o ar fresco. Não tenho planos. Sei que acabarei procurando por Mad, mas sei que não faz sentido tentar reviver a atmosfera feliz de antigamente. Mad mudou; portanto, quando estou longe dela, sinto-me mais em contato com a sua imagem de salvadora, como de fato ela foi para mim nos primeiros meses do pós-guerra. Sei igualmente bem que amanhã mergulharei na vida do Bairro

NECRÓPOLE

Latino, perdendo-me em Montmartre, onde poderei mais uma vez entregar-me à confiança no valor da criatividade humana. Mas ainda não tenho vontade de sair daqui. Acho que, depois de levantar, subirei novamente até lá em cima, mas sem visitar de novo os patamares. Ficarei na entrada e, mais uma vez, abraçarei com o olhar aquelas ruínas mortas. Sinto que esse olhar panorâmico é necessário, que, neste momento intenso e agudo, ser-me-á revelada alguma verdade redentora. É a necessidade infantil de um ritual mágico, e uma parte de mim o repudia; mesmo assim, é justamente a ideia das crianças que me estimula e me inspira uma inquietação primordial. Quando, agora há pouco, fui acordado pela luz que batia no vidro perto da minha cabeça, lembrei-me da história de um esquilo que tínhamos lido durante a aula. O esquilo tentava livrar-se de um incômodo fiapo de feno que irritava a sua pálpebra fechada e não o deixava dormir; aquela coceira acabou se tornando tão insistente que o esquilo a esmurrou com a patinha e abriu os olhos; a palhinha clara que o cutucava era na verdade um raio de sol. Eu olhava os alunos alegres em suas carteiras: riam de todo coração do esquilo e do seu engano. Era o primeiro ano do secundário; garotinhos que ouviam de olhos arregalados e se entusiasmavam com histórias como aquela. Agora, há outras crianças ao meu redor; através dos vidros salpicados de orvalho, parecem multiplicadas e emolduradas pelas cores do arco-íris; movem-se diante das tendas; daqui a pouco, os que não forem embora começarão a jogar bola ou a agitar as raquetes da peteca. Talvez coisa alguma seja para mim mais querida, nas minhas andanças de verão, do que a vivaz agitação que, de manhã e ao pôr do sol, anima o acampamento, quando rapazes e moças adolescentes movem-se no ritmo de um amor que ainda é só um presságio. Continuo deitado, imóvel, porque não sei como reunir os habitantes dos sombrios pavilhões na frente desses jovens que são os rebentos da imortal estirpe humana. E não sei como colocar diante deles as ossadas e as cinzas humilhadas. E, na minha impotência, nem mesmo consigo imaginar como as minhas visões poderiam encontrar as palavras certas para se apresentar àquele bando de crianças que já estão pulando entre as barracas, ou àquela garotinha que ontem andava em volta do tirante que segura a chaminé, endiabrada, como se estivesse entregue aos rodopios de um invisível carrossel.

1966

Nota do Autor

O Gabriele mencionado no livro é Gabriele Foschiatti, um notável representante político de Trieste. Na época do meu encontro com ele, não estava a par da coisa. Só fiquei sabendo depois da minha volta. E mais: pela documentação reunida por Galliano Fogar, pude dar-me conta de quão democráticas e previdentes fossem as ideias de Foschiatti quanto às garantias necessárias para a sobrevivência de uma comunidade minoritária.

NOTA BIOBIBLIOGRÁFICA
aos cuidados de Enrico Bistazzoni

Em 3 de novembro de 2005, o presidente da República Francesa inaugura em Natzweiler-Struthof, na Alsácia, o Centro Europeu do Resistente Deportado. É o campo de concentração nazista onde Boris Pahor ficou preso durante a guerra por ter colaborado com a resistência antifascista eslovena. Para *Necrópole* — a história autobiográfica unanimemente considerada a obra-prima do escritor triestino, publicada em língua eslovena em 1967, na primeira tradução francesa em 1990 e aí, em seguida, em numerosos países europeus e nos Estados Unidos, incluída em 2001 pela crítica alemã na prestigiosa *Bestenliste* e premiada como melhor livro publicado na Alemanha naquele ano —, é o definitivo reconhecimento internacional.

Para Pahor esse ato simbólico, realizado num dos locais onde se cumpriu a tragédia absoluta do século passado, representa a legítima e devida acolhida entre as vozes que melhor descreveram os horrores e as atrocidades dos campos de extermínio. Um testemunho fiel, de grande valor documental, dramaticamente emocionante, que coloca *Necrópole* entre a mais alta literatura

Boris Pahor

sobre os horrores do nazismo; apresentada, no entanto e dentro do possível, de um ponto de vista mais original, no qual, além do sofrimento, da humilhação, da perda de dignidade humana, do pesar por aqueles — a maioria — que não sobreviveram, ainda há lugar para a constatação da outra parte do homem, da sua generosidade, da sua capacidade de resistir, de procurar recuperar, mesmo na experiência mais sombria, o sentido e o valor da existência. A Legião de Honra, a prestigiosa condecoração com que foi agraciado em maio de 2007, depois de já ter sido nomeado Officier de l'Ordre des Arts et des Lettres pelo Ministério da Cultura francês, confirmou Pahor entre os autores mais amados na França, primeiro país a permitir que a sua vasta produção literária — mais de trinta livros, que, além dos romances, compreende contos, ensaios, escritos polêmicos e diários — saísse dos confins nacionais e linguísticos eslovenos. Mais amplo é o campo de ação no qual Pahor indaga a interioridade do indivíduo, o complexo, multiforme relacionamento entre sofrimento e amor que encontramos em seus contos e romances; um universo de assuntos que mais de uma vez, nos últimos anos, o levou a aparecer na lista de candidatos ao prêmio Nobel de Literatura.

É uma obra bastante articulada, a de Boris Pahor, nascido em Trieste em 28 de agosto de 1913, numa cidade e numa época que, pelos fatos que ali acontecem e pelas consequências dramáticas que deles advirão, só podem juntar intimamente o espaço íntimo do homem e a obra do escritor. A temática dos campos de concentração, onde estão internados não somente os judeus como também os antinazistas de vários países europeus,

NECRÓPOLE

é, portanto, em Pahor, a continuação dos traumas juvenis sofridos na Trieste do primeiro pós-guerra. O incêndio, em 13 de julho de 1920, do *Narodni dom*, a Casa da Cultura e ponto de referência da presença eslovena na cidade, é um episódio que permeia diretamente — no conto "Il rogo nel porto"* (1959) e na homônima coletânea, publicada na Itália em 2001 — e indiretamente — na narração de análogas e mais trágicas vicissitudes de opressão de alguns anos mais tarde — a maioria dos seus livros. No conto, Pahor descreve como viveu o drama, ainda menino, e como ele o marcou pelo resto da vida. Dali a pouco chegará a proibição de falar em público a língua-mãe e a supressão de todas as escolas eslovenas e, depois dos primeiros quatro anos de escola, ele também será forçado a continuar os estudos em italiano. Em vários contos compreendidos na coletânea que marca o seu exórdio literário, *Moj tŕznaślov* (1948), e em coletâneas posteriores, *Na sipini* (1960) e mais outras, vem à tona todo o sentimento de violência e de desalento de um menino que precisa fingir ter esquecido a própria língua, sentimento que abrange uma comunidade inteira. Particularmente significativo é um dos contos da coletânea citada, no qual conta o episódio talvez mais perturbador da sua infância: uma menina, por ter dirigido a um companheiro três palavras em esloveno, é pendurada pelo professor, pelas tranças, num cabide. O escritor sempre citará o episódio

---

* No original esloveno, o conto de 1959 se chama *Kres v pristanu*. O livro, publicado em 1972, tem o título original de *Grmada v pristanu*. (N. T.)

Boris Pahor

como sendo o primeiro a definir claramente a convicção, reforçada por outros análogos nos anos seguintes, de que a fidelidade à própria língua é o imperativo ético fundamental de todos nós.

Pahor continua seus estudos nos seminários de Capodistria, até 1935, e de Gorizia, onde no entanto não completa os estudos teológicos, os quais abandona em 1938. A subida ao poder do fascismo e o intensificar-se do processo de assimilação e marginalização dos eslovenos provocaram, já na década de 1920, o surgimento de grupos que vão paulatinamente organizando uma atividade de resistência e o nascimento de revistas clandestinas, publicadas em Trieste, que Pahor lê secretamente. Em 1940, é alistado e enviado à Líbia, de onde é, em seguida, transferido a uma prisão militar para oficiais do Exército iugoslavo em Riva del Garda, na Itália, onde trabalha como tradutor com a patente de suboficial-intérprete. Voltando a Trieste depois do armistício,* não se apresenta à convocação da autoridade militar alemã, dá a sua adesão à Frente de Libertação Nacional Eslovena, é preso e entregue à Gestapo, que o envia a Dachau. De lá, será internado nos campos de Natzweiler-Struthof, nos Vosges, Harzungen e Bergen-Belsen, onde consegue sobreviver sobretudo devido ao seu trabalho de enfermeiro. A libertação por parte dos Aliados permitir-lhe-á partir para a França, onde, no sanatório

---

* Com a rendição unilateral aos Aliados, a Itália passou a ser considerada nação hostil pela Alemanha, o que permitiu que os italianos que não apoiassem a recém-criada República Social de Mussolini fossem tratados pelo Exército alemão como inimigos. (N. T.)

NECRÓPOLE

da Cruz Vermelha de Villiers-sur-Marne, é curado até se restabelecer da tuberculose.

Em 1946 foi repatriado e pôde voltar a Trieste, para então diplomar-se no ano seguinte na Universidade de Pádua com uma tese sobre o poeta esloveno Edvard Kocbek. Em 1952 se casa com Radoslava Premrl e um ano depois começa a lecionar nas escolas superiores eslovenas na sua cidade. Retoma a sua atividade de escritor e colabora em importantes revistas como *Sidro* (A âncora), *Tokovi* (Fluxos) e principalmente *Zaliv* (O golfo), da qual é o principal redator cuidando, além de assuntos literários, de temas políticos e de atualidade de fundamental importância no momento histórico da Trieste do pós-guerra, centro das tensões entre Itália e Iugoslávia e delicada encruzilhada nas relações entre Leste e Oeste, onde a própria esquerda se racha violentamente no contraste entre Tito e Stalin. Os conflitos políticos e morais que disso decorrem, mais tarde, levarão Pahor a confrontar-se, no romance *V labirintu* (1984), com o novo totalitarismo da época, o comunismo, e com a traição, por parte do mesmo, das ideias de liberdade e democracia pelas quais tantos dos seus compatriotas haviam lutado e sofrido.

Trieste, de qualquer maneira, nunca deixa de protagonizar os livros de Pahor, "a primeira necessidade que senti quando comecei a escrever", confessa no diário *Skarabey v scru*. Trieste, a defesa da língua e da consciência nacional, o antifascismo e o antitotalitarismo, e o amor, o sentimento que sempre aparece como contracanto em todas as temáticas dos seus escritos, inclusive os dos campos de extermínio. Desde o exórdio com

Boris Pahor

Moj tržnašlov, estas são as coordenadas das coletâneas de contos de Pahor: além de *Grmada v pristanu* e *Na sipini,* não podemos esquecer *Varno naročje* (1974) e *Dihanje morja* (2001). E são as mesmas virtudes que Pahor continuará tendo ao seguir pela mais ampla estrada do romance, enveredada em 1956 com *Mesto v zalivu* (publicado em forma resumida entre 1949 e 1951 na revista *Razgledi,* Panoramas, com o título *Autunno ribelle*) e *Vila ob jezeru.* No primeiro, diante do dilema de lutar na guerra da resistência nas montanhas ou dentro da cidade, o autor faz o protagonista, e ele mesmo, escolher a segunda solução. Mais entrelaçado com o tema do amor é o da militância política, no segundo romance, onde a protagonista feminina verá pouco a pouco esvaziar-se e desmoronar, sob o impulso do sentimento, num verdadeiro caminho de formação ideológico e espiritual, a admiração pelo Duce* e pelo fascismo. Também no terceiro romance, *Nomadi brez oaze* (1956), a consciência da própria identidade e cultura nacionais é o ponto de resgate e de chegada das introspecções, das esperanças e das decepções, neste caso de um soldado na Líbia na ficção narrativa, do próprio autor na realidade.

Todos os temas, os dos primeiros livros, que voltam ainda mais estreitamente ligados no quarto romance, *Onkraj pekla so ljudje,* publicado pela primeira vez em 1958 e, depois da reedição de 1961, reapresentado com um novo título, *Spopad s pomladjo,* em 1978. Assim como em *Vila ob jezeru,* o amor consegue levar

---

* Do latim *Dux* (guia, chefe), nome com que os fascistas costumavam referir-se a Mussolini. (N. T.)

NECRÓPOLE

o protagonista a uma reencontrada confiança no indivíduo e na sociedade. O passado obscuro e povoado por pesadelos é aqui o dos campos de extermínio, enquanto o presente de esperança é o da convalescença num sanatório depois da guerra, os mesmos elementos biográficos das vicissitudes pessoais do autor.

Esses temas e enredos também são encontrados no quinto romance, *Parnik trobi nji* (1964), e naquela que pode ser definida a verdadeira trilogia triestina de Pahor: *Zatemnitev* (1975), *Spopad s pomladjo* (1978) e *V labirintu* (1984). Os três romances, com efeito, revivendo os anos mais difíceis da Trieste entre 1943 e 1949, quer dizer desde a guerra até a formação do "Território Livre de Trieste", até as duas administrações separadas e, mais uma vez, como nas primeiras obras, aos conflitos nacionais e civis, agora ainda mais agudos, se possível, devido às feridas abertas pela luta de resistência e pelos contrastes entre italianos e eslovenos; entre seguidores de Tito e fiéis à política soviética; entre ex-colaboracionistas e combatentes da resistência. Anos nos quais Pahor ficará mais do que nunca empenhado, não só com os romances como também com a sua vasta produção de ensaios, na defesa da independência eslovena e de toda identidade cultural e linguística contra qualquer sistema totalitário, seja de cunho nacionalista, como havia sido o fascismo, seja internacionalista, como o regime então no poder na Iugoslávia. Nesse sentido, é particularmente significativa a sua presença como diretor, durante muitos anos, na revista *Zaliv*, duramente hostilizada pelo regime iugoslavo e da qual alguns colaboradores foram inclusive encarcerados. E igualmente importante é a entrevista com o poeta e amigo Edvard Kocbek, cuja obra havia sido objeto da tese de formatura de Pahor. Tendo sido um dos chefes da Frente de Libertação durante a guerra, Kocbek não era visto com bons olhos por Tito desde que uma sua coletânea de contos, *Strah in pogum*, revelara pela primeira vez a intolerância e as violências da guerrilha da resistência. Na década de 1930, Pahor entrara em contato com Kocbek e com o ambiente social-cristão que tinha o poeta como referência e se reunia em torno da revista *Dejanje* (Ação). A entrevista de Pahor, *Edvard Kocbek, testemunha do nosso tempo*, publicada em 1975 em parceria com o escritor Alojz Rebula, dá ao escritor e poeta, vítima de uma verdadeira perseguição ideológica, a oportunidade de voltar com mais força ao assunto das matanças dos colaboracionistas eslovenos, e a reação do governo de Tito também atropela Pahor. A publicação e a difusão dos seus livros é hostilizada e ele até sofre a proibição de pôr os pés na Iugoslávia durante um ano.

A produção ensaísta, diarista, polêmica e editorial em geral é tão rica quanto a narrativa e nem sempre claramente distinguível da outra. As temáticas fundamentais são as mesmas e as vicissitudes biográficas do autor nunca se esgotam num relato episódico pessoal, sendo ao contrário sempre imbuídas de engajamento em prol de todas as identidades étnicas e nacionais, não só da eslovena. Na obra ensaísta de Pahor, cujas edições se tornaram muito mais numerosas nos últimos anos, há toda a realidade histórica triestina, mas também italiana e europeia. Foram, neste sentido, publicados, além de *Skarabey v scru* (1970), *Odisej ob jamboru* (1969, 1971, 1993), verdadeiro manifesto do

NECRÓPOLE

pluralismo político e de uma maior autonomia da Eslovênia no âmbito iugoslavo, obra sequestrada e retirada pela polícia das livrarias e das casas particulares logo que saiu do prelo, *Tržaški mozaik* (1983), *Ta ocean strašno odprt* (1989), *Zlahtne tranzverzale* (1991), *Napoved nove plovbe* (1992), *Slovenska svatba* (1995), *Ladja brez krmarja* (1996), *Pogled iz jamborovega koša* (1998), *Tržaški odzivi* (2001), *Notranji odmevi* (2003).

Ao mesmo tempo, os romances mais recentes, *Zibelka sveta* (1999, publicado na Itália em 2003, depois de *Grmada v pristanu* e de *Vila ob jezeru*, 2002), e *Zgodba o reki, kripti in dvorljivem golobu* (2003), seguem pelo mesmo ininterrupto caminho, nas páginas de Pahor, da luta sem solução de continuidade, entre a afirmação dos direitos e das dignidades do indivíduo, e as prevaricações ideológicas. O seu romance mais importante e mais traduzido, *Necrópole*, é justamente o episódio mais emocionante, terrível e trágico dessa luta contra as forças que aviltam e aniquilam o ser humano, o que aproximou, por parte da crítica literária, as obras de Pahor e as de Primo Levi, Robert Antelme e do ganhador do Nobel Imre Kértesz. Em Pahor, aquelas forças são sempre contrastadas, e com sucesso na visão humana do autor, por outra igualmente poderosa: o homem livre, dono de si mesmo, capaz, sempre e de qualquer maneira, dos maiores atos de bondade e de solidariedade. E é isso que dá às páginas do escritor triestino uma peculiaridade que justifica plenamente a colocação das mesmas, ainda que tardia, na mais alta literatura dos campos de concentração. As imagens que passam diante dos olhos da memória do autor, durante uma visita ao campo de Natzweiler-Struthof, com um grupo de turistas só parcialmente consciente da imane tragédia que ali se consumou, são de horror e extermínio, mas também de piedade e amor, de esperança que esses sentimentos prevaleçam em todos os homens.

Com a reedição das suas obras a partir dos anos 1980, Boris Pahor ocupa definitivamente o lugar que lhe é devido na vida pública e cultural eslovena. A sua luta pela defesa da língua e da identidade eslovena foi premiada com o cargo de presidente da Associação Internacional pela Defesa das Línguas Minoritárias, da qual participa desde 1966. Em 1992, foi-lhe conferido o maior reconhecimento artístico esloveno, o Prêmio Prešeren, pela sua atividade literária.

Com a progressiva tradução e difusão dos seus livros, o apreço na sua pátria superou definitivamente os limites nacionais, espalhando-se pelo exterior. A indicação para a Academia da Suécia propondo a sua candidatura ao Nobel de Literatura é o maior testemunho da notoriedade internacional de Pahor e da consideração universal pela sua obra.

Impresso no Brasil pelo
Sistema Cameron da Divisão Gráfica da
DISTRIBUIDORA RECORD DE SERVIÇOS DE IMPRENSA S.A.
Rua Argentina 171 – Rio de Janeiro, RJ – 20921-380 – Tel.: 2585-2000